First Law Lecture of Tsinghua

第1辑

开讲

清华法学第一课

清华大学法学院　编

法律出版社 LAW PRESS · CHINA
北京

图书在版编目(CIP)数据

开讲：清华法学第一课. 第1辑 / 清华大学法学院编. -- 北京：法律出版社, 2023
ISBN 978-7-5197-8304-4

Ⅰ. ①开… Ⅱ. ①清… Ⅲ. ①法学-文集 Ⅳ. ①D90-53

中国国家版本馆CIP数据核字(2023)第179778号

开讲：清华法学第一课(第1辑)
KAIJIANG:QINGHUA FAXUE DIYIKE(DI-1 JI)

清华大学法学院 编

责任编辑 吴 昉 宋丽娜
装帧设计 贾丹丹

出版发行 法律出版社
编辑统筹 法律教育出版分社
责任校对 陆帅文
责任印制 刘晓伟
经　　销 新华书店

开本 710毫米×1000毫米 1/16
印张 13.75 **字数** 218千
版本 2023年11月第1版
印次 2023年11月第1次印刷
印刷 北京金康利印刷有限公司

地址：北京市丰台区莲花池西里7号(100073)
网址：www.lawpress.com.cn
投稿邮箱：info@lawpress.com.cn
举报盗版邮箱：jbwq@lawpress.com.cn

销售电话：010-83938349
客服电话：010-83938350
咨询电话：010-63939796

书号：ISBN 978-7-5197-8304-4
定价：49.00元
凡购买本社图书，如有印装错误，我社负责退换。电话：010-83938349

前 言

一

清华大学法学院始建于1929年，是历史悠久而又不断开拓创新的法学院系。清华大学法学院坚持实行通识教育，在专业课程设置上，善于用世界眼光思考中国问题，重视融入清华，凸显清华法学的特色，曾先后培养了曾炳钧、邵循恪、张企泰、邹文海、王铁崖、龚祥瑞、楼邦彦、俞国华、戴克光等著名法学大师和优秀人才。1952年院系调整，清华大学法学院被并入北京大学法学院和新成立的北京政法学院，清华法学发展陷入停滞状态。

1995年清华大学复建法律学系，1999年复建清华大学法学院。在短短二十余年时间里，清华法学取得了令人瞩目的成就，形成了法学教育的清华风格，赢得国内外同行的广泛称赞。在2017年教育部"双一流"建设评定中，清华大学法学院通过评审验收，成功进入第二轮"双一流"建设，成为国内顶尖法学院之一；在2022年第五轮教育部学科评估中，清华大学法学院再创佳绩，进入国内法学教育第一方阵。根据近年来QS世界大学学科排名，清华大学法学院排名第30位上下，位列我国大陆（不含台湾地区）高校法学学科第一名，充分反映了清华大学法学院的国际影响力。

清华大学法学院坚持由资深教授为本科生授课，学院为每名本科生精选个人导师，每年邀请具有国际声誉的海外专家学者访问讲学。我们重视实践教学，积极推行"案例教学法"，在国内率先开展"法律诊所教育"，并在全国各地司法机关建立社会实践基地。我们拥有一流的设施，其中清华大学法律图书馆的现代化程度和阅读体验舒适度在全国各个法律院系中处于领先地位，拥有海量的中外文法律书刊文献和各类电子出版物，能够满足学生所预想的学习、科研需求。

复建二十余年以来，我们坚持将法学教育和国家命运紧紧联系在一起，持之以恒地走国际化道路，形成了自己的鲜明特色，成为国内一流、国际知名的法学院。我们和世界诸多顶尖法学院都建立了良好的合作关系,一半以上的本科生有机会通过交流项目到国外学习一学期到一年。法学院有特色的“4+2”联合培养项目,与多个国外高等院校签订了“清华本科+国外JD”的双学位联合培养协议,为学生提供了更广泛的平台,能够为培养具有国际视野,积极参与国际对话与合作,足以胜任国内国际高端法律业务的复合型人才打下良好基础。

二

清华大学法学院长期以来坚持推进高质量法学学科建设发展,高度重视人才培养,强调研究与教学并重、理论与实践结合,致力于为国家培养具备“国际视野、中国情怀、清华特色”的法治人才。

清华大学法学院开设专门的博士、硕士研究生新生入学教育课程已近二十载,老师们对于这门课程的授课非常投入,课前准备很充分,讲课内容丰富、生动,受到历届研究生的热烈欢迎和高度肯定。这门课已成为法学院人才培养的标志性教学成果。2022年秋季,法学院贯彻学校第26次教育工作研讨会精神,深化课程体系改革,将“法学专业强化课”纳入专业核心课,并以全新的姿态迎接了2022级近300名优秀博士、硕士研究生。

这次课程由各学科组老师和实务界专家开展系列讲座,增强了课程的体系化,同时确保授课内容的学术深度,重在培养研究生的学术兴趣,逐步引导学生进入神圣的学术殿堂。授课内容涵盖学科前沿、实务热点、研究方法、文化浸润等多方面。通过该系列讲座,帮助学生树立理想信念,激发专业兴趣,增强专业认同,绘好成长、成才的人生导图。

在本课程结束后,我院计划将本次研究生新生讲座的内容在法律出版社结集正式出版,现在呈现在读者面前的这本书正是这一研究生培养的重要教学成果,并且,我们计划从2022年起,连续三年的授课内容均会出版,以记录我们的教学成果,充分展现清华法学院的教师风采,凸显我们推动教学改革的决心,同时也和更多的人分享清华法学院的优质法学教育资源,为点滴推进中国法治建设进程作出清华法律人应有的贡献。

三

开设本课程,我们有多重目标。

我们希望通过开设专门研究生新生入学教育课程启发学生,培养其思考能力,使之时刻保持思考的状态,将善于学习、善于分析案例,转变为善于思考。“思深哉,……不然,何忧之远也。”(《左传·襄公二十九年》)同时,在这个课堂上,给学生提供一些重要参考文献,提供一些读书方面的指引,激发学生的阅读兴趣。此外,在这个课堂上,还可以向研究生讲授法学方法论,让其学会论证,基于健全的社会常识与良好的平衡感作出各种法律判断。

我们的上述设想能否真正实现,还需要时间的检验。但是,我们希望通过教学改革提高人才培养质量的初心在任何时候都是坚定不移、毫不动摇的。

清华大学法学院院长

周光权

2023 年 9 月 5 日

目　录

传承清华优秀传统
开启明理学术人生

邓海峰

邓海峰

法学博士，管理科学与工程博士后。现任清华大学法学院长聘副教授，博士研究生导师，法学院党委书记，法学院环境资源与能源法研究中心主任。先后毕业于黑龙江大学法学院和清华大学法学院，获法学学士和民商法学硕士、博士学位。兼任北京市法学会兼职副会长，中国法学会环境资源法学研究会常务理事，中国环境科学学会环境法专业委员会副主任委员，北京法律谈判研究会副会长，国际法学会可持续发展与绿色贸易委员会委员、世界自然保护同盟环境法分会会员等学术职务。研究方向为环境资源法、自然资源法、气候变化与能源法。

亲爱的同学们：

首先请允许我代表法学院师生祝贺大家成为新的清华人！尽管大家本科或者硕士就读的学校不尽相同，但是你们都作出了一个共同的选择，那就是清华大学（以下简称清华），为什么大家在诸多目标院校中选择清华呢？

我想可能有两点因素影响着同学们的判断：一是这所学校是否拥有深厚的研究基础、浓郁的学术氛围和崇高的学术声誉，因为这是决定同学们研究生时代能否学有所成的基础；二是是否拥有与同学们的人生理想、志业追求相匹配的文化传统和治学精神。而清华自建校之始便形成了独有的学风、校风，并在长期的办学实践中积淀出了独具魅力的科学精神与人文情怀，正是这些孕育百年、弥足珍贵的文化基因促成了我们的相聚，因此我想我们对这所大学的认识也应该从它的优秀传统谈起。

大学的优秀传统是其生命力、凝聚力和创造力的源泉，也是联结每一名校友的纽带，它决定着学校发展的航向，也成为影响民族风貌的重要因素。因此，要想成为一名合格的清华人，首先应该了解清华的优秀传统有什么，清华校友是怎样践行与传承这些优秀传统的。现在，就让我们走进清华，了解“明理”，进而成为一位名副其实的明理学人。

▶ 传统及优秀传统的重要性

什么是传统？统而言之，“传统”是历史沿传下来的思想、文化、道德、风俗、艺术、制度以及行为方式等。从传统的作用来看，它对人们的社会行为有无形的影响和控制作用。积极的传统对社会发展起促进作用，而保守和落后的传统对社会的进步和变革起阻碍作用。[1]

中国共产党历来重视传统，一贯继承、弘扬、提升中华优秀传统文化。习近平总书记曾在讲话中多次提及中华优秀传统文化的重要性，强调：“优秀传统文化是一个国家、一个民族传承和发展的根本，如果丢掉了，就割断了精神命脉。我们要善于把弘扬优秀传统文化和发展现实文化有机统一起来，紧

〔1〕 参见陈至立主编：《辞海：缩印本》（第7版），上海辞书出版社2022年版，第306页。

密结合起来，在继承中发展，在发展中继承。”[1]

大学是人类历史上最有延续性的机构之一，是优秀文化传承的重要载体。优秀的文化传统不仅塑造我们的品格，影响我们的当下，更将指引我们未来前行的方向。一所大学正是凭其优秀的传统和独特的文化而屹立于世界大学之林。一代一代求知的心灵汇聚在大学校园，传承经典、探索新知，共同塑造了大学珍贵的文化传统。[2]

在清华建校以来的发展历程当中，清华师生也形成了优秀文化传统和光荣革命传统。清华的前身“清华学堂”成立于 1911 年，是在中国被迫打开国门西学东渐的背景下，用美国退还的部分庚子赔款开办的留美预备学校。所以清华师生从建校起就怀有“知耻图强”的爱国情怀，始终与民族共命运、与时代同步伐。当我们翻阅《清华大学章程》的时候，便会发现其序言中写道：“建校以来，本校始终与国家民族共命运，走在社会进步前列，全力培植人才、发展学术、服务社会，形成了优秀文化传统和光荣革命传统，在实现中华民族伟大复兴的奋斗史册上写下了隽永篇章。”[3]这是对一代一代清华人的要求，也是对新入校的清华学子的殷殷期待。

清华的“好传统”

那么在建校以来的不朽岁月中，清华形成了哪些优良传统呢？《清华大学章程》作出了总结：本校秉持“自强不息、厚德载物”校训、“行胜于言”校风、“严谨、勤奋、求实、创新”学风，弘扬“爱国奉献、追求卓越”传统和“人文日新”精神，学术上倡导“独立之精神，自由之思想”。[4] 对这些好传统、好作风、好理念、好精神作何理解、如何践行，我们一一来看。

---

[1] 习近平：《在纪念孔子诞辰 2565 周年国际学术研讨会暨国际儒学联合会第五届会员大会开幕会上的讲话》，载《人民日报》2014 年 9 月 25 日，第 2 版。

[2] 参见邱勇：《大学的重要价值在于传承文化塑造未来——在俄罗斯圣彼得堡国立大学的演讲》，2019 年 7 月 2 日。

[3] 《清华大学章程》，2014 年，序言第二段。

[4] 《清华大学章程》，2014 年，序言第三段。

▷ 校训：自强不息、厚德载物

大学校训是大学精神的集中体现，[1]清华的校训是“自强不息，厚德载物”。早在1911年的《清华学堂章程》中便有规定：“本学堂以进德修业，自强不息为教育之方针。”[2]基于建校的特殊背景，当时许多有识之士在认识到应该在学习科学、民主的同时，不忘立足本土培养爱国、建国、治国之才。著名思想家、社会活动家梁启超先生十分关注清华的办学和学子的成长，他念念不忘的是留美学子的文化传承，他曾说过：“清华学生除研究西学外，当研究国学；盖国学为立国之本，建功立业，尤非国学不为功。”[3]

1914年11月5日，梁启超在作题为《君子》的演讲时，以《周易》的乾坤二卦辞“天行健，君子以自强不息；地势坤，君子以厚德载物”激励学子，并且进一步诠释了清华学生应以“自强不息，厚德载物”作为“君子”的追求，[4]即“君子自励，犹如天体之运行刚健不息，应重自胜、摒私欲、尚果毅，不屈不挠，见义勇为，不避艰险，自强不息；同时，君子应如大地的气势，厚实和顺，容载万物……以宽厚的道德，担负起历史的重任”[5]。

清华学子为梁启超先生慷慨激昂的演讲所折服，学校亦将“厚德载物，自强不息”作为校训加以确立。1918年4月25日出版的《清华周刊》总138期封面上，便出现了内含“自强不息　厚德载物”八个字的圆形图标。1926年11月25日，校评议会议正式将这个圆形图标确定为清华学校校徽。1928年，清华学校正式命名为“清华大学”，校徽（见图1）依然是以上八字校训，沿用至今。

---

〔1〕 参见胡显章、程晓峰：《中国著名大学校训及其由来》，载《党政论坛（干部文摘）》2016年第11期。

〔2〕 袁帆：《关于早期清华录取资料的解读与考证》，载清华大学档案馆2020年11月9日，http://thdag.cic.tsinghua.edu.cn/docinfo/index.jsp。

〔3〕 史轩：《国学研究院——清华第一个研究机构》，载清华大学党建网2007年3月22日，https://www.jiandang100.tsinghua.edu.cn/info/1014/6515.htm。

〔4〕 参见袁帆：《关于早期清华录取资料的解读与考证》，载清华大学档案馆2020年11月9日，http://thdag.cic.tsinghua.edu.cn/docinfo/index.jsp。

〔5〕 胡显章、程晓峰：《中国著名大学校训及其由来》，载《党政论坛（干部文摘）》2016年第11期。

图 1　清华大学校徽

▷ 校风:行胜于言

校风是一个学校内在素质的外部表现,是一种独特的精神力量。清华的校风是“行胜于言”。若同学们在清华园里逛逛,会发现在大礼堂前草坪南端伫立的大理石日晷,这是 1920 级清华毕业生献给母校的纪念物,是清华园中的著名景点。如果仔细观察,你会发现上面镌刻着清华校风“行胜于言”四字。“行胜于言”体现的不仅是清华人务实的精神,也反映出清华人不畏艰难、顽强拼搏,一步步奔向目标的那种永远向上的活力。[1]这样的校风非一日塑造,而是在清华学子的一日日践行中不断丰富其内涵,有几则校友故事可做例证。

第一则故事是关于闻一多先生的行事风格:少说多做,只做不说。闻一多先生 1912 年至 1922 年就读于清华学校。闻一多先生说过,“人家是说了再做,我是做了再说”,“人家说了也不一定做,我是做了也不一定说”。[2] 闻一多作为学者的一面,一直保持着“做了再说,做了不说”“重实践,轻表达”的谦卑作风。正如臧克家所撰,“闻一多在三十年代对古代典籍感兴趣,不停钻探,有如向地壳寻求宝藏。仰之弥高,越高,攀得越起劲;钻之弥坚,越坚,钻得越锲而不舍。不动不响,无声无闻。一个又一个大的四方竹纸本子,写满了密密麻麻的小楷,如群蚁排衙。几年辛苦,凝结而成《唐诗杂论》的硕果。他并没有先‘说’,但他‘做’了,并做出了卓越的成绩。‘做’了,他自己也没有‘说’”[3]。

第二则故事是关于蒋南翔校长的告诫:不卖“清华香肠”。蒋南翔于 1932 年考入清华中文系,1937 年投身于爱国青年运动,1952 年出任清华校长。他以“唯实求是”的精神,带领全校师生员工,积极探索社会主义多科性工业大学建

[1] 参见金富军:《老照片背后的清华故事 | 行胜于言》,载微信公众号“清华校史馆”2021 年 3 月 13 日,https://mp.weixin.qq.com/s/5m_TFgc0eyTLOZMdH6gwHQ。

[2] 臧克家:《说和做——记闻一多先生言行片段》,载《人民日报》1980 年 2 月 12 日。

[3] 臧克家:《说和做——记闻一多先生言行片段》,载《人民日报》1980 年 2 月 12 日。

设之路，使清华得到迅速发展和提高，为国家培养了大批优秀人才。[1] 在1955年高等教育部的一次会议上，蒋南翔应邀介绍清华的一些成果经验。他说，“像清华的理工结合、强调实践、德育制度和体育制度……特别是将德育制度化为政治辅导员制度、将体育制度化为锻炼制度，这在全国来说，即便不是创举，至少也是较先进的经验之一”。对于这些成功的清华经验，蒋南翔曾称之为“清华香肠”，并要求师生，不卖弄“清华香肠”，要低调谦逊，少说多做。

“清华香肠”这个典故出处为何？清华人讲究“吃”由来已久，据说清华国学院刚成立时，杨步伟随先生赵元任入住清华园，其和几位朋友在清华园开了一家“小桥食社”饭店，由于饭菜可口得到众人称赞，尤其是其自制的香肠，独特的配方脍炙人口，吃过的人无不流连忘返。没过几个月，在杨医生的“豪爽”下，小桥食社因经营亏损关门了，但真材实料、风味独特的香肠却传了下来，成为清华园美食的代名词，从此流传。

至20世纪30年代，清华因庚子账款的缘由，本就“财大”，学术水平上升后，难免“气粗”。梅贻琦校长做人素来低调，见此情形，便告诫同仁要谦虚谨慎，还举了清华香肠的例子，“清华香肠好吃，清华人都知道；须知大街上也有卖香肠的，我们不必到处去宣传，外人在尝过清华香肠后便知清华真正的味道”[2]。

说回蒋南翔校长，蒋校长援引“清华香肠”的例子不止一次，可见其对清华学子的要求之严，他教育清华学生要戒骄戒躁，不要贩卖“清华香肠”，要“使自己的票面价值低于实际价值”。

1960年前后，院系调整后的大学毕业生陆续走上工作岗位，经过五六年学习的清华毕业生表现如何？有人反映，个别清华学生骄傲、自满，难管理。这种情况引起了蒋南翔的高度重视。他开始在不同场合强调，清华人要注意和周围同事搞好团结，要低调做人高调做事，不可贩卖“清华香肠”！他告诫同学：“到了新单位，不要急着亮清华牌子，要放下身段，虚心向老同志、工人师傅学习。真要是有本事，在工作中做出了成绩，得到了大家的认可，那时知道了你是清华毕业生，你就给母校争了光，那时候清华因你而骄傲。你就是‘清华

---

〔1〕 参见方锶：《党史故事百校讲述 | 唯实求是　献身党的教育事业　清华老校长蒋南翔的故事》，载微信公众号“清华大学”2021年3月10日，https://mp.weixin.qq.com/s/OnnWceanDQFPG8UeLA8BQw。

〔2〕 张克澄：《大家小絮：风骨清华人》，中信出版集团股份有限公司2019年版，第241－242页。

香肠'!"[1]

第三则故事是关于伍绍祖校友对清华校友的评价:听话出活。曾任国家体育运动委员会主任的清华大学工程物理系1957级校友伍绍祖曾讲述,清华很多优秀校友的特点就是"听话、出活、耐劳"。"听话",就是"德",有政治觉悟,有高尚的道德情操,这就是"红";"出活",就是"智",有广博的知识,有解决实际问题的本领,这就是"专";耐劳,就是"体",有适应各种艰苦环境的身体素质,有积极进取的精神状态,这就是"健"。[2] 这与清华大学对学生的期待不谋而合:要做一个"有社会主义觉悟、有相当的文化科学知识、身体健康的劳动者"。[3]

第四则故事是关于朱镕基先生"行胜于言"的理解:行胜于言不是不要言。"行胜于言"的校风是清华大学最具共识的品格。"行胜于言"强调的"行"与"言"的关系,并不是要把两者对立起来,而是表明清华的一种价值观,即多言不如实干。

2006年,清华大学经济管理学院顾问委员会名誉主任、老院长朱镕基主持了一场经济管理学院顾问委员会的年度会议。学院领导向委员会汇报工作,回答大家的问题。其间,朱镕基老院长给正在汇报的学院领导提出了一个问题:"为什么现在的各种评估、排行榜和统计数据中,清华大学经济管理学院的表现好像并不是十分理想呀?"这一下把学院的领导弄得十分紧张,竟然一时语塞。就在此时,在座的另一位经济管理学院的领导以一种开玩笑的方式接住了老院长的问话:"我们的成绩和各项数据指标都很好,只是我们没有说而已。清华不是讲'行胜于言'吗?"出乎意料的是,朱镕基老院长却十分认真地说道:"行胜于言,可不是不言啊!"朱镕基老院长在经济管理学院顾问委员会上提及:"古人说立德、立功、立言,就是要言。清华学子既要能行,也要善言。"这件事给在场的所有师生留下了深刻的印象,也使大家对"行胜于言"的内涵有了更全面的认识和理解。[4]

"行胜于言"的校风已经融入了清华大学的血脉和骨子里,成为清华人共

---

[1] 张克澄:《大家小絮:风骨清华人》,中信出版集团股份有限公司2019年版,第243-244页。

[2] 伍绍祖:《我在清华大学工程物理系的8年》,载清华校友总会2004年4月17日,https://www.tsinghua.org.cn/info/1951/20326.htm。

[3] 伍绍祖:《我在清华大学工程物理系的8年》,载清华校友总会2004年4月17日,https://www.tsinghua.org.cn/info/1951/20326.htm。

[4] 参见谢维和:《日晷的故事》,载《清华校友通讯》2021年夏季号(复86期)。

同的精神财富和品格。我相信同学们在清华大学也会在耳濡目染中将“行胜于言”的校风贯穿于今后的学习生活中,成为我们共同的文化基因。

▷ 学风:严谨、勤奋、求实、创新

清华的学风是什么?如果同学们经常去第三教学楼上课,对镌刻于墙的八个大字肯定印象深刻,那就是“严谨、勤奋、求实、创新”。学风是关于如何为学的问题。关于如何“为学”,1985 年 5 月召开的第二十四届学生代表大会全体会议的闭幕会上,时任校党委书记李传信给出了回答,他明确提出:“我们要坚持不懈地发扬严谨、勤奋、求实、创新的优良学风。”当时正值改革开放之初,社会上出现了经商热现象,年轻人纷纷“下海”,这对大学教育有所冲击。李传信强调“严谨、勤奋、求实、创新”的学风,[1]是在鞭策清华学生为学要尚谨尚实,戒骄戒躁。这也是我校在总结几十年优良传统和文化精神的基础上,对清华学风首次作出的精辟概括和正式表述,受到师生、校友们的普遍赞同。

后来,从 1990 年起,全校开始开展建设“优良学风班”活动,旨在调动学生内在积极性,创造更好的育人环境。到现在,“优良学风班”活动举办已经有 30 多个年头,有 1000 多个班级获得此荣誉。同学们践行清华的优良学风,从严谨开始,即要在学术工作中严格要求自己,遵守学术规范,在生活中严格遵守规章纪律。通过明确学习目的,端正学习态度,严明学习纪律以达到显著的学习效果。

▷ 爱国奉献

清华从一诞生便带有民族耻辱的深刻印记,雪耻图强成为清华重要的文化基因和清华人前行的巨大动力。[2] 因此在清华谈到“爱国奉献”时,清华师生会有一种特别的情愫。1901 年《辛丑条约》签订,清政府向美、英、日等国赔偿巨额款项,即庚子赔款。1904 年清政府大臣梁诚了解到美国所获赔款中虚报军费所得赔款数额巨大,遂向美国政府力争退还超额索赔款。最终美国同意退回部分赔款,并约定将退款用于兴办学校。因此建校伊始,清华就带有某

---

〔1〕 参见孙明源:《学风传承行动|清华大学:校史档案里的传承回响》,载微信公众号“清华校史馆”2022 年 4 月 28 日,https://mp.weixin.qq.com/s/HErX1j3D2MbOmGQwXP6h9Q。

〔2〕 参见胡显章:《在梳理体认中传承在选择融合中创新——清华百年文化研究的体会》,载《世界教育信息》2011 年第 11 期。

种耻辱感。清华人尤其有此强烈感受,称清华为“国耻纪念碑”。

清华学堂首任监督范源濂(静生)于学校开办时所作的日记称:“认清华事业之由来为国耻上有生命之一大纪念。对于美人退款兴学感与愧并,惟有教者、学者、游者、居者合力以图雪耻。”清华为“国耻纪念碑”之说源于此。“清华不幸而产生于国耻之下,更不幸而生长于国耻之中……不幸之中,清华独幸而获受国耻之赐。既享特别权利,自当负特别义务。”“清华学校者,中华国富民强之原也。挽狂澜于既倒,支大厦于将倾,须清华学校任之。竖五色旗于帕米尔之颠、太平洋之中,招四方来归者,亦须清华学校任之。故清华学校与中华民族有盛衰连带之关系,非他校所可同日而语也。”[1]

当东西文明相识、相遇并发生激烈冲突,面对“数千年未有之变局”,自省惕厉、自强自新成为国人的自觉追求。科学救国、实业救国、教育救国、政治救国等各种思潮层出不穷,追求救国救民的理想一日未尝止歇。身处清华园中的清华学子,在各种思潮的涤荡影响下,自然不能淡然置身事外。[2] 清华早期的学风是“知耻、好学、力行”,“知耻”排在第一位。“明耻”后立志“雪耻”,进而“图强”,铸就了清华的爱国奉献精神。而爱国传统在当下显得尤为重要和迫切,西方国家试图阻挠中国发展的新闻见诸报端,面对“百年未有之大变局”,清华学子要努力学好自己的专业知识,常怀“国之大者”,有以天下为己任的责任感,树报效国家之初心。

在继承与发扬爱国奉献的优秀传统上作出表率的清华校友不胜枚举,其中清华早期校友钱学森的故事便是家喻户晓。钱学森始终有一个坚定的信念——“我的事业在中国”。1949 年中华人民共和国宣告成立的消息传到美国后,钱学森和夫人便想早日回国,为国效力,但却受到美国政府的重重阻挠。经过不懈努力,在钱学森被迫脱离科学研究滞留美国 5 年后,美国总统艾森豪威尔认为:“(钱学森)所掌握的信息现在已不是我们所想象的那样有价值”,“他那个时候掌握的涉密信息可能被最新研究所超越,并且这些信息在苏联阵营看来也可能成为基本常识”。美国政府终于同意钱学森回国。1955 年的初秋,历经重重磨难,钱学森携妻儿终辗转回到新中国。他满怀赤胆忠心,为中

---

〔1〕 金富军:《老照片背后的清华故事 | “寿与国同”匾》,载微信公众号“清华校史馆”2021 年 3 月 11 日,https://mp.weixin.qq.com/s/XsklKnj54zH96kbAOA-Mqw。

〔2〕 参见金富军:《老照片背后的清华故事 | 行胜于言》,载微信公众号“清华校史馆”2021 年 3 月 13 日,https://mp.weixin.qq.com/s/5m_TFgc0eyTLOZMdH6gwHQ。

国航天事业、导弹事业、火箭事业作出杰出贡献，成为中国载人航天奠基人、中国两弹一星功勋奖章获得者，被誉为“中国航天之父”、“中国导弹之父”、“中国自动化控制之父”和“火箭之王”。

“以身许国”、殚精竭虑奉献于导弹事业的清华校友还有著名科学家王淦昌和彭桓武。王淦昌 1925 年至 1929 年就读于清华大学物理系。清华良好的氛围和两位中国近代物理学先驱叶企孙、吴有训的引导，使他走上了实验物理研究的道路。王淦昌在清华学习期间，亲历了西方列强对中国的凌辱和当时政府的软弱无能，逐渐使这位热血青年成熟起来。1959 年，中国的原子弹研制工作进入关键阶段，苏联背信弃义撕毁了援助中国建设原子能工业的协定，撤走了全部专家，企图把我国原子能事业扼杀在摇篮里。党中央决定自力更生建设核工作，此时王淦昌正在苏联杜布纳联合原子核研究所进行研究，并发现了世界上第一个反西格玛负超子，填补了微观世界体系的一项空白，轰动了国际物理学界。当王淦昌接到密电，得知祖国希望自己参与制造中国的原子弹时，他坚定地作出了回答：“我愿以身许国！”当友人知道他在 20 世纪 50 年代末就曾领导杜布纳高能实验物理组发现了“反西格玛负超子”时，惋惜地说：“王淦昌如果继续在原来的科研领域工作，有可能叩开诺贝尔奖的大门。”[1] 对此，王淦昌认为：“国家的利益高于一切，国家强盛才是我真正的追求！”1963 年春天，王淦昌告别自己的亲人，从此隐姓埋名，以“王京”的身份开始致力于西北核武器研制基地的开创。1967 年 6 月 17 日，我国第一颗氢弹爆炸成功，他亦功不可没。1969 年他被任命为核武器研究院副院长，之后又领导了我国前三次地下核试验，均获得成功。人们称王淦昌为“核弹先驱”，他却说，“这是成千上万科技人员、工人、干部共同努力的结果，我只是其中的一员”。[2] 而彭桓武曾在英国爱丁堡大学师从诺贝尔物理学奖获得者玻恩教授，当选为爱尔兰皇家科学院院士。1947 年，当祖国需要他时，他毅然放弃了国外的优厚待遇和一流的研究环境，回到了战火纷飞的中国。他中断的研究工作中有两项由继任的研究者攻克，获得了诺贝尔奖。当有人问他当年为什么要回国时，他不假思索地回答：“回国不需要理由，不回国倒需要说说理由。”[3]

---

〔1〕 胡显章：《清华精神，我们的宝贵财富》，载《科学咨询（教育科研）》2006 年第 11 期。

〔2〕 周襄楠：《“两弹一星”元勋王淦昌：我愿以身许国》，载微信公众号“清华校史馆”2014 年 11 月 18 日，https://mp.weixin.qq.com/s/IMWl-dTmhcJ2R6W4CviaYA。

〔3〕 胡显章：《清华精神，我们的宝贵财富》，载《科学咨询（教育科研）》2006 年第 11 期。

“中国力学之父”钱伟长更是用一生的经历证明了什么是“爱国奉献”。钱伟长学长曾说过,“国家的需要就是我的专业”。他的一生学过十几个专业,科研生涯涉足几十个行业,每一次重大的改变和选择,都是因为国家的需要。1931年,他以中文、历史两个满分的成绩考上清华大学历史系,却因日军侵占东三省的炮声而弃文从理,改学物理,因为想通过造飞机大炮,抗日救国。1942年他进入美国加州理工学院,在“火箭之父”冯·卡门教授主持的喷射推进研究所工作,在火箭、导弹、人造地球卫星轨道计算研究等方面取得了重要成果。但他却在1946年悄然回国,承担了清华大学工学院全部班级的力学课,因为学校当时缺少力学教师,而祖国需要他回来。“珍宝岛事件”中,由于没有高能电池,我国的坦克只能走走停停,他就研究起了电池,一做就是6年。研究出的电池不仅体积小,而且能量高出8倍多。拨乱反正以后,年已60岁的他又迷上了计算机,只因为一个最简单的理由:“国家需要我干,我就学。”

前文提到的校友李传信,也是一位热爱祖国、追求真理、成绩卓著的长者,他为学校的发展和党的教育事业奉献了毕生精力。李传信学长1944年考入西南联大,在校期间加入中国共产党,曾赴华北解放区参加革命工作。1946年抗战胜利后复员到清华大学电机系学习,从1953年起一直在清华工作,亲历了清华从西南联大到21世纪初的发展全过程。1984年,他出任学校党委书记,大力推进清华向综合性大学的转变。1985年,他带领清华党委一班同事,第一次明确了建设世界第一流的、有中国特色的社会主义大学的长期目标;精辟凝练并大力倡导“严谨、勤奋、求实、创新”的学风,为学校建设综合性、研究型、开放式大学奠定了坚实基础,为学校的改革、发展、稳定作出了重要贡献。[1] 2000年,他提出“强国富民,清华之志”,并制成木屏赠送给学校,保存在工字厅的荷声会议室。

现如今,虽然清华学子传承“爱国奉献”好传统的方式变了,但本质没变。2005年7月6日,时任清华党委书记的陈希学长在“清华大学赴西部、基层、重点单位工作毕业生出征仪式暨‘启航计划’暑期就业实践动员会”上发表了《入主流,上大舞台,干大事业》的讲话,鼓励大家去基层、去西部、去国家重点单位,到祖国最需要的地方去建功立业。大家所在的法学院是全校就业先进单

---

〔1〕 参见《为党的教育事业奉献一生——以念李传信诞辰90周年展览》,载清华大学档案馆2022年5月9日,http://thdag.cic.tsinghua.edu.cn/docinfo/board/boarddetail.jsp?columnId=00103&parentColumnId=001&itemSeq=9047。

位,去西部、基层就业的毕业生在学校名列前茅,法学院的同学们用自己的实际行动践行了入校时的誓言和对青春的承诺。

▷ 自身要求:追求卓越

追求卓越是清华又一优秀传统。提到追求卓越,就不得不提清华自建校以来对学生的“高标准,严要求”。1911 年 4 月 29 日(有的史料记载为 4 月 1 日)清华学堂在清华园正式开学,这是清华的历史原点。[1] 自建校起,清华即坚持严谨严格的教育教学,学生课业重、考试多,老师治学严、要求高,学生淘汰率高。《清华学堂章程》中就规定:“中等科学生每学期成绩总平均分数不及十分之六,或某科分数不及十分之四者,均应降班,两次降班者出堂。”“高等科学生每学期某科分数不及十分之五者为不及格,应于假期内自行补习,下学期开学时复考一次,若仍不及格,即行降班。至有两科以上不及格者,应即降班,不得复考。两次降班者出堂。”由于要求严格,学业淘汰率很高。1924 年,《清华周刊》十周年纪念增刊上,刑载了清华学校校长曹云祥的文章,其中统计建校历年来,学生按期毕业者仅占约 40%。[2] 改办大学后,清华继承了认真教学、要求严格的风气。过去的各种考试形式,如作为平时成绩一部分的堂上提问、开课后下课前的 10 分钟笔试、月考和期考等,照例施行。尤其是在理工学院,其继续保持了较高的淘汰率。

科学家钱伟长在回忆其恩师吴有训时曾提到,“吴老师非常重视实验的培养,曾经在物理实验课上,安排用一根 2 厘米的短尺,度量一段约 3 米的距离,必须达到一定要求的准确度,这种训练是为教育同学们认真对待测量误差问题的。二三年级以后,要同学自己选取实验用具和仪器,并安排实验的工具。到做毕业论文时,连测量仪器都是同学们自行设计、自己焊接的。我们在物理系的四年里受到严格训练,不少同学以实验室为家,有人甚至一连多少天睡在实验里的行军床上”[3]。国际焊接技术专家、中国科学院院士潘际銮有相同的求学经历,他回忆道:“在西南联大时期,老师讲的内容不一定一样,考题也

---

〔1〕 参见孙哲:《为什么说清华“先‘有’校友,后有母校”?》,载《清华校友通讯》2022 年夏季号(复 90 期)。

〔2〕 参见《清华历史上的严格要求与严谨学风》,载《新清华》2017 年 4 月 7 日第 2063 期,https://www.tsinghua.edu.cn/info/1686/70330.htm。

〔3〕 孙哲主编:《春风化雨　百名校友忆清华》,清华大学出版社 2011 年版,第 56 页。

非常难。一个班甚至会有一半以上的人不及格。为了应付这种情况,教机械学的孟广喆教授有个'老办法',叫'开方乘十',把所有学生的分数,都开平方后再乘以10,比如,一个学生原本是36分,开方乘10后正好是60分。用这个办法,总算保证了至少有三分之二的学生及格。但这不是降低要求,反过来是因为要求太高,卷面分虽然低,实际水平是不低的。"[1]

在党和国家教育方针的指引下,20世纪五六十年代,清华结合实际,针对讲课、辅导、考试、生产实习、毕业设计等教学环节,建立了一系列规章制度,如《关于课堂教学工作的几个原则规定》《考试考查试行办法》等,要求学生做到"又红又专"。校长兼校党委书记蒋南翔在一次万余名学生和青年教职工参加的大会上,专门论述了"红与专"的辩证关系,并特别强调了社会主义新清华怎样看待老清华传统的问题。他说:老清华有没有好传统?"过去老清华对功课严格要求",这一条就是好的,"实际上我们学校党委这些年来有意识地保存这一条","我们应该很好保存和发扬这个传统"。[2]

要做"第一等的事业",是清华追求卓越的应有之义。"跳起来摘果子"正是对清华人向世界一流目标奋进的生动写照。[3] 1965年,林家翘先生应邀到芝加哥大学访问时,曾对何炳棣先生说:"要紧的是不管搞哪一行,千万不要作第二等的题目!"这就是老清华人的抱负——做事就要做到第一等![4]

追求完美,是清华学子追求卓越的另一层含义。2001年6月5日,朱镕基总理到清华,向清华师生发表演讲,他问大家一个问题:"清华的精神是什么?"总理的解释是:"追求完美。"他说,"在清华这个环境里,使你感到人才济济。每个人都肩负着建设祖国的任务,这是历史的使命,在这里学习就感到自己要追求完美,要做到最好"。[5] "做人要做有骨气的中国人,要做顶天立地的中国人;治学要扎实,严谨,绝不沽名钓誉,更不要说剽窃他人的成果,根本不屑这种行为;做事要扎扎实实,真正地为人民。"[6]

---

[1] 参见谢维和:《人才培养的清华风格》,载《中国大学教学》2020年第7期。

[2] 《清华历史上的严格要求与严谨学风》,载《新清华》2017年4月7日第2063期,https://www.tsinghua.edu.cn/info/1686/70330.htm。

[3] 参见胡显章:《清华精神,我们的宝贵财富》,载《科学咨询(教育科研)》2006年第11期。

[4] 参见何炳棣:《读史阅世六十年》,广西师范大学出版社2005年版,第104页。

[5] 朱镕基讲话实录编辑组:《朱镕基讲话实录》(第4卷),人民出版社2011年版,第162-163页。

[6] 朱镕基讲话实录编辑组:《朱镕基讲话实录》(第4卷),人民出版社2011年版,第163页。

培养理念：又红又专，全面发展

提到清华的培养理念，就不得不提曾在清华校史上有名的“红专关系大辩论”。“培养什么人，怎样培养人？”“办什么大学，怎样办大学？”蒋南翔给出的答案就是，“又红又专，全面发展”。怎么理解又红又专？又红又专与全面发展有怎样的关系？这还得结合当时蒋南翔校长作报告的历史背景去看。1957 年 11 月 27 日，蒋南翔向全体学生和部分青年教师作报告，题为《怎样做一个劳动者，怎样做工人阶级知识分子》，实质也是全校“红专关系大辩论”的动员报告。第一句就说，“我们学校培养什么样的人，同学们要做什么样的人的问题，是具有基本意义的问题”。蒋南翔提出，“办高等教育，必须优先考虑和解决两个根本性的问题，一个是方向问题，另一个是质量问题。评价教育的成败优劣，归根结底，取决于这两个根本问题解决得如何”。他认为，“方向问题，这是解决为谁服务的问题，也是教育战线必须解决的首要问题”，“质量问题，这是解决怎样更好地为人民、为社会主义建设服务的问题”。[1] 对此，蒋南翔认为：“我们学校是社会主义大学，要培养红色工程师、社会主义的建设者，要求又红又专，这一点是绝不能动摇的。”他强调，“我们学校所要培养的，也正是这种又红又专的人。红和专，这是我们国家选择干部的最主要标准”；但同时对“又红又专”片面性的理解进行了纠正。[2]

蒋南翔在提倡学生走“又红又专”的道路时，亦强调不能把学生培养成“都像从一个模子里铸出来的一样”。学生要有个性，要有特长。培养全面发展的人，是蒋南翔所倡导的又一人才培养理念。他形象地比喻学校要建立“三支代表队”，即由政治辅导员组成的思想政治工作代表队；由学习优秀的业务拔尖学生组成的攀登科学高峰的代表队；由有文艺、体育特长的学生建立的文艺社团和体育代表队。但无论哪支代表队，他都要求要思想好，学习好，身体好。[3] 传承于三支代表队的理念，2014 年清华大学第二十四次教育工作讨论会又提出了价值塑造、能力培养、知识传授“三位一体”的教育模式。时任校长陈吉宁在闭幕式讲话中重点探讨了价值塑造，指出价值取向更为重要；价值塑造的出发点是立德，落脚点是树人；学校培养的学生必须是有抱负、有思想、有远见、

---

〔1〕 蒋南翔：《高等教育要认真解决两个根本问题》，载《清华大学教育研究》1989 年第 2 期。

〔2〕 参见方惠坚等编著：《蒋南翔传》，清华大学出版社 2005 年版，第 176 页。

〔3〕 参见方惠坚等编著：《蒋南翔传》，清华大学出版社 2005 年版，第 182 页。

有担当的时代英才。[1]

工作方法：实事求是，从实际出发

清华教学一向坚持"实事求是，从实际出发"，这样的工作方法亦是在教学工作实践中总结凝练的。1956年，蒋南翔曾在文章中阐明，"学习苏联先进经验必须严格执行从实际出发、同中国实际相结合的原则"，指出"特别是在文学、艺术、哲学和社会科学方面，就需要我们根据马克思主义原理和苏联经验，更多地独立研究中国的情况，总结我国的经验，富有创造性地解决我国的理论问题和实际工作问题"。[2] 1985年，李传信在中国共产党清华大学第七次代表大会上作了题为《巩固整党成果，深入改革，着重提高，加速学校建设》的工作报告，指出要坚持实事求是，一切从实际出发，尊重教育工作的规律和特点，正确处理提高和发展、继承和创新、积极改革的精神和高质量地完成实际工作等几个关系，提出"在学校建设上，应执行着重提高，在提高中发展的方针"。2006年，陈希在中国共产党清华大学第十二次代表大会上作了题为《全面贯彻落实科学发展观，为建设世界一流大学努力奋斗》的报告，指出：一定要坚持实事求是的原则；不唯书、不唯上、不唯洋、不唯他、只唯实；一定要从国情和学校实际出发，努力探索和遵循办学的内在客观规律，走出一条中国特色的世界一流大学建设之路。报告强调，学校进一步明确了"一个根本，两个中心，三项职能"的办学理念："一个根本"就是以人才培养为根本，"两个中心"就是邓小平同志提出的国家重点高校既是办教育的中心也是办科研的中心，"三项职能"就是教学、科研和社会服务。报告结合学校的实际情况，阐述了树立和落实科学发展观，一定要处理好涉及学校发展的若干重要关系，包括：规模、结构与质量的关系，重点突破和全面推进的关系，当前建设与长远发展的关系，物质条件和精神力量的关系，改革发展和稳定的关系。

蒋南翔认为，办教育有两个关键：一是方向问题；二是质量问题。所谓方向，就是要坚持为人民服务的社会主义方向；所谓质量，就是必须确保教育质

---

〔1〕 参见陈吉宁：《全面深化教育教学改革　大力提升人才培养质量——在清华大学第24次教育工作讨论会闭幕式上的讲话》，载清华新闻网2014年10月16日，https://www.tsinghua.edu.cn/info/1181/51453.htm。

〔2〕 刘冰：《蒋南翔与清华黄金一代》，载《博览群书》2017年第9期。

量,坚持质量第一。[1] 为提高学生的培养质量,发展颇具特色的教学制度在清华是有传统的。最有名的莫过于“长学制”和“真刀真枪地做毕业设计”的教学制度。为确保培养质量,清华曾两度延长学制,1953 年由 4 年延长为 5 年,1959 年延长至 6 年。为培养学生一切从实际出发的治学精神,第二项教学制度“真刀真枪地做毕业设计”应运而生。过去的毕业设计一般是由教师假拟一个题目,将真实资料简化了,让学生进行设计和计算。水利系 1958 届毕业班的同学的毕业设计则是直接承担密云水库的设计任务。1958 年 6 月底,党中央、国务院作出修建密云水库的决定。清华水利水电勘测设计院负责设计工作。在清华水利系教授张光斗的带领下,水利系师生参加了这项光荣任务,而毕业班同学们白天勘察晚上改图,“真刀真枪地做起了毕业设计”,为工程建设发挥了重要作用,也在高等教育教学的历史上书写了浓墨重彩的一笔。1958 年 9 月,作为设计代表组成员的何成旆进驻密云水库工地,参与白河隧洞的设计,亲手绘制了白河隧洞的开挖图。何成旆回忆道,白河隧洞设计中面临的挑战很多,需要综合考量隧洞内外水压、复杂的地质状况、安全度汛的策略等。设计单位坚持质量,而施工单位强调进度,这都给何成旆和同学们带来了不小的压力。“要设计白河隧洞必须要考虑内水压力。发电隧洞永远是有压的,需要从水库的水位到下游电站尾水来冲击水轮机。如果上面没有压力就没动能,水能就没有了。同时也得考虑外侧压力,因为密云水库就有这么一个隧洞,有一段是不透水的岩石。浇了混凝土以后,下面没有外水压力怎么办?那不是冒险了吗?所以一般不考虑。”最初设计隧洞是 8 米直径,因为岩石太差,经复杂验算比较,最终改成了 6 米。[2] 1960 年 9 月 1 日,密云水库胜利竣工,实现了“一年拦洪、两年建成”的水利奇迹,清华学子“真刀真枪地做毕业设计”的故事也传播开来。蒋南翔听到以后,在全校推广,并在总结经验的基础上,逐步完善“真刀真枪”进行毕业设计的办法,成为学校的一项教学制度。

校园文化:重视体育

清华人爱运动的传统由来已久,想必同学们也能感受到这种浓厚的体育氛围。1912 年周诒春出任清华副校长,确立“德智体三育并重”的方针,把增进

---

[1] 参见蒋南翔:《高等教育要认真解决两个根本问题》,载《金融教学与研究》1986 年第 2 期。

[2] 参见张静:《你知道吗?北京人的“大水缸”,竟是清华学生的毕业设计!》,载微信公众号“清华大学”2020 年 9 月 17 日,https://mp.weixin.qq.com/s/efYhZ2AH61iW4Jw8zk-0FQ。

学生健康、增强学生体质放在重要地位,[1]使清华成为中国最早设立正规西式体育的学校之一。1912年,清华学校开始实行"强迫运动",[2]1931年出版的《国立清华大学二十周年纪念刊》所刊《清华二十年来之体育》一文中阐述了"强迫运动"的做法:"每日下午四时后,将全校各处寝室、自修室,以及图书馆、食品部等处之大门一律关锁,使全体学生到户外运动场,投其所好,从事运动";"此法行至民七[3]体育馆已落成,体育课改为正课后为止"。清华学校还规定,在校学习期间学生必须通过"五项测试",即百码跑(14秒);半英里跑(3分钟);掷铁球(20英尺);跳高(45英寸);射箭(10分以上)或熟悉篮球、足球规则。[4] 体育不及格者不准出国留学。1927年,《清华学校的教育方针》规定:"凡在校诸生,每学期皆为必修,学分固不算在学分总数之内,然非体育及格者,不得与毕业考试。"[5]清华体育的传统就是奋斗到底、决不放弃。[6] 其中还有很多有意思的小故事。清华1916届学生吴宓虽然各科成绩优良,但跳远未能及格,跳远只能跳到3米5,未达到3米65(12英尺)的及格线,因此不得和同级同学一起出国,被马约翰先生滞留半年,待体育合格后,才得以赴美留学。[7] 1923届学生梁实秋写道,"我平常不加练习,临考大为紧张,马约翰先生对于我的体育成绩只是摇头叹息"。游泳考试不合格,补考后才勉强通过,"这是我毕业时极不光荣的一个插曲,我现在非常悔恨,年轻时太不知道重视体育了"。[8]

在体育馆建成后,学校取消了"强迫运动",学生们也由开始还不太接受被迫锻炼,渐渐到习惯主动加强锻炼身体。[9] 1952年,蒋南翔任清华校长后,沿

---

[1] 参见叶宏开、韦庆媛、刘波、田芊主编:《体魄与人格并重:清华大学百年体育纪略》,清华大学出版社2011年版,第5页。

[2] 参见叶宏开、韦庆媛、刘波、田芊主编:《体魄与人格并重:清华大学百年体育纪略》,清华大学出版社2011年版,第3页。

[3] 即1918年。

[4] 参见叶宏开、韦庆媛、刘波、田芊主编:《体魄与人格并重:清华大学百年体育纪略》,清华大学出版社2011年版,第9页。

[5] 冯茵:《清华历史上的体育锻炼》,载清华大学官网2017年4月25日,https://www.tsinghua.edu.cn/info/1181/42948.htm。

[6] 参见刘蔚如:《畅谈为祖国健康工作五十年》,载《新清华》2013年第5期。

[7] 参见马约翰:《谈谈我的体育生涯》,载《职业》2001年第5期。

[8] 梁实秋:《我在清华》,中国青年出版社2011年版,第20-21页。

[9] 参见京泽:《争取至少为祖国健康工作五十年,清华人不是说说而已》,载微信公众号"清华招生"2017年12月10日,https://mp.weixin.qq.com/s/wxjHeuOzh_sQ8xIZXUdWYg。

袭并强化清华重视体育的传统。1953年,他就任校长不足9周,就在讲话中说,“对于学生要订健康计划,保证同学一天有一两个小时的运动时间”,“以后体育不及格的不能毕业。搞好身体,这是一个政治任务”。蒋南翔言传身教,长期坚持体育锻炼。据体育教授夏翔回忆,20世纪30年代在清华读书时期,蒋南翔就热爱体育运动,有时玩篮球“斗牛”[1],有时长跑,有时游泳。任校长时期,下午5时左右的体育锻炼时间,蒋南翔常在新林院教工操场或西大操场上进行长跑。跑的速度虽然不快,但能坚持,每次都要跑几千米。据工程物理系首任党总支书记滕藤回忆,蒋校长“每天下午四五点都跑步,对许多清华人都产生了不小的影响”。1957年,清华体育工作一度消沉,蒋南翔在全校体育工作干部会上说:“你们看,马老[2]今年已经76岁了,还是面红身健。我们每个同学要争取毕业后工作五十年。因为年纪越大,知识、经验也就越丰富。”这是他首次公开表达“为祖国工作五十年”的设想,如今这一口号已成为清华文化的一部分。1964年,庆祝马先生服务清华五十周年纪念大会上,蒋南翔倡议:“把身体锻炼好,以便向马约翰先生看齐,同马约翰先生竞赛,争取至少为祖国健康地工作五十年!”[3]“为祖国健康工作五十年”这句口号迅速响彻清华园,激励着一代代清华学子坚持锻炼身体、强健体魄。

清华之所以看重体育的育人作用,是因为有运动精神的人,更懂得如何去竞争、去团结、去合作。中国高等教育史上第一位“体育教授”、曾任清华体育部主任的马约翰认为:正确的体育教育能使人养成矫健、敏捷的习惯行为和愉快的精神,并养成合作、勇敢、积极进取的集体主义精神。[4] 长跑和游泳是清华的特色,不达标不能毕业。这两项运动都是个人项目,对场馆、设施要求不多,一旦养成习惯,可以终身坚持,进而让学生养成终身锻炼的习惯。此外,这两项都是有氧运动,对培养学生的耐力、意志力有很好的效果。

自2001年起,清华每年都会组织学生参加北京国际马拉松赛,人数最多时有6000多人,占参赛总人数的1/3。北京国际马拉松赛限制参赛人数后,清华又开办了校园马拉松赛。为了将跑步与校园文化结合,清华还设计出了

---

〔1〕 是一种无人数限制,也不完全照篮球规则的篮球比赛,是富有清华特色的文体项目。

〔2〕 指马约翰。

〔3〕 京泽:《争取至少为祖国健康工作五十年,清华人不是说说而已》,载微信公众号“清华招生”2017年12月10日,https://mp.weixin.qq.com/s/wxjHeuOzh_sQ8xIZXUdWYg。

〔4〕 参见宋书行:《马约翰的体育观》,载《史学月刊》1995年第4期。

“U－run 校园跑步”系列赛事,围绕校园景观设计跑步路线,让广大学生、教职工和校友在运动中感受学校优美的自然风光和深厚的历史底蕴。正是这般课内学习与课外锻炼有机结合的教育执着,才使学生真正领会体魄与人格并重的意义。[1]

2014 年校研究生会体育部制作出一系列宣传体育的动画片和展板,在确定主题口号的时候,“无体育,不清华”脱颖而出,并流传开来,成为新时代清华体育精神的象征。长期以来,清华一直提倡 8－1＞8,即每天拿出 1 小时锻炼,效率要远大于全天候扑在学习上。如今,在清华园里,清华的操场上都有人在“绕圈”,其中不仅有学生、体育部的运动员,还有校领导、老教授、年轻教师以及后勤服务的师傅们。紫荆操场上的轻盈步伐、篮球场上的运球走转、游泳馆里的潜水之姿已经成为清华人体育剪影的日常。当学校的体育精神变成了每个人的习惯,体育和校训一样深深地印在每个人的脑海里,它带来的蓬勃朝气也就随之漫开到校园的每个角落。

▶ 对未来的期待:明理学子使命在肩

“闻道百十载,薪火永相传。”优秀的清华传统是立校之本、治学之基。百余年来,正是由于学校始终坚持严谨教学、严格要求,同学们自我砥砺、严格磨炼,才保证了清华毕业生为人称道的人格与品质,日后在社会上负膺大任。季羡林先生曾这样自问:“我同广大的清华校友一样,现在所以有这一点点知识,难道不就是在清华园中打下的基础吗?”[2] 所以在此,我希望同学们深刻思考方向和质量的辩证关系,在正确的方向上,勇毅前行,提升自我。正如蒋南翔校长所言:“方向不对头,就达不到目的。就像从北京去广州不能向北,从清华去天安门,不能向颐和园、西山那边走,方向搞错了,就会‘南辕北辙’,愈去愈远。”[3] 如何找对方向,完成明理法律人的使命担当,一条明晰的路径就是向前文介绍的校友们看齐,以他们为模样,“成长为具备健全人格、宽厚基础、创

---

〔1〕 参见王慧:《为祖国健康工作五十年——从邓亚萍到访看清华体育精神》,载映象网 2018 年 5 月 2 日,http://www.hnr.cn/newedu/jytt/201805/t20180502_3096039.html。

〔2〕《清华历史上的严格要求与严谨学风》,载清华大学官网 2017 年 4 月 11 日,https://www.tsinghua.edu.cn/info/1686/70330.htm。

〔3〕 方惠坚等编著:《蒋南翔传》,清华大学出版社 2005 年版,第 177 页。

新思维、全球视野和社会责任感的清华人”[1]。

同学们，过去的十年，我们取得了非凡的成就；未来十年，接力棒传到了你们手中，希望你们能像优秀的清华学长学姐一样，秉承“自强不息、厚德载物”的校训，传承法学院“勇于担当、甘于奉献”的光荣传统；做到青春向党，不负人民，在世界性多元文化的交流激荡中，担负起中华民族伟大复兴的历史使命；在亿万人民为实现中国梦而进行的伟大奋斗中实现人生价值，用青春书写无愧于时代、无愧于历史的华彩篇章。

[1] 王希勤：《慎独不孤　众行能远——在2022级本科生开学典礼上的讲话》，2022年8月18日。

论清华学

杨国华

杨国华

清华大学法学院教授，WTO上诉仲裁第一案“土耳其药品案”仲裁员（2022年），WTO“多方临时上诉仲裁安排”（MPIA）仲裁员（2020年起），中国法学会世界贸易组织法研究会常务副会长，Journal of World Trade 编委，WTO秘书处争端解决专家库成员，WTO上诉机构成员候选人（2016年），中国国际贸易促进委员会（中国国际商会）“美国对华301调查”应对工作首席法律顾问（2017年起）。曾任商务部条约法律司副司长（2008～2014年）和中国驻美大使馆知识产权专员（2006～2008年），参加中国加入WTO谈判（1999～2001年）和涉及中国的WTO争端解决案件处理。著有《美国贸易法301条款研究》（1998年）、《WTO中国案例评析》（2015年）、《WTO上诉机制的兴衰》（2020年）和《中美贸易战的起源与发展》（2021年）等20部，主编《我们在WTO打官司：参加WTO听证会随笔集》（2015年）、《我与WTO：法律人的视角》（2016年）、《跨太平洋伙伴关系协定规则研究》（2020年）和《中国“入世”简说》（2021年）等20部，师生合著散文集《清华十二景》和《美在清华》（2021年）。
在清华大学法学院开设“世界贸易组织法中国案例研究”（本科生）和“中美经贸关系中的法律问题”（研究生）等课程，在全校选修通识课中开设“清华学”。

也许这是第一次有人提出并论证“清华学”。

清华学之目标：博学多识；发现身边的美。

——作者题记

清华大学（以下简称清华）风景优美、历史悠久，以其丰富的自然景观和人文底蕴，足以成为一门学科。从“清华概况”看，清华是大学校和小社会；从“清华校史”看，清华是中国近代史；从“清华院系”看，清华是百科全书；从“清华校园”，特别是从设计、园林、建筑、奇石、植物和雕塑等方面看，清华是皇家园林和现代大学；从“清华大师”看，清华曾经大师云集；从“清华名篇”看，清华美文传诵百年。“清华学”的研究对象是清华园内的风物，研究目标是博学多识和发现身边的美，研究方法是文献阅读、交流讨论、实地考察和四季体验。没有足够的内涵不足以支撑一门学科，而“清华学”如能带动其他校园“学”之研究，则影响更加深远。

缘起

清华曾是我多次造访的地方。当年从家乡来北京旅游，参观过清华。后来在北京读书，到清华听过讲座。再后来客居京城，到清华开过会、讲过课。然而，当2014年8月，我来到清华工作，却发现此前对清华的了解，几乎为零！[1]皇家园林“清华园”竟然有那么悠久的历史，“庚子赔款”清华学堂竟然有那么复杂的开端；校园内竟然有那么多中西合璧的建筑，学校竟然曾经有那么多学贯中西的大师；“水木清华”人间胜景，“荷塘月色”意味悠长；奇花异草，奇石美玉，“长河观柳”[2]，“学堂”车潮[3]，令人目不暇接。很快，我就如痴如醉地爱上了清华。

我买了很多书，了解清华的历史和景观。不仅如此，我还一遍遍来到书中介绍之处，实地查看对照。“工字厅”300年前派什么用场？建校时“永恩寺”

---

〔1〕 本人于2014年8月从商务部条约法律司调入清华大学法学院工作。

〔2〕 指校河两岸杨柳飘飘的景观。

〔3〕 指学生沿学堂路骑车上课、下课的景观。

古井位于何方?美国为何退款给中国?“留美预科”如何变成大学模样?“大礼堂”是什么建筑风格?设计师墨菲(Henry Murphy)为何来到东方?梁启超在哪里演讲?朱自清从哪里路过荷塘?王国维为何“自沉”?陈寅恪学问凝聚何方?校园设计最初如何?园林布局艺术何在?什么是紫荆?什么是丁香?“桂韵”火山岩是何来历?“母育子”花玉美在何处?“万泉河”从哪里发端、流向何方?梁思成、林徽因当时住在哪里?这里的孩子们为何如此高智商?……

我邀请很多朋友来观光。他们都来过清华。令人惊讶的是,他们对以上问题几乎一无所知。也就是说,他们对清华的了解,也是几乎为零,任我“炫耀”“现炒现卖”的点点心得。我渐渐胆子大了起来,甚至敢于邀请清华毕业生加入我的“旅游团”。他们在清华园生活过若干年,当然对历史掌故、人文景观等有所见闻,但是面对我这个新来的人提出的问题,常常不知所措,或者以讹传讹。后来,我又与在校生和在职老师交流,发现他们对清华的了解也大多支离破碎、浅尝辄止。当我给他们讲清华的历史、人物、景观的时候,他们也是听得津津有味。我不禁感慨:清华这个宝藏,没有得到有效开发啊!

于是,我与一些学生开始有意识地研究清华。我们围着“大礼堂”走了一圈,为这座国内唯一的古希腊、古罗马神庙风格的建筑所震撼,有同学从美学的角度写下了“大礼堂之美”。我们站在甲所“母育子”蛇纹石花玉前,赞叹大自然的鬼斧神工,感到它超过了所有山水画的内涵。我们穿行在“胜因院”一栋栋小洋楼间,畅想着大师们的学识与生活,感到一种激励和向往。我们还将研究“水木清华”的园林设计,“地质之角”块块奇石,四季花开的种种植物,王国维纪念碑碑文,西南联大纪念碑文字,校歌的含义,梁启超“君子”演讲的意义……我们要将清华作为一门学问来研究!

于是,就有了“清华学概论”这门课的设想。我想让我的学生,以至于整个清华的学生,都来开掘这个宝藏,因为清华园是清华人得天独厚的财富。相信清华学,这门以研究清华为内容的学科,能够为同学们的校园生活、职业发展和人生幸福,作出些许贡献。

▶ 论证

提出“清华学”这个概念,是因为对清华的研究,可以成为一门单独的学科。根据《中华人民共和国国家标准学科分类与代码》(GB/T 13745—2009),“学科是相对独立的知识体系”。[1]“本标准主要依据学科的研究对象,学科的本质属性或特征,学科的研究方法,学科的派生来源,学科的研究目的与目标等五方面进行划分。”

且让我参照这个标准,论证一下“清华学”的内容。此处首先需要说明的是,“参照”,并非一一对照。机械、枯燥地对一个知识体系进行切割、分类,并不能全面反映该体系的特征。具体而言,该标准所列五个方面,并不一定是完全独立的。例如,“研究对象”和“研究特征”就需要明确界定,而“研究特征”和“研究方法”也需要明确区分。“学科的派生来源”,对于“交叉学科”而言,与“研究对象”是不可分的。因此,以下论证,基本上是以研究内容为核心,综合参照以上五个方面进行。此外,论证试图采用归纳法,即先行阐述学科内容,然后总结学科特征,以求生动、完整和有说服力之功效。

我初步将清华学分为六个部分:(1)清华概况:清华作为一个大学校和小社会。(2)清华校史:清华作为一部中国近代史。(3)清华院系:清华作为一部百科全书。(4)清华校园:清华作为皇家园林和现代大学。(5)清华大师:清华作为大师云集之地。(6)清华名篇:清华的那些美文。以下就按照这个顺序略加阐述。

▷ 清华概况:清华作为一个大学校和小社会

清华是个大学校,占地广,人口多。作为一个社会组织,清华是如何设置机构、安排资源,为教学和科研的中心任务服务的?此外,清华还是一个小社会,“麻雀虽小,五脏俱全”。清华承载了哪些社会职能?最后,在这个改革的年代,清华又在酝酿和实施哪些改革措施?

以一位同学从入学到毕业的过程为例。在学校里,是谁负责招生考试,是

[1] 《中华人民共和国国家标准学科分类与代码》(GB/T 13745—2009)引言:“人类的活动产生经验,经验的积累和消化形成认识,认识通过思考、归纳、理解、抽象而上升为成知识,知识在经过运用并得到验证后进一步发展到科学层面上形成知识体系,处于不断发展和演进的知识体系根据某些共性特征进行划分而成学科。学科是相对独立的知识体系,这里‘相对’、‘独立’和‘知识体系’三个概念是本标准定义学科的基础。‘相对’强调了学科分类具有不同的角度和侧面,‘独立’则使某个具体学科不可被其他学科所替代,‘知识体系’使‘学科’区别于具体的‘业务体系’或‘产品’。本标准中出现了一些学科与专业、行业、产品名称相同的情况,是出于使学科名称简明的目的,其内在涵义是不同的。”

谁负责入学注册;校长是干什么的,“工字厅”里各个办公室的职能是什么;是谁负责学籍管理,是谁负责课程安排;是谁负责考试评价,是谁负责奖学勤工;是谁负责宿舍后勤,是谁负责食堂超市;是谁负责出国留学,是谁负责毕业典礼……以及以上这一切,如何构成网络,如何进行运转?学校管理,肯定是一个专门的学问。同学们通过亲身体会,刻意地研究一下这个组织,能够增长很多知识。

此外,同学们还会发现,清华园内社会功能齐全,医院、邮局和银行;菜场、商店和租房;幼儿园、小学和中学……注意观察这些地方,了解他们的状况,能够增加对社会的了解。不仅如此,行走在校园,看到懵懵懂懂的儿童坐在自行车后座上去幼儿园,看到身穿校服的中小学生匆匆忙忙地赶着上学,看到成群结队的大学生从“学堂路”奔向各个教室,看到老师们坐在办公室备课研究的身影,看到行动迟缓的老年人搭乘超市的免费班车购物,还有看到校园信息网上时常发布的讣告……这个校园,浓缩了人的一生,能够引发同学们的诸多思考。

还有,同学们可能自然而然地会想到,清华作为一个大学校和小社会,是如何与周围的大社会进行互动的?看似大学是在向社会输送人才和科研成果,但是大学与社会之间的相互影响,恐怕不是如此简单。

当然,我希望通过以上观察与思考,同学们能够提出改革的建议。也就是说,清华给同学们研究学校和社会提供了一个很好的样本,但是清华肯定是不完美的。那么清华应该如何改变,才能使清华更好,对社会作出更大的贡献?众所周知,清华作为社会组成部分的大学,不仅要有自己的特色,而且应该起引领作用。同学们也许已经在思考这个问题,因为同学们来到大学,接受高等教育,不仅是为了适应社会、自己找个好工作,而且要改造社会、让更多人找到好工作。

▷ 清华校史:清华作为一部中国近代史

清华百年校史,就是一部活生生的中国近代史,而这部历史,都记载在校园各个时期的建筑上。

“二校门”上的“宣统辛亥”,明确记载着这个学校的开端,而这座老校门的西洋建筑风格,在向我们诉说着清华与西方的关联。早期“四大建筑”(大礼堂、科学馆、体育馆、图书馆),可以看到美国的影响。“清华学堂”是欧洲风格,

“同方部”之取名却是儒家的传统。20世纪30年代的“土木工程馆”、“水利实验室”和“机械工程馆”,让我们看到了清华成为大学之后的气魄。“中央主楼”反映了20世纪50年代的背景,而建立在“生物馆”、“化学馆”、“气象台”和“体育馆”等老建筑之间的理科(数学、物理、生命科学)楼群,特别是21世纪的“新清华学堂”,标志着一个新时代的开端。

事实上,漫步校园,这里的历史还可以向前推进。让我们想象一下,“二校门”后的两株古柏的后面,曾经是清华园“永恩寺”的大殿。向西走,300年的“工字厅”和200年的“古月堂”就一直在那里。

因此,站在“二校门”前,在更远的历史背景衬托下,中国近代史的画卷就展现在我们目前:“庚子赔款”“留美预科”“清华学堂”“清华学校”“国立清华大学”“清华大学”;“二校门”的初建,20世纪60年代摧毁,90年代重建;从这个门出入的前清遗老、民国政要、学者大师、风云人物。能够把清华校史研究清楚,中国近代史也就有个大概了,因为那个时代的很多事件、很多人物,都与清华有过关联。承接前一部分“清华概述”的论证,清华与社会、与时代,是密切相关的。同样承接前一部分论证的思路,研究清华校史,不仅是要增加关于清华的知识,而且是要思考清华在历史上的作用。当然,研究历史,就是研究现在和关注未来,研究清华校史也不例外。

▷ 清华院系:清华作为一部百科全书

“目前,清华大学设有21个学院,59个系,已成为一所具有理学、工学、文学、艺术学、历史学、哲学、经济学、管理学、法学、教育学和医学等学科的综合性的研究型大学。”〔1〕

简单浏览一下学校网站院系设置的“树状图”,看看那些专业名称,就会感到自己知识的贫困匮乏。在这个校园里,有那么多人,在从事那么多的研究,从人文社科到自然科学,几乎包括了人类知识的所有主要门类,而相比之下,我们自己所从事的学习和研究,不过是其中的一个极小部分而已。学海无涯,学无止境啊!

一个人不能满足于自己那一点专业知识。作为一个人,人类所有知识都

〔1〕 关于“院系设置”,参见清华大学官网(http://www.tsinghua.edu.cn/publish/newthu/newthu_cnt/faculties/index.html)。

是与我们相关的,都应该引起我们的了解和关注。法律与我们无关吗?政治与我们无关吗?历史只是过去的事情吗?文学只是虚幻的吗?数学能够让我们怎样思考?材料学怎样改变我们生活?人类为什么要航空航天?科学家为什么要做泥沙实验?……培养求知的热情,思考人类的未来,也许这是清华能够给我们的极大财富。

▷ 清华校园:清华作为皇家园林和现代大学

这里曾经是京城西郊皇家园林荟萃之地,这里曾经是近代美式大学校园示范之所。那么,我们今天看到的校园,经历了从设计图纸到实际效果怎样的变迁?当初的皇家园林,又是怎样的布局?与毗邻的圆明园和颐和园是怎样的关系?还有,随处可见的花草、奇石和雕塑,又有怎样的讲究?

校园规划、园林布局、建筑设计、奇石布置、植物分配和艺术雕塑,都是专门的学问,而清华园给我们的观察和研究提供了极好的条件。早春的迎春花、榆叶梅、玉兰花、紫荆花、紫丁香、白丁香,姹紫嫣红,花枝招展,呼唤着我们走近她们、认识她们;三峡石、海底火山岩、硅化木、蛇纹石花玉、牡丹石、太湖石、泰山石、灵璧石、"地质之角"的众多奇石,吸引着我们欣赏他们、研究他们;西洋建筑、中式建筑、小洋楼、四合院,让我们思考建筑美学;"水木清华"的荷花春柳、近春园的湖光彩亭,让我们琢磨中式园林;还有,集中在"紫荆雕塑苑"、艺术博物馆和美术学院周边以及在其他地方时常遇见的雕塑,从材质到风格展现不同的风采;以"大礼堂"为中心的老校园,与理科楼群组成的新校园,有不同的时代特征。

研究这一切,好像"不务正业",然而,这是生活情趣,是闲情逸致。人生的乐趣,恰恰是我们所追求的。同学们今天的勤奋求学,未来的实现理想,不都是为了获得人生的乐趣吗?何况享受人生,发现身边的美,是一种生活习惯。如果在清华如此美丽的校园里都不能感到享受,那么走出校园,走向社会,哪里还能感受得到呢?

▷ 清华大师:清华作为大师云集之地

这里是300位学贯中西、博古通今的大师曾经生活和工作的地方。每念及此,我都心潮澎湃。每当走过"同方部",梁启超1914年作《君子》演讲的情景就会浮现在眼前;每当走过王国维纪念碑,王国维、陈寅恪等大师的身影就会浮现在眼前；每当走过西院45号，我就仿佛看到朱自清奋笔疾书的情景；每当走过照澜院，我就仿佛看到梅贻琦勤奋工作的样子；还有，每当走过新林院8号，我就会想起梁思成和林徽因的传奇往事。这里还有“两弹一星”元勋、著名科学家、工程师……

每一位学术大师，都成为一个独立的精神世界。对每一位大师的研究，不仅是学识的增加，而且是精神的升华。人生在世，每个人都有几十年光阴，但是有些人竟然可以如此精彩，可以给后人留下如此丰厚的遗产。是什么让他们超凡脱俗？我们能够从他们那里学到什么？哪位大师比较适合我自己的道路？我相信，每一位同学，对任何一位大师的研究，都会激发奋发向上的力量。何况，在清华园，大师们群星璀璨，就在我们身边闪闪发光！

清华名篇：清华的那些美文……

每当朗诵梁启超的这段演讲：

> 乾象曰：“天行健，君子以自强不息。”坤象曰：“地势坤，君子以厚德载物。”……纵观四万万同胞，得安居乐业，教养其子若弟者几何人？读书子弟能得良师益友之薰陶者几何人？清华学子，荟中西之鸿儒，集四方之俊秀，为师为友，相磋相磨，他年遨游海外，吸收新文明，改良我社会，促进我政治，所谓君子人者，非清华学子，行将焉属？虽然君子之德风，小人之德草，今日之清华学子，将来即为社会之表率，语默作止，皆为国民所仿效。设或不慎，坏习惯之传行急如暴雨，则大事偾矣。深愿及此时机，崇德修学，勉为真君子，异日出膺大任，足以挽既倒之狂澜，作中流之底柱，则民国幸甚矣。[1]

每当高唱校歌的这段歌词：

> 西山苍苍，东海茫茫，吾校庄严，岿然中央。东西文化，荟萃一堂，大同爰跻，祖国以光。莘莘学子来远方。莘莘学子来远方，春风化雨乐未央，行健不息须自强。自强，自强，行健不息须自强！自强，自强，行健不息须自强！[2]

---

〔1〕参见《君子》，梁启超1914年11月5日在清华学校的演讲。原载《清华周刊》第20期(1914年11月10日)。

〔2〕《清华大学校歌》第一段。

每当路过王国维纪念碑,默读这一段碑文:

士之读书治学,盖将以脱心志于俗谛之桎梏,真理因得以发扬。思想而不自由,毋宁死耳。斯古今仁圣所同殉之精义,夫岂庸鄙之敢望?!先生以一死见其独立自由之意志,非所论于一人之恩怨,一姓之兴亡。呜呼!树兹石于讲舍,系哀思而不忘;表哲人之奇节,诉真宰之茫茫;来世不可知者也。先生之著述,或有时而不彰;先生之学说,或有时而可商。惟此独立之精神,自由之思想,历千万祀,与天壤而同久,共三光而永光。[1]

每当前往西南联大纪念碑,细品这一段碑铭:

痛南渡,辞宫阙。驻衡湘,又离别。更长征,经峣嵲。望中原,遍洒血。抵绝徼,继讲说。诗书丧,犹有舌。尽笳吹,情弥切。千秋耻,终已雪。见仇寇,如烟灭。起朔北,迄南越,视金瓯,已无缺。大一统,无倾折。中兴业,继往烈。维三校,兄弟列。为一体,如胶结,同艰难,共欢悦,联合竟,使命彻。神京复,还燕碣。以此石,象坚节,纪嘉庆,告来哲。[2]

重读这些文字,你是否会激情豪迈、壮志凌云?

每当你漫步近春园,想起朱自清的这段描写:

曲曲折折的荷塘上面,弥望的是田田的叶子。叶子出水很高,像亭亭的舞女的裙。层层的叶子中间,零星地点缀着些白花,有袅娜地开着的,有羞涩地打着朵儿的;正如一粒粒的明珠,又如碧天里的星星,又如刚出浴的美人。微风过处,送来缕缕清香,仿佛远处高楼上渺茫的歌声似的。这时候叶子与花也有一丝的颤动,像闪电般,霎时传过荷塘的那边去了。叶子本是肩并肩密密地挨着,这便宛然有了一道凝碧的波痕。叶子底下是脉脉的流水,遮住了,不能见一些颜色;而叶子却更见风致了。[3]

---

[1] 陈寅恪:王国维纪念碑碑文。

[2] 冯友兰:西南联大纪念碑碑文。

[3] 朱自清:《荷塘月色》,载《小说月报》第18卷第7号。

每当你来到图书馆，记起杨绛的这段心情：

我的中学旧友蒋恩钿不无卖弄地对我说："我带你去看看我们的图书馆！墙是大理石的！地是软木的！楼上书库的地是厚玻璃！透亮！望得见楼下的光！"……她拉开沉重的铜门，我跟她走入图书馆。地，是木头铺的，没有漆，因为是软木吧？我真想摸摸软木有多软，可是怕人笑话；捺下心伺得机会，乘人不见，蹲下去摸摸地板，轻轻用指甲掐掐，原来是掐不动的木头，不是做瓶塞的软木。据说，用软木铺地，人来人往，没有脚步声。我跟她上楼，楼梯是什么样儿，我全忘了，只记得我上楼只敢轻轻走，因为走在玻璃上。后来一想，一排排的书架子该多沉呀，我光着脚走也无妨。我放心跟她转了几个来回。下楼临走，她说："还带你去看个厕所。"厕所是不登大雅的，可是清华图书馆的女厕所却不同一般。我们走进一间屋子，四壁是大理石，隔出两个小间的矮墙是整块的大理石，洗手池前壁上，横悬一面椭圆形的大镜子，镶着一圈精致而简单的边，忘了什么颜色，什么质料，镜子里可照见全身。室内洁净明亮，无垢无尘无臭，高贵朴质，不显豪华，称得上一个雅字。[1]

当你找到梁实秋的这段回忆：

园里谈不到什么景致，不过非常整洁，绿草如茵，校舍十分简朴但是一尘不染。原来的一点点中国式的园林点缀保存在"工字厅"、"古月堂"，尤其是工字厅后面的荷花池，徘徊池畔，有"风来荷气，人在木阴"之致。塘坳有亭翼然，旁有巨钟为报时之用。池畔松柏参天，厅后匾额上的"水木清华"四字确是当之无愧。又有长联一副："槛外山光，历春夏秋冬，万千变幻，都非凡境；窗中云影，任东西南北，去来澹荡，洵是仙居。"（祁嶲藻书）我在这个地方不知消磨了多少黄昏。[2]

当你偶然看到一篇文章，题为《清华不是个读书的好地方》：

"清华不是读书的好地方"理由不和"春天不是读书天"一般简单

---

〔1〕 杨绛：《我爱清华图书馆》，载《光明日报》2001 年 3 月 26 日。

〔2〕 梁实秋：《清华八年》，江苏文艺出版社 2011 年版，第 37－38 页。

> 吗?春天有比读书更有趣的事让你做,清华有比读书更有趣的事叫你不得不做……你如曾有一次整个钟头耐心耐意地坐在教室里笔记,那才是奇迹呢!你有眼看得见黑板上的白字,当然也有眼看得见窗外那些轻摇慢舞的鹅黄细柳,那些笑靥迎人的碧桃,那些像有胭脂要滴下枝来的朱梅,那些火似的、像有一种要扑到你身上来的热情的不知名的花,那些,那些……迷人的东西,真的没有把你的心从a、b、c、d中勾走么?就算你是道学家,有"目不窥园"的修养,还有玫瑰呢,丁香呢,它们会放香!熏风从那里钻进窗户,又在你鼻端打了一个回旋,你心不动么?就算你受了春寒,鼻子不通,还有云雀呢,杜鹃呢,远远地唱起来了,蜜蜂又团在窗外哼,甚至一双燕子索性坐在窗槛上说起情话来了,你又待怎样防御呢?总之,一切都引得你的心往外飞,这时的心,固然教授们的什么论,什么史,什么法,什么问题,什么公式抓它不住,便是你书中的颜如玉也照样不行……这叫做"地灵人杰",据说山水明秀的地方,灵气所钟,人物自然也会明秀,所以"水木清华"的清华园,人物也一样非常之"清华"了。〔1〕

看到这些文字,你是否会心有灵犀、莞尔一笑?

当你读了以上这些文字,还有更多的清华美文,你是否会赞同吴宓的这段感叹:

> ……水木千年长清华,云是先朝故侯家。……崇楼新仿欧西制,转步曲廊回清丽。……名师人人华顶松,诸生个个春前柳。……但使弦歌无绝响,水木清华自千年。〔2〕

这就是清华园,我们的精神家园!

▶ 结论

从以上简要论证,我们可以看出"清华学"作为一个相对独立的知识体系,具有以下特征:

---

〔1〕 余冠英:《清华不是个读书的好地方》,载《清华周刊》1931年总第514–515期。
〔2〕 吴宓:《清华园词》,载黄延复等主编:《清华园风物志》(第3版),清华大学出版社2005年版。

▷ 清华学是以清华为研究对象的

清华历史悠久，内涵丰富，博大精深，古今中外鲜有其匹者。从“学科的派生来源”看，“清华学”属于交叉学科，人文社科和自然科学中的很多一、二级学科，例如管理学、文学、艺术学、美学、历史学、政治学、法学、社会学、教育学、地理学、地质学、植物学、园艺学和园林学等皆可为其上一级学科。[1]

▷ 清华学的研究方法是独特的

我们当然要通过阅读资料来研究清华，但是更多的时候，我们是通过参观名人故居，分析古典建筑，欣赏园林奇石，体验花开花落等直观的方式研究清华，因为这一切就在我们身边，连历史都是看得见的。不仅如此，我们还要通过集体讨论的方式研究清华，因为清华是我们共同的家园。“清华学”的研究方法，充满着对清华的热爱。

▷ 清华学研究目的是特殊的

以我在国内外多年生活和工作的经验来看，[2]我坚信“清华学”的研究，有益于同学们的校园生活、职业发展和人生幸福。研究“清华学”，现在的校园生活必定是丰富多彩的，因为发现了身边很多的美；将来的职业发展必定是蓬勃向上的，因为有综合的素质；未来的人生幸福必定是可以预期的，因为有对生活的热爱。

这样说也许显得夸大其词、盲目乐观。其实我想表达的仅仅是：清华是清华人得天独厚的财富，我们应该好好珍惜。

▷ 清华学之辩

还有几点说明如下：

“清华学”不仅仅是一门课，而且是一门学问，一门大学问。

“清华学”不仅仅是学生应该研究的，所有清华人都有必要研究。

---

〔1〕 以上学科分类参见《中华人民共和国国家标准学科分类与代码》（GB/T 13745—2009）。

〔2〕 本人1996年北京大学法律系博士毕业后，进入对外贸易经济合作部（后改为商务部）工作，先后担任处长和副司长等职务，曾经访问过几十个国家和地区，并且曾经在中国驻美国大使馆担任知识产权专员。

“清华学”不仅仅是清华人才可以研究的，但是清华人研究“清华学”，可能会有独特的便利和特殊的感情。

“清华学”不仅仅是一本旅游手册，因为它“致知穷理，学古探微”[1]；它不是浮光掠影、泛泛而谈，而是全面深入、严肃认真。

或曰：有“清华学”，亦有“北大学”“××学”乎？答曰：“清华学”之提出与研究，如能促进其他学之研究，形成系列“××学”及各学间之比较研究，则本学科可升格为“学科群”[2]矣，于大学教育善莫大焉！

最后我要说的是，也许提出“清华学”过于天真，也许“清华学”有这样那样的缺陷，但是不管别人怎么说，别人怎么做，我是一定要研究“清华学”的，我也会建议我的学生研究“清华学”，因为在短短时间里，我已经初尝这个学科的甜头，我的学生也感到了欣喜、表达了支持。同时，我也坚信，会有更多人加入我们行列。

［2015年4月19日，识于清华园。2015年6月15日第二稿，增加“（六）清华名篇”。2018年1月16日第三稿，增加“四、清华校园（六）雕塑”。2018年6月29日第四稿，在“四、清华校园（二）园林”中增加图书馆李文正馆西北下沉花园及郑架轩内枯山水；“（三）建筑”中增加人文社科图书馆和艺术博物馆等建筑；在“五、清华大师（二）人文社科、（三）自然科学”中增加名师人数和现存故居信息。］

---

〔1〕 选自《清华大学校歌》歌词。

〔2〕 学科群（discipline group），具有某一共同属性的一组学科。每个学科群包含了若干个分支学科。参见《中华人民共和国国家标准学科分类与代码》（GB/T 13745—2009）。

民法的学习方法

程　啸

程 啸

清华大学大学法学院教授，博士生导师。教育部长江学者特聘教授。中国青年政治学院法律系（现中国社会科学院大学法学院）法学学士（1997年）；中国人民大学法学院民商法专业法学硕士（2000年）；中国人民大学法学院民商法专业法学博士（2003年）；德国奥斯纳布吕克大学欧洲法研究中心高级访问学者（2008～2009年）；德国柏林自由大学法学院高级访问学者（2012年）。目前兼任中国法学会法学教育研究会常务理事、中国法学会立法学研究会常务理事、中国法学会婚姻家庭法学研究会常务理事、中国消费者协会专家委员会专家、最高人民法院执行特邀咨询专家、最高人民检察院民事行政诉讼监督案件专家委员会委员、云南省委法律顾问、北京市法学会不动产法研究会副会长、文化和旅游部“文化和旅游研究基地（2023～2025年）”首席专家、清华大学法学院不动产法研究中心主任、清华大学法学院个人信息保护与数据权利研究中心主任等。主要研究领域为侵权法、物权法、担保法、人格权法、个人信息保护法、网络法、不动产登记法等。

2003年开始在清华大学法学院任教，从事民法学教学20年，主讲侵权法、人格权法、个人信息保护法等课程。

引子

民法是最重要的学科之一,它与我们的日常生活息息相关,每个人都不可能不与民法打交道。《民法典》共1260条,十万多字,规范了我们生活的方方面面,这么多的内容,怎么去学?这是每一个学习民法的同学面临的问题。清华法学院给本科生开设的课程中,民法课程的总学分就很高。那么要怎么样去学好民法课程?

首先要理解"学好"是什么概念。考试能考好,能背得下来基本概念,通过国家统一法律职业资格考试,就是学好了吗?我想不是这样的。真正地要学好民法,当然要把这些基本概念、基本规则与制度,从微观到宏观,整个成体系地掌握清楚。同时,要把它背后的原理性的东西,即基础理论,也要掌握明白。更重要的是,还要能够运用所学的理论和法律规范处理疑难复杂的案件。这样才可以说把民法学得差不多。

以上所说的这些要求,实际上适用于所有的部门法,学习刑法、行政法还有其他学科,也都是一样的。在这种情况下,我们大家的学习时间,总的来说还是非常短,是不充分的。以硕士研究生为例,法学硕士是两到三年弹性学制,原则上两年;法律硕士是三年。大部分同学也都要减掉一年,因为最后一年忙于写论文、找工作,真正在校学习时间通常也就是一到两年。提醒大家一点,学习方法再好、再管用,都需要大家花时间,如果投入的时间不够,那么再好的方法也没用。

今天要讲的内容,是我一直比较关注的问题,到清华任教20年来,也时常和自己教过的、指导过的学生说这些。前一段时间,我把在学习民法中大家需要注意的一些问题进行归纳总结,写了一本小书《民法学习方法九讲》。我今天和大家讲的五个部分的内容也主要来自这本书。

第一部分是"为什么要学习民法",主要就是分析民法的意义与重要性。第二部分是对于"民法的体系和全貌"的介绍,让我们有一个总体把握和了解。第三部分是关于民法教科书的阅读方法。各个学科都有教科书,包括简明教科书和体系书。阅读这些教科书,对民法学习来说是最起码的要求,但要做到真正掌握教科书、超越教科书,却并不容易。

第四部分是“学习民法的基本方法”。总的来讲,学习民法归纳起来就是从理论、规范和案例这三个方面进行学习:对民法理论的掌握主要来自对于教科书、专著、论文的研读思考以及学术写作研究;规范就是法律规范,是所有法律理论的实体法依据,依据哪部法律的哪条、哪款、哪项,都必须说清楚;法律是要解决问题的,而问题就是由实践中的案例所引发。我们将所学理论和规范结合起来,才能够解决案例;通过解决案例又可以检验理论掌握得是否扎实、法条理解得是否正确,由此形成良性循环,相得益彰,法律学习才是真正到位,且在离开法学院后也能获得持续学习的能力。

最后第五部分就是民法人的素养,当然不仅仅是民法人,也是整个法律人应该具备的素养,比如批判性思维、良好的语言能力等。

▶ 为什么要学习民法

什么叫民法?简单地讲,民法就是调整法律地位平等的民事主体之间的人身关系和财产关系的法律。民法奉行的是平等、公平、意思自治、诚实信用等基本原则。在民法中,我们充分尊重当事人自己的意思,允许民事主体自主地规划未来,依自己的意思设立、变更、终止民事法律关系,最终实现相应的目标。

一个社会越尊重个体、越尊重个体的自由,它的民法就越发达。在计划经济时代没有真正意义上的民法,因为改革开放之前,我们都搞计划经济,企业生产多少东西、怎么生产,都是国家直接下达指令,没有独立性、自主性可言。个体在社会生活中也是按照计划来生活,有规定的粮票、布票等。一个人想要创业,要把自己的想法变成现实,在当时很困难。中国有五次民法典编纂,前四次条件都不成熟。只有到我们建设社会主义市场经济,经过改革开放40多年的积累之后,才有了这种土壤,才能够成功编纂出一部中华人民共和国的民法典。

如果法律关系中双方的地位是不平等的,它们之间就是一种命令和服从的关系。我们学习行政法就知道,政府行使公权力,不服从就可能受到相应的处罚,这就是最典型的命令和服从的关系。民法在历史上的发展过程,就是整个社会从原来的强调命令和服从到现在更加尊重个人的发展过程。英国著名的法律史学家梅因,写了一本名为《古代法》的书。他在这本书中就讲了一个观点,他说,“所有进步社会的运动,到此处为止,是一个‘从身份到契约’的运动”。因为,在原来的封建社会中,是没有平等的。在家庭,父权占主导地位,妻子、孩子都属于附属地位;土地和财物在家族内部授予和接受,如果要分配,也是在家族的范围内分配,不可能自由买卖。

但是,现代社会的人们越来越追求自由与平等,因此,以平等、意思自治为基本原则的民法也越来越广泛地调整社会生活。所以,民法在我们现代社会生活中占据很重要的地位。

我们为什么要学习民法,我个人归纳为以下几点:

第一,民法使人懂得既要保护自己的权利与自由,也要尊重他人的权利与自由。民法本身是把每个人都当成主体看待。人绝不能成为客体,任何人都不能被他人支配。既然大家都是主体,我们就应该以意思自治为基本原则。当然,前提是人们有行为能力。在这种情况下,每个人自己积极主动地去实现行为的自由和追求行为的结果。当然,拥有自由,也得承担相应的责任。不能说一个主体有言论自由,就可以随便骂人,因为每个人的自由止于别人的权利。民法就是始终要去协调权利的保护和自由的维护之间的关系。因为对一个人的保护,就是对他人的一种限制。人们也必须要为自己的行为负责。让一个人有自由,同时也要为自己的行为负责,其实就是对这个人的尊重。孩子不需要为自己行为负责,因为他是无民事行为能力人或者限制民事行为能力人,他还不能够完全按照自己的意思去从事活动,所以要给他设立监护人。孩子给他人造成损害,由监护人来承担责任。

但是,作为一个完全的民事行为能力人,给他人造成损害,就需要自己来独立地承担责任,因为其可以独立地决定自己的行为,当然也要独立地为自己的行为后果负责。所以,我们在学习民法的时候,既要大量地学习各种民事权利,又要始终关注这些权利的行使怎么样不去妨碍别人、不去侵害别人。学习完民法后,我想我们所有的人都应该知道,自己的哪些民事权益别人不能够侵害;同时,我们也应知道别人享有相同的民事权益,我们同样不能侵害。

在自己的权益受到侵害的时候,我们要敢于捍卫自己的权利。耶林在他的名著《为权利而斗争》中说:“不习惯于勇敢捍卫自己权利的人,是不大会出现为国民利益,而牺牲自己的生命与财产的冲动的。出于贪图安逸或胆小怕事而放弃自己正当权利的人,对自己的名誉与人格遭受理念上的损害而无动于衷的人,习惯于仅用物质的尺度衡量权利的人,当国家的权利与名誉受到损害时，又如何期待这些人运用不同的尺度，以不同的情感进行斗争呢？”

所以我个人认为，学习民法，这一点非常重要：我们要知道自己有什么权利，自己的合法利益应该坚决维护，同时也要知道他人有什么权利，懂得尊重他人的权利与自由。

第二，学会以民法来规划和指导生活与工作。人的一生中，可能不涉及刑法、刑事诉讼法，当然也可能不涉及或不知道国际法等，但不可能不和民法打交道。小到日常生活中的购物、出行，大到结婚成家、购房置业、出国求学等，衣食住行、生老病死，无一不涉及民法。甚至一个人还没有出生，就会涉及民法，因为民法上有胎儿利益的保护问题；即便一个人已经死了，也会涉及民法，因为死者的名誉、姓名、隐私等也受到民法的保护。

我们知道，民法中很多内容既是行为规范，也是裁判规范。比如大家学合同法时，最典型的是要约、承诺，包括要约邀请等。其实，它首先的用处是告诉我们，在正常地和他人缔约的时候，我们可以通过要约邀请、要约等方式来进行缔约的磋商，最后缔结契约，这其实是一种指导。

但是，有人可能会说，我就不用这个，谁在生活中会那么清楚什么是要约、什么是要约邀请呢？就像老师上课让大家分析，站在路边招手打出租车这个行为的性质到底是要约还是要约邀请，那这就很复杂。因为有人可能认为出租车没有亮灯，它亮灯是要约邀请，招手是要约；还有人可能认为招手是要约邀请，停下车来是要约，拉开车门上去是承诺。这样分析起来确实可能比较难。实践中我们很多缔约的情况，比如证券交易系统自动撮合成交的情况，甚至很难用要约、承诺的理论去解释。可是这些理论的作用除了指导之外，在发生纠纷的时候，法官还可以依据它来逐一地进行分解以确定合同是否成立。所以，我们民法中的有很多规范，既是发生纠纷时的裁判规范，也是平时的行为规范。我们在做很多事的时候，遵照民法的规范去做，这样在法律上就可以站得住脚。

例如，在一个合同案件里，承租人认为出租人拆了一间房屋的附属物，导致房屋无法使用，所以就搬走了，然后到法院去起诉出租人，要求撤销合同，认为出租人隐瞒了这个附属物是违法建筑的情形，构成欺诈。可是法院判决不构成欺诈，合同还有效。如此一来，合同期限是10年，现在只履行了3年，合同没有被撤销，这就意味着，承租人还可以继续使用这个租赁物。出租人却在承租人搬走期间，把租赁物又租给别人。在租赁合同还有效的情况下，这么做违反租赁合同。于是承租人又以违约为由向法院提起诉讼,主张出租人把租赁物租给别人,已经构成违约,要求解除合同并承担违约责任。如此只能是认定出租人构成违约,要承担违约责任。这就是出租人以为赢了前面那个案子,法院判决不构成欺诈、合同不能撤销,就觉得万事大吉;后面他不管合同到底有效无效,都不再履行义务,导致了违约结果。所以说,我们知道民法的规范以后,才能够更好地进行民事活动。

民法很多内容,尤其是财产法,就是"斤斤计较",就是追求经济利益。当然,人格权法是例外,因为人格权法更强调人格尊严、人格自由。婚姻家庭法当然也有感情的因素,但是感情的因素不是法官所能判断的,其实婚姻家庭法涉及更多的还是财产的问题,比如夫妻的共同债务、共有财产等。财富变动取得是民法中很重要的一个方面。民法就是让我们以合乎道德的方式去取得财富。孔子就说,"不义而富且贵,于我如浮云","富而可求也,虽执鞭之士,吾亦为之"。这实际上就强调,民法其实是让我们每个人以符合"义"的方式去追求财富,使我们可以自主地规划生活,好好地活着。

第三,民法蕴含的人生哲理与智慧使人终身受益。比如民法讲究的诚实信用,其实很不容易做到。比如江歌案中,真正杀害江歌的不是刘某,刘某本来也差点成为受害者,但为什么到最后围绕着她打官司?是因为刘某一家人对于江歌的妈妈,不仅没有任何感恩图报,反而是恶语相加。这和我们传统的道德完全是违背的。

法律也会把一些传统的道德融入规范中,比如,民法上有公序良俗原则。司法实践中有这样一个案例,父母出钱购买房屋,把房屋95%的份额给了女儿,父母只占5%,最后这个女儿却跟父母闹翻了,要求分割份额。法院判决不允许。如果按照理论,包括法律的规定,按份共有是随时可以分割的,但法院认为这样违反了中国的传统伦理道德,父母和子女之间不能沦落为简单的金钱关系。

所以我们在学习民法中可以看到,其实大量的伦理道德、人生智慧是融入里面的。了解这些内容,实际上也是提高我们个人的道德修养。古人讲,读书人要"进德修业"。进德就是我们做人的品德;修业就是说我们要学好知识、学好本领,这些都是安身立命之本。所以我希望同学们不管学习什么专业,都要进德修业,把知恩图报、诚实信用这些中华民族的传统美德融入自己的生活当中。

第四,奠定学好其他部门法的坚实基础。学好了民法,有助于学好其他部门法。例如,梅因在《古代法》里指出,早期的法不是“犯罪法”而是“侵权行为法”。行政法的很多内容,比如现在常谈的行政契约,也是从民法中来。现在大家关注的数据权属、个人信息保护,这些内容也离不开民法。所以学习民法对于学习其他部门法也很有帮助。

▶ 民法的体系和全貌

学习任何法律,我们都要做到既见树木、又见森林,要知道每个具体的规则,同时又要知道规则和规则、规则和制度、制度和制度的关系。民法的体系非常庞大,那么怎么样去学好它?

▷ 以民事法律关系为主线来认识民法体系

个人认为,首先要从民事法律关系的角度来认识民法。因为法律研究的,其实就是人和人的关系。学习物权法知道,物权就是人对于物的排他支配,但本质上不是人和物的关系。我经常举的例子就是鲁滨孙。鲁滨孙漂流到荒岛上,所有的东西都是他的,可是所有东西也都不是他的。这些东西是否由他所有,其实意义不大,因为岛上就他一个人。只有来了第二个人,这种情况下,才涉及哪些是鲁滨孙的,哪些是第二个人的。可见物权涉及的也是人和人的关系。债权就更不用说了。所以法律关系这个主线是非常重要的,而法律关系里所谓的主体、内容、客体、法律事实,又是我们掌握民法的重点。

在民事法律关系中,首先要介绍的是主体。民事主体能够享有权利、承担义务,包括自然人、法人、非法人组织。法人的形态有很多,有营利法人、非营利法人、特别法人等。非法人组织也有很多形态。

其次,内容是什么呢?内容就是权利和义务。讲权利的时候,就不可避免地讲义务。民法经常说请求权,是针对特定的人提出的,是一种相对权;支配权则是一种绝对权,比如所有权,我对这个手机可以排他地支配,就意味着除了我之外所有的人都是义务人,他们都负有不得妨碍我行使所有权的义务。但是,请求权不一样,请求权有权利人,就得有特定的义务人,一个权利要得义务人来履行才行,否则无法实现。例如,在买卖合同中,我购买车辆,出卖人就有交付车辆的义务,这就是一个请求权。再如,个人在个人信息处理活动中的权利都是针对个人信息处理者的请求权,要求个人信息处理者来履行相应的义务,从而实现信息主体的这些权利。

再次,客体是什么呢?我们现在客体越来越多,早期的客体就是有体物,如动产、不动产。现在的客体不仅包括有体物,还包括智力成果,如专利、发明等;还有现在常见的虚拟财产和数据,如比特币、以太坊、NFT 数字艺术品等。

最后就是法律事实。法律事实能够引起法律关系的产生、变更或消灭,最常见的事实就是民事法律行为。民法以意思自治为基本原则,我们认为个人可以自主地规划自己的生活,可以对自己的未来进行合理的安排。当然还有其他的事实,如侵权行为、拾得遗失物、发现埋藏物等,都是法律事实。它会导致法律关系的产生、变更、消灭。还有一些自然事件,比如地震,会导致人的死亡或财产的损失。这些都会引发相关的法律关系的产生、变更、消灭。

以民事法律关系作为角度,可以看到《民法典》也正是按照这样的结构展开,尤其是总则编。总则编先是规定基本原则,然后开始讲主体,再讲民事权利,之后讲民事法律事实的法律行为以及与之相关的代理,最后是民事责任、诉讼时效、期间计算。《民法典》总则编的第五章几乎把中国现在所有的民事权利和民事利益都列举了一遍,接下来的民事责任就是用来保护这些民事权利和民事利益的。

《民法典》分则的各编也是按照这个结构来展开的,第二编是物权,第三编是合同,第四编是人格权,第五编婚姻家庭,第六编继承,这些都在规定权利。其中,物权和合同是财产权;人格权和婚姻家庭里规定的身份权统称为人身权。继承编规定的是继承权。《民法典》的最后一编就是侵权责任,是用来保护所有民事权益的。

▷ 通过民事权利体系来认识民法的全貌

现代社会民法的发展,或者法律的发展,主要就是权利的发展。谢怀栻先生的《论民事权利体系》建议大家认真研读。其认为权利有五种:人格权、亲属权、财产权、知识产权、社员权。我国《民法典》则把民事权利分为七大类,分别是:人格权、身份权、财产权、知识产权、继承权、股权和其他投资性权利、其他民事权利和利益,这就是在《民法典》总则编的第五章所作的规定。

其中,《民法典》着重对人格权、身份权、财产权等作出详细规定。知识产权没有在《民法典》中详细规定,只是列了一下,因为知识产权比较复杂,而且它变动很大。另外，股权和其他投资性权利主要由《公司法》《证券法》《证券投资基金法》等规定，不适合在《民法典》中详细规定。但是，《民法典》编纂遵循的是民商合一的原则，也就是说这些权利其实本质上都是民事权利。随着社会的发展，还会出现很多新型的权利。

当然，权利是个大的概念。不同的权利，位阶也不同，受保护的程度也不同。有些权利要特别严格地保护，比如生命权、身体权、健康权；有一些权利需要慎重考虑与其他利益的协调，比如，名誉权的保护就要考虑言论自由的边界、保护个人信息权益的同时要实现个人信息的合理使用等。

在学习民法的时候，要从民事法律关系，尤其是民事权利来入手，从而了解掌握整个民法的体系。例如，学物权法要了解各类物权，即所有权和他物权，他物权分为担保物权和用益物权，担保物权是抵押权、质权、留置权，用益物权包括建设用地使用权、土地承包经营权等。要注意各个权利之间的联系和区别，比如土地承包经营权与土地经营权，不是一回事。还有，地役权和相邻权是什么关系、抵押权和质权有什么区别、留置权和同时履行抗辩权有什么区别、隐私权和个人信息权益是什么关系等。从根本上讲，在学习民法或者其他部门法的时候，在一开始就要把根基打牢，把基础打牢。

▶ 如何阅读民法教科书

▷ 民法教科书的类型

民法的教科书大致可以分为两类：简明教科书和大型教科书（体系书）。初学民法的，比如本科同学，或者法律硕士同学，可以先看简明教科书。但是只看简明教科书是不够的，在很多问题需要更深入研究和探讨时，还得看大型的教科书。其实大型教科书本质上跟专著差不多，只不过它是面面俱到的专著，而有些专著只讨论一个问题。

很多大型教科书现在体系很庞大，有一些是多卷本，不仅是上下册，甚至可能有三卷、四卷，全部读完还是挺下功夫的，但简明教科书相对来讲篇幅就比较小。那么从易到难，我们先读简明教科书，把它搞清楚。现在一些学者在写教科书的时候，没搞懂教科书和专著的区别。教科书既然是教入门者的，内容原则上应该是很成熟、很稳妥的理论，而不是去写那些太独特的内容，简明教科书尤其更注意。

教科书的体系必须完整，内容必须全面，这就意味着在介绍时要清晰明了，内容上不能畸轻畸重，一定要注意内容的系统性、全面性。

教科书还应该简洁明了，要让大家能把基本的问题先搞清楚，不过多纠缠细节。此外，还要概念准确、理论权威，还要结合法条，要多一些案例。

阅读教科书的方法

第一，要有耐心，要静下心来读。读教科书，无论如何是不可能跟读小说一样的，不可能一目十行地读。如果遇到很好的作者，能够把这些东西写得特别生动清晰，当然是个好事；但就是遇到了写得比较晦涩的内容，也得有耐心。

第二，拿着教科书，需要把整个目录认真地看一遍，了解整个书的结构。其实目录很重要，在写论文时就能够体会到，所有论文的成败得失关键就在论文的体系结构是否恰当无误。如果论文体系结构乱七八糟，就如同盖房子盖得东倒西歪。所以我们去看教科书、专著或者论文时，要先浏览目录，研究它的体系结构，看看章节是怎么安排的，为什么这么安排。不同教科书的差异就在于此，其实很多时候体现了一个学者对于学科理论体系不同的认识。

第三，我主张教科书要认认真真读三遍。为什么说读三遍呢？首先上课之前应该读第一遍。现在同学最大的问题就是为了匆匆忙忙地完成学业，选很多课，导致课外时间不足，去上课就跟赶场子一样。课前根本不预习，上课就带着耳朵去听，听完拉倒，再走到下一堂课去。很多老师在上课时，不会只是照着教科书念，而是先着重讲争议、疑难的问题，然后结合案例来进行讨论。但是，如果事先连基本的概念都没搞懂，连教科书都没看，那么如何去讨论？所以在这种情况下，课前的认真阅读很重要。其次，课后需要去读第二遍，结合老师解决的一些疑难，你可能会有新的认识、新的问题产生。这时你就要记下来问题在哪。最后，到第三遍的时候，就要做所谓的思维导图、体系图，进行提炼概括。读三遍后，就会把教科书越读越薄，也就是说教科书只是起一个导引作用，以它为主线带动对相关文献资料的阅读及相关问题的思考。这样学习才真正有效果。

学习民法的基本方法

首先，要掌握好基本的概念和理论。其次，要认真研读法条。最后，要多分析案例。法学也好，医学也好，是很相似的。我们有学医的同学知道，不把基本的理论学完，不知道生理学、病理学那些知识，怎么可能搞懂哪些治疗的方法、哪些药有什么作用，更谈不上给人治病。可是只学一堆理论，不亲自去实践、去治病的话，也没办法真正地给人治好病，所以要去临床医院实习，跟着有经验的医生去做这些工作。

我国法律人培养中最大的问题就是缺少系统性的实习训练。现在既然做不到系统性的实习训练，那么可能更多的就是要多研读、分析案例。所谓见多识广，很多东西之所以难，或者不知道该怎么办，是因为知识面太窄，读的书太少，见过的情况太少。通过分析案例，掌握理论和研读法条，把这三者真正结合起来，我觉得学民法也好，学刑法也罢，学其他法律都是一样的，基本上是没有什么问题。只有真正地理解它们，才能够把它们记住，再通过运用真正内化为大脑中知识体系的一部分。

▷ 掌握基本概念与理论

要掌握好理论，第一步是读教科书。教科书中的每个概念、规则、制度，都得搞清楚。王泽鉴教授在《民法思维》这本书中讲过，如果将学习法律比作“练功”，则法律概念，犹如练功的基本工作，必须按部就班，稳扎稳打，切实掌握；一个练功者如果没有踏实的基本动作，临阵之际，破绽百出，暴露死角，必遭败绩。

把概念辨析等功底打扎实，去读法条的时候才知道这个法条讲的是什么意思。老师给学生讲理论的时候，要讲那些比较成熟、稳妥、可靠的。我们一定要把多数说掌握，尤其是我们国家对这个问题是怎么说的。物理、化学等自然科学，全世界是一样的。但是法律是有本土性的，各个国家是不同的。在中国的法院处理案件，只能适用中国的《民法典》。

我国的《民法典》为什么要规定国家、集体和私人的所有权，就是基于中国的国情考虑的。针对人格权的问题，有的人就说人格权不应该独立成编；有的人说是放在《民法典》的总则编的主体中规定就可以了。可问题在于，如党的十九大报告所指出的，我国社会的主要矛盾已经转化为人民日益增长的美好生活需要和不平衡不充分的发展之间的矛盾。在解决这种矛盾、满足人民日益增长的美好生活需求中，充分保护人格权是特别重要的。

稳妥的教科书要认真读，但是教科书里很多基本的概念和理论，怎么去记是一个问题。我个人觉得不一定要一字不落地背下来,重要的是把核心要素、关键的内容记住就行了。中国的法律有个好处,就是很多法律都有法定的定义。比如什么叫民事法律行为、合同、不可抗力、个人信息、隐私等,都有法律上的定义。这些内容最好把它的核心记住,完全不记忆肯定也不行。

第二步是注意概念的辨析。大家在处理案件的时候,之所以拿不准;很多学者在学术讨论的时候,之所以争议大,其实就是一些基本概念没搞清楚。所以我希望大家学习任何的知识,都要进行比较辨析,甚至是不同的学科之间的比较。比如占有这个概念,刑法和民法都有研究,那两者对占有分别是怎么判定的?进行这些比较的话,对概念的掌握就会很牢固。

第三步是体系思维。韩愈诗云:“天街小雨润如酥,草色遥看近却无。”这其实就是一种看事物的不同角度,既要有微观的,也要有宏观的、体系的角度。学习民法,不仅是要掌握一个个概念,还要把它放在整个体系中去看待。比如,意思表示是法律行为的核心要素,民事法律行为中最典型的是双方法律行为,双方法律行为中最典型的是双务合同,双务合同中最典型的就是买卖合同,这是一层一层下来的。

▷ 认认真真读法条

用核心要素、比较辨析和体系思维这些方法去掌握基本的概念,然后构建自己的知识体系,接下来就要认认真真读法条。中国是大陆法系国家,法律的适用就是三段论的演绎。首先,碰到一个案件,案件事实是小前提,然后要去找法。

怎么找法,这当然涉及很复杂的一些问题。学民法相关的各个部分时老师会具体讲。比如,在处理侵权案件时,我们首先看这个案件的事实涉及的侵权行为,到底是什么样的侵权行为。关于侵权的基本法律规范是在《民法典》中,此外其他的法律也有规定。有特别法规定的时候,当然要先适用特别法;没有规定,主要是看《民法典》的侵权责任编。这里说“主要是”,并不完全都是,因为总则编的民事责任中也讲了一些侵权的问题,比如不可抗力、正当防卫、紧急避险。如果涉及的规定都在侵权责任编,这个时候要先看是不是特殊的侵权行为,如果不是,那就是一般的侵权行为,只能适用过错责任原则。

民法中有很多条文是特别重要的。比如会反复地提及《民法典》第 1165 条第 1 款,这是关于过错责任规定的一般条款。阅读这个条文,对于建立学说、案例和法条之间的联系很重要。所以王泽鉴教授说要多读法条,有空的时候就要读,凡是教科书上提到哪个法条,一定要查这个条文,精读之。我觉得这说得特别有道理。法条的每一个字、每一个词都非常重要。大家在读法条时,一定要认真细致,首先要把立法者想象得很聪明。周光权老师写了一本书叫《刑法学习定律》,也有一个同样的观点,我是很赞同的:不要动不动就去批判立法。不是说立法不能批判,而是说我们首先假定立法是考虑了各种情形,最后我们在这个前提下进行理解适用。如果最后发现还是有很大的问题,那才可能真的是法律有问题。

怎么读法条,我提出以下几个方法。

第一个方法是任务驱动型,就是我们在做一些具体的事情,比如读教科书时,要相应地去查法条。大部分情况下,法典很难谈得上文字是典雅优美的,如果不带着问题而是抽象孤立地去读,难以坚持。

第二个方法是要体系性地阅读。比如《民法典》它的篇章结构,其实很有意思,背后有很多故事。我们说人格权很重要,在《民法典》总则编的第五章,把人格权放在第一位;但是为什么在整个《民法典》中,却放在了第四编?

这个问题在当时确实是讨论过的。据说,当时立法机关的同志认为,人格权规定了以后,接下来应该规定身份权,也就是婚姻家庭继承那些内容,才是完整的人身权。因此,如果把人格权放在第二编,那么婚姻家庭就得放第三编,然后再规定物权、合同、继承。可是这么规定就有问题了。因为婚姻家庭很多涉及的都是财产的问题,是以物权编和合同编的规定为前提的,如果不知道什么叫物权、合同,先讲这个婚姻家庭的财产问题,就不对。如果把人格权和婚姻家庭分开,分得那么远,又不符合人身权放在一起规定的考虑。所以,最后分则编中人格权就在第四编,第五编是婚姻家庭。物权与合同则分别是第二编和第三编。这种考虑不能说一定正确,但确实也有一定的道理。我想说,立法中的篇章结构等都是有深入的考虑的。

即便是字词甚至一个标点符号,都有仔细考虑。《民法典》颁布的时候,大家是否注意到,有一个关于标点符号使用的争议。就是《民法典》第1260条中提到了从2021年的1月1日起,《民法典》施行,然后接着一句话说,"《中华人民共和国婚姻法》、《中华人民共和国继承法》、《中华人民共和国民法通则》"等法律同时废止。争议的就是书名号《中华人民共和国婚姻法》和《中华人民共和国继承法》中间到底要不要加顿号,这就涉及基本的标点符号在立法中的使用。我们日常生活中，写文章的时候，也应该注意。很多同学连逗号、顿号什么区分不知道，写一段话，就是逗号到底，最后来个句号，这绝对不行。

第三个方法就是记忆核心法条。法条实际上不是要去背的，也背不完，太多了。现在查法条很容易，手机应用程序等都很容易查到。但是，那些重要的核心法条是一定要记住的。另外，不要随便相信网络上法律条文包括那些法律数据库，有时候他们也常常把法条中命名两款的合并成一款。所以一定要与正式的出版物核对。

多读案例与判决

一方面，多读案例，实际上是检验对于法学理论掌握得是否牢固、对于法律规范理解是否正确的一个很重要途径。不要平时什么理论都头头是道，引用条文张嘴就来，但现在解决一个案子，却什么都解决不了。所以，很多课开卷考试就考案例分析，如果掌握不牢，读的法条很少、案例也很少，就不知道案例所展现的是哪个法条适用的典型场景，也不知道通过这个案例可以发现在理解某个法条时，还有这样的疑问。所以我觉得读法条、案例有助于更好地理解理论。

另一方面，多读案例，能见到千奇百怪的事。所谓"太阳底下没有新鲜事"。法学界粉丝数量最多的学者可能就是中国政法大学的罗翔教授了，他讲刑法的时候，经常讲各种稀奇古怪的案例，显然这些案例中的绝大部分都是他看书、看案例知道的。所以，他讲刑法时，才能吸引听众。

阅读案例，我觉得要注意两个方面：一是通过案例来理解法条；二是检验对于法条的理解和理论的掌握。比如，自甘冒险要求的是自愿参加具有一定风险的文体活动，因其他参与人的行为而遭受损害，如果其他参与人没有故意或重大过失的话，是不需要承担责任的。那就要知道什么是文体活动，打羽毛球、打篮球是吧？那有人问，跳广场舞是不是？还有什么叫其他参与者？武汉有个案子，一个老太太，为了抄近道从正在打篮球的篮球场中间穿过，结果被撞倒受伤了。法院说这是自甘冒险。我们只能说这个老太太肯定是有过错，但老太太进场不是为了去打篮球，而是为了抄近道，所以，她并没有自愿参加这个文体活动，因此这个判决是有问题的。

读案例究竟读哪些？咱们中国的法院一年审理的案件非常多，例如 2021 年，我们全国各级法院审理一审民商事案件多达 1574.6 万件，其中大量的案件可能是类似的。实际上法学院分析的案例,都是实践中疑难复杂的案例。我们理论上要检验你的,其实就是那些极少量的稀奇古怪的案例。

首先,推荐指导案例。但指导案例有一定局限,大部分指导案例没有确立新规则,基本上是以案说法。其次,公报案例也很不错,汇集各级法院案例,其中不少有讨论价值;还有最高人民法院发布的一些典型案例,比如"郑州吸烟案""冰面遛狗溺亡案""偷摘杨梅坠亡案";还有就是《人民法院报》报道的一些案例。再次,有关出版物,比如《民事审判指导与参考》《商事审判指导》等,里面有一些很疑难的案子。最后,就是自己利用数据库,比如中国裁判文书网、北大法宝去检选。

民法人的素养

最后简单讲一下,民法人应该有的素养,我想也是法律人应该有的素养。

掌握语言的能力

首先要掌握语言。在这里我要引用丹宁勋爵在《法律的训诫》一书开头的话:"要想在与法律有关的职业中取得成功,你必须尽力培养自己掌握语言的能力。语言是律师的职业工具。"我想这里的律师可以换成法律人,也就是说,语言就是法律人的工具。要法官相信你的理由、解释成文法、拟定合同等都得靠语言。我们知道,一个人要把一个问题想明白,不容易;但想明白以后能把问题说明白,也不容易;说明白后,写明白又不容易。所以我希望同学们在法学院学习期间,好好利用各种机会来锻炼自己,比如上课发言和各种写文章的机会,这样你就会慢慢掌握一些方法。我这里推荐了一本书——《语法修辞讲话》,其实就是回到中学的语文了,但现在我们好多同学还没完全掌握这些。

我举个例子,我的小女儿有一次写文章用了"夜色阑珊"这个词,我问她为什么用这个,她说要形容夜色越来越浓,可是她没有查字典,字典说"阑珊"的意思是"将近""完毕",快结束了,比如,说"意兴阑珊",就是快没什么兴趣了。所以,夜色阑珊应当是说夜晚快要结束了,夜色越来越浓了恐怕不能用"阑珊"这个词。在我的办公室里,《新华字典》《现代汉语词典》还有各种英汉词典、德汉词典都有,不懂的,就老老实实地查。

具有批判性思维

批判性的思维恐怕不是靠讲座就能够培养的，但是我希望大家重视这个问题。批判性的思维意味着你在看任何书、看任何材料的时候，不是简单被动地像海绵一样吸收，而是淘金。你要挑挑拣拣，要进行评价、进行批判、进行思考。所以像张载说，“读书先要会疑。于不疑处有疑，方是进矣”。老师讲的、写的不是金科玉律，尽信书则不如无书。我自己写的书，让我的研究生去挑挑问题，很多同学挑出的一些问题确实是我自己当时没有注意到的。

我记得有一个读者给我写信，他针对我《民法学习方法九讲》提出了一个意见，说读了我的书很受启发，但我书中有个问题：讲司法解释类型的时候，只讲了四种，遗漏了一种叫“规则”。我后来去查，这位读者说的是对的，因为2021年时最高人民法院修订的解释增加了一个“规则”，现在司法解释的类型是五种。我觉得这位读者就很好，能够发现问题。孔子特别强调的就是“勿意、勿必、勿固、勿我”，诸位同学应该重视。

宽广的知识基础

谢怀栻先生曾说，“学习民法上的某一个问题，要了解这个问题是一个什么样的来历，它的来龙去脉，这时候就去读法制史的书，补充法制史的基础；如果要了解这种制度是如何形成的，有没有经济方面的原因，这时候需要再去找经济方面的书读一读”。这其实就是博和专的结合，只有越博才可能越专。关于宽广的知识基础，我建议大家要多读书，多思考。我们现在大量的时间都用在玩手机、刷抖音上，这会使人越来越缺少思考。

我们读书，可以读社会学的、心理学的、历史的，可以了解到很多东西为什么是这样。一个例子就是为什么有些人不愿意去见义勇为、不愿意去助人为乐，其实心理学上有两种解释路径：一种路径是人格决定论，认为人都是很自私的；还有一种路径是环境决定论，认为行为是人与环境的函数，人并不是固定的坏人或好人，人的行为是由具体的环境所决定的。环境决定论认为，圣经上讲的好撒玛利亚人之所以见义勇为，就是因为当时刚好没事，路过时看见有人倒地了，就帮一帮。当然不是说哪一个解释路径就一定对，但是读了这些书以后，你知道这确实也是一种理解和看待问题的方式。

我们学民法是这样，学其他的法律也是一样的，不能够只是局限于专业的小范围内,其他的什么都不知道。法律人,应该抽空多读一些社会学、经济学、心理学、政治学、历史学等方面的好书。这并不是很功利的,而仅仅就是求知,想知道那些不知道的东西,这对你的专业学习,也许有帮助,也许没有帮助,但并不重要。因为我们在这个世界上很短暂的一辈子,能够多知道些知识,不是坏事。

读书要学和思结合,还有博和精结合。再有就是对于一些经典的书,虽然比较晦涩,可是我希望大家能够本着曾国藩说的"耐字诀",耐心读下去。其实一本书要做到既精彩又深入,确实很难。很多书很精彩,但读完了就觉得没什么深度;有的时候,有些书很有思想、很深刻,但你读每个字都觉得费劲。所以,读各个领域的专著,同学们要用这个"耐字诀",下慢功夫、深入读。

当然,每个人的规划和兴趣是不同的,专业老师会指导一些书,自己也要有渐进的规划,而不能够今天读这本,明天读那本,兴之所至就读一读,没有就不读,这肯定不行。

我主张同学们要充分利用零散的时间。现代社会的时间碎片化现象很严重,我觉得大家还是要好好把握,不要最后回过头来一无所得。

关于如何读书的,有一本书叫《如何阅读一本书》,这本书我以前经常给同学推荐,写得非常好。它把阅读分为四个层次:基础阅读、检视阅读、分析阅读与主题阅读,每个层次有不同的要求。建议大家阅读。

▶ 结语

世界上没有相同的两片树叶。每个专业有自己的一些特点,每个同学又是一个独一无二的人。很多方法,适合你的,未必适合别人。但是,在学习的道路上,进德修业是我们共同的目标,有很多因素也是共通的,比如要勤奋、要努力、要专注、要有付出等,这些是一样的。我今天讲的这些,只是个人的一些肤浅的认识,仅供大家参考。

我的求学经历和经验

黎　宏

黎　宏

武汉大学法学学士、法学博士；日本同志社大学法学硕士、法学博士，企业犯罪研究的权威学者。现为清华大学法学院教授、博士生导师，清华大学法学院商业犯罪研究中心主任，兼任中国刑法学研究会副会长、北京市法学会副会长。曾任职清华大学法学院副院长、副书记、党委书记，挂职北京市西城区人民检察院副检察长、最高人民检察院司改办副主任等。

荣获“首届首都十大杰出青年法学家”“教育部新世纪优秀人才”等荣誉；曾获“北京市哲学社会科学优秀成果一等奖”“教育部优秀教育成果二等奖”等。出版著作20余部，在《中国法学》、《法学研究》、《同志社法学》（日本）等中外刊物发表学术论文140余篇。

我读书的年代流行一句话，你有一个苹果，我也有一个苹果，两人交换一下，每人手上还是一个苹果；但是，我有一个思想，你也有一个思想，两人交流一下，彼此都有两个思想了。因此，与人交流思想是一件很有意思的事情。这次虽然是单向交流，但你们若从我的讲授中能够得到一些启发，我就感到非常荣幸和心满意足。

以下，我就和大家分享下我求学过程中的一些经验得失。

我的求学经历

我的求学经历比较复杂，时间跨度很长，从大学本科算起，长达 15 年。我前后读过两个大学，武汉大学（以下简称武大）和日本同志社大学；经历了两地硕士课程和博士课程的训练，拿到了两个博士学位，33 岁时才结束学生身份。所以自认为有关研究生阶段的学习，与其他人相比，有些不一样的体会。

武大时期

我于 1984 年 9 月进入武大法学院，当时还叫法律系，攻读法律学专业（另一个专业是国际法）。当年的武大法律系，号称“珞珈山上的王牌军”，授课教师有韩德培（国际私法）、姚梅镇（国家经济法）、黄炳坤（国际公法）、梁西（国际公法）、马克昌（刑法）、何华辉（宪法）等著名学者，皆学界的一时之选；而且当时武大在全国范围之内进行高等教育改革，率先实行“学分制”“选修制”“转系制”等西方高校中普遍实施的教育方法。因此，能够进入这样的学校和院系读书，心情当然是无比激动。

但是，这种热情很快就灰飞烟灭了。因为，高中时代形成的思维惯性，脑海里经常莫名其妙出现“大漠孤烟直，长河落日圆”“春江潮水连海平，海上明月共潮生”“喜看稻菽千重浪，遍地英雄下夕烟”的场景，弄得自己激动不已，这种思维完全无法适应那种在一堆“罪刑法定”“禁止类推”“表见代理”“合同之债”“毒树之果”之类的概念名词当中来回打转的学习方式，以至于我一度想转院系，到中文或者历史系，甚至都想到政教系去。

但是，好朋友们都想转到法律系来的现实让我很快断了这种转院系的念头;同时,跨系选修的“西方哲学史”“中国现代文学史”,以及本系开设的“社会学”“法医学”“刑事侦查学”之类的能够任“思维的野马”任意驰骋的课程也让我驿动的心逐渐平静下来。既来之、则安之,大学四年就这样过来了。

印象中,我的主科课程如宪法、行政法、刑法、刑事诉讼法、民事诉讼法、婚姻法、经济法、环境法等都是中等偏下的成绩,特别是民法、婚姻法应当是班上垫底之列;相反地,法理学、中国法制史、外国法制史、法医学、刑事侦查学以及一些跨系选修课之类的成绩自己倒是很满意。

对于学生恋爱现象,当时学校持排斥态度。尽管不明令禁止,但主管学生工作的辅导员在大会小会上总要将此拿出来说事,特别是在就业时,有意将两人不分配(当时学生就业还是分配制)在一起,以免有纵容、放任之嫌。我当时正好属于这种情况。辅导员说我们要在一起,必须有一个考上研究生,否则不可能都留在武汉,这下就让我只能破釜沉舟、背水一战,争取以“学渣”之成绩逆袭考上通常只有“学霸”才有资格问鼎的研究生。

最初想考西方法制史,甚至都已经和授课教师谈过了。但是在大学三年级的暑假进行毕业实习时,我被安排到了一个县基层法院的刑事审判庭,接触到许多稀奇古怪的犯罪案件,在讨论对其如何处罚的过程中,我逐渐对刑法产生了兴趣。在3个月的实习结束之后,我开始有考刑法研究生的打算。

当时,这是一个比较冒险的选择:一来刑法专业当时是武大法学院法律系唯一具有博士点的专业,报考的人不少,而我是临考前换专业,留给我的复习时间不多了;二来刑法和刑事诉讼法这两门主要考试科目都不是我所擅长的,而且也从没有复习过。好在精神的力量是无穷的,经过差不多半年早出晚归、中午在教室吃凉水拌烧饼的学习,最终竟然和我们年级第一名一道,以第二名成绩考上了。那一年,武大刑法专业共招了7名研究生,其中应届生只有2名。

读研究生期间,我很幸运地和另一位来自实务部门的同学在马克昌教授的指导下学习。马先生当时在刑法界赫赫有名,在那个多数学者只能参照我国台湾地区学者著作从事前沿学术研究的年代,他就经常从日文原著中引经据典,并担任全国刑法学统编教材的副主编。不仅如此,他还参与了20世纪80年代初举行的“世纪审判”——由最高人民法院特别法庭举行的对林彪、江青两个反革命集团案的公开审判。他担任其中一名重要案犯的辩护律师。

马克昌先生1926年生人,1988年已经62岁了,但精神矍铄,两眼总是熠熠发光。他当时担任法学院院长,还指导博士研究生,因此对硕士生管得较少，除了每年年初大家集体拜访马先生，聆听他的教导之外，就是听他对每一届的新生例行讲授如何查阅刑法资料了。牧野英一、小野清一郎、木村龟二、胜本勘三郎等赫赫大名最初都是出自马先生之口，对我学术生涯影响至深，引发了我去日本留学的想法。

真正和马先生的近距离接触，是我在读博士研究生之后的事情了。1990年春季的一天，在武大校医院门口，我碰到匆匆忙忙的同班同学肖永平，问他最近在忙什么，他说正在准备提前攻博的材料。他突然说，你的条件应当也符合，可以找马先生谈一下。我之前从没有想过读博，更没想过提前攻博，但经他这么一说，还真的有些动心了，于是去找马先生谈。马先生问了一下我的成绩和论文发表情况，说武大确实有提前攻博制度，国际法那边几乎每年都在进行，但刑法这边从来没有人尝试过。如果我有这个想法，可以和今年考博的人一道参加考试，考过就提前读博；没过的话，就老老实实地读完硕士再说。

提前攻博的话已经说出口了，如果要退缩，那就意味着自己并没有那个实力，被吓回去了；所以，只有参加考试这一条路。在此我不得不提到我的师兄王晨，他是武大法学院80级的学生，本科毕业之后跟随马先生读硕，其间作为实习教过我刑法各论；研究生毕业之后在湖北省高级人民法院工作，同时在母校读博士一年级。他听说我想提前攻博但又犹豫不决的时候，鼓励我一定要试一下，并且还将他在武大博士生宿舍的单人房间借给我复习用，对于住在三人集体宿舍但作息并不一致的我来说，可谓雪中送炭，帮了大忙。

在之后的3个月里，我就住在这间房子里，将高铭暄主编的《新中国刑法学研究综述》、甘雨沛和何鹏著的《外国刑法学》、当时最新版的统编教材《刑法学》、日本大塚仁与福田平的《刑法总论》（译本）以及马先生自己的著作论文读了个滚瓜烂熟，不夸张地说，几乎能背下来。在1990年春季一个闷热的上午，在武大行政楼旁边当时法学院院办的一间办公室里，从我对面试委员的提问几乎都是脱口而出的回答中，从当时担任口试秘书的王晨师兄微笑的脸上，我知道这次冒险十拿九稳是成功了。

尽管我当时并不清楚为何要读博，也没有想明白读完博士之后做什么，仅仅是凭着一股冲劲儿和热情就顺利地实现了自己的想法。事后来看，正是和老同学肖永平在校医院前的一次邂逅，也正因为马先生想看看硕士读两年和读三年的人之间到底有多大差别的刺激，还有王晨师兄的鼓励，成就了我当年的那次“赌博”（读博），当然这也成为我人生当中最为重要的节点之一。以后的时间里,我经常对为人生前路感到迷茫的学生说,只要是正经事情,服从你的内心,只管去做,不要问原因,也不要想后果。为何如此没法解释,或许其就是人们常说的命运安排！读博之后,我和马先生的接触就多了起来,真正有了站在巨人肩膀上的感觉。这些容后再述。

当时在武大,刑法硕士研究生授课方式和本科的差不多,都是老师讲、学生听,没有现在学生讲、老师点评的授课方式。

当时给我们讲中国刑法总论课的是赵廷光教授,他在我国最早从事电脑量刑研究,并有专著出版。他为人非常随和,没有一点老师的架子,常常在课堂上和学生因为学术观点的不同而大声讨论。

讲刑法各论课的是喻伟教授。他和赵教授相反,比较严肃,不怒自威,大家不敢和他说笑。他当时用一本市面上少见的《刑法各论问题综述》作为教材。

讲外国刑法学的是简明讲师,他本科毕业于武大日语系,之后是马先生的硕士学生,毕业后去日本同志社大学大谷实教授门下留学,拿到硕士学位后,回武大教书,我们是他教的第一届学生。整整一个学期,就讲了一个犯罪构成体系,真正让我们体会到了日本刑法学的博大精深。

讲犯罪学的是莫洪宪教授。她毕业于武大俄语系,从南斯拉夫贝尔格莱德大学留学归来,当时还是讲师,给我们介绍各种最新的犯罪学说。直到现在,我对犯罪学还抱有浓厚的兴趣,并写过论文,很大程度上就是因为当年莫老师的授课。

研究生阶段,也尝试着写一些论文并投稿。当时,研究生人数不多,在大家的认识当中,既然在学生前带了“研究”二字,则写论文就是天经地义的事情了。只是如何写论文,并不清楚,也没有人教。我的经验主要是“比较”。常常是看一篇自己有兴趣的论文,然后找几篇相同主题的文章,看看它们之间有什么不同,指出其共性和不同之后,说明自己的观点,如果觉得有些新意,就开始投稿了。

那时候尽管刊物不多,但写文章的人也不多,因此发表文章也不是特别难。只要肯花时间写,最终都能发表出来。我在研究生二年级时看了一本挪威学者写的书,其中讲到了“二战”后西方社会的刑法修改趋势问题,联系到莫洪宪老师所讲授的犯罪学的相关内容,就对战后风靡西方社会的“非犯罪化”“非刑罚化”这种宏大叙事有了兴趣,在和研究生同班同学也是本科师兄的王龙反复探讨之后，最终由我执笔写出了一篇题为《论非犯罪化》的论文，想投稿给《中国法学》。

但在此之前，我就这个论文的构思和内容同《中南政法学院学报》（现在的《法商研究》前身）主编聊过，他听后说：投给《中国法学》且不说能不能发，等到什么时候发，都是问题，不如把论文给他，他马上给发出来。我觉得也有道理，和共同作者王龙商量之后，就把论文给了他，果真很快就被发出来了。之后，这篇文章被《中国法学》摘要转载了。马先生知道这件事以后，还觉得有些可惜。不过，就我们而言还是非常兴奋的，这给了我们很大的信心，觉得将来做学术也不是不可能的。

当时，中国人民大学高铭暄、王作富教授的几位弟子如赵秉志、陈兴良、张智辉、周振想、姜伟等，是我们刑法学子心中的偶像，他们大量写文章、出书的做法对武大刑法学子多少有些影响。于是，武大这边的老师和师兄们也开始考虑编书，并让我们这些研究生参加。

我前后参加过赵廷光教授主编的《中国刑法学》教材、《量刑通论》以及王晨师兄主持的《刑种通论》。尤其是最后一本书，当时的作者主要是在校青年教师以及博士生，我是唯一的硕士生。后来，王晨师兄非常荣幸地邀请到远在北京的陈兴良教授参与进来并担任该书主编。这本书在北京出版时我已经身在日本。1999 年回到北京之后，第一次见到陈教授时，他说我们过去一起合作过，指的就是这本书。后来他这本书的再版后记中记下了这件事，让我感到很亲切。

▷ 同志社大学时期

1992 年 10 月，我以中日政府联合培养博士生的身份，前往位于京都的日本三大私立名校之一的同志社大学留学。出国时，我在武大已经是 3 年级的博士生了，不出意外的话，我应当在 1993 年 6 月从武大博士毕业。但因为申请到了教育部 1991 年度公派赴日留学名额，于是在长春的东北师范大学学习 1 年日语之后，就到了日本。原定以特别学生（实际上旁听生）的身份，留日 2 年，轻轻松松地查查资料，用中文写写论文，然后回国答辩就可以了。但是，日方导师大谷实教授担心，这样无法对我监督指导，也不知道我平时到底在做什么，希望我能利用 2 年时间在日本读一个硕士（日文为“修士”）。

左思右想了一阵之后，1993 年 1 月，我参加了同志社大学法学研究科外国人留学生入学考试并顺利通过,同年4月作为正规的硕士学生入学了。这一原因导致我在武大的博士学位读了6年,这是当时博士学制的最长年限。说来还真的要感谢我的母校武大和我的恩师马克昌先生的大度和包容。

据我所知,直到现在为止,还有不少学校不允许其学生有双重学籍,因此,很多去国外留学的交换生就无法好好在国外读书,将留学变为游学,更不用说拿学位了。1992年年底,当我给国内写信说明日方导师希望我进修课程、攻读学位的情况之后,马先生不仅大为赞成,还说正好把我在武大缺失的硕士学位补上。之后,他亲自找到校领导说明我的情况,让校领导知晓并同意这件事情,这样才有了我后来在同志社大学拿硕士、博士学位的经历。现在,听说国内包括北京大学在内的很多学校的法学院都同意其在外交换的学生拥有双重学籍,攻读学位了。从时间上算,我恐怕是国内这种双学籍制度的最早受益者了。

确实,只有成为正规学生之后,才能真正体会到日本研究生培养模式和当时我国的模式不同。同志社大学的研究生培养也是采用学分制,我当时选修了宪法、法哲学、刑事诉讼法、刑事政策学和刑法学的相关课程,同时也旁听本科的相关课程。硕士研究生和博士生研究生的课程在课表上是分开的,但在实际的授课中却是放在一起进行的,基本上都是讨论课,即学生报告—大家讨论—老师点评。而且,学生报告内容并不是学生自己随便挑选或者写就的,而是授课老师所指定的阅读材料。

在日本读研究生期间学习刑法课时,我所读的材料是前田雅英教授的《现代社会与实质犯罪论》,另一个学期读的是芝原邦尔、堀内捷三等编辑的《刑法理论的现代展开》总论Ⅰ和总论Ⅱ,这都是当时最为前沿的学说著作。每一次课就读其中一章,读得非常仔细。

每一个研究生在课堂报告之前,都会写上好几页的报告,打印之后发给每一位听讲者,而且在报告时学生都穿上非常正式的服装,跟老师讲课一样。研究生,特别是将来有志于做学术的研究生读书非常用功,每天一大早来研究室,晚上10点左右才离开,他们基本上天天如此。和我同时在校的几个同门、现在是日本知名教授的十河太郎、川崎有巳等当时就是这种情形。由于他们的带头示范,我也早出晚归,这种做法天长日久地成为习惯,并持续至今,以至于当时我的中国邻居很长时间没见到我,还以为我已经回国了。

同志社大学在学者的培养上,采用硕、博一贯制的学习机制,将硕士阶段称为博士课程前期,将博士阶段称为博士课程后期。前期结束时必须撰写论文参加答辩,指导教授觉得难以有培养前景的话,就会让学生到此为止,只有部分人才能进入博士课程后期。在博士课程前期(硕士阶段),主要是阅读外文文献,在博士课程后期(博士阶段)才开始重点阅读本国文献。

记得我的硕士同班同学中,有一个学法理的研究生研究德国的法学家费尔巴哈,每天看的都是古典德文文献,其中很多是绝版,需要花不少钱从德国的旧书店购买;还有一个学习社会保障法的女同学,因为研究堕胎问题,还专门自费去美国收集了半年的资料。因为这种做事的态度,所以他们的课堂报告,确实水平很高,很多观点连老师都啧啧称奇。

当时读书的日本的研究生的学习态度认真,这也可能是受"工匠精神"的氛围的影响,也有硬件设施条件比较好的原因。每个学院都有一个研究生专用的大楼,楼里有一个小型图书馆,放着最新的期刊和报纸;每一层楼都有一个大谈话室,提供咖啡、茶水;有研究生专用的研究室,六人一间,每人有固定座位,可以从早到晚在研究室里学习。

除了课堂讲授之外,每个教授都有自己的研究会,有的称为"读书会",有的称为"判例研究会",参加人员主要是毕业之后从事学术研究的人以及准备将来从事学术研究的在校博士和硕士学生,研究会的目的是进行小规模的学术讨论,同时也能增进同门感情。大谷教授的研究会一年两次,分别在寒、暑假进行。主要是讨论最新的日本判例,有时也有已经毕业的前辈报告最新的研究成果,特别是准备在全国刑法学会上报告的论文。

我入学时,大谷教授正值盛年,处于其学术生涯的巅峰时期。作为社会活动家,他是日本司法主管机构法务省多个委员会以及多个民间学术团体的骨干成员;作为学者,他是贯穿20世纪90年代日本形式犯罪论和实质犯罪论之争的形式犯罪论的代表,和实质犯罪论的代表前田雅英教授之间有过长达2年的系列对话,并结集出版,因此社会活动极为繁忙。我和他的交流,基本找不出大块的时间,只能在他下课之后,从一个教室移动到另一个教室时的中间陪他走路的那一点空隙。

我在出国之前有一个赴日研究计划,准备研究"罪数论",这也是我在武大准备做的博士学位论文题目。但是到日本之后,发现"罪数论"题目太大,日本很少有人这么研究,他们只是就其中一个问题如牵连犯之类进行研究,而且我当时已经在同志社大学读研,还得考虑这边的硕士学位论文,因此,在和中、日双方导师商量之后,我将论文方向改为研究不作为犯。这个题目当时在日本很热门,日本当时有两本比较新的专著,且有不少前沿论文。因此,在修满1年的学分之后,我就开始着手硕士学位论文的写作。

写作的方式,基本上按照我过去的套路:首先指出这个问题很重要,所以我也来探讨探讨;然后就是一番理论上的梳理对比,再得出自己所同意或者主张的观点。但是,初稿出来之后,日方导师很不满意,一是没有立法或者司法解释的梳理,二是和实务没有任何联系,连一个判例都没有,他建议我增加一些可视化的具体内容。这一下可把我难住了。

在开始写论文时,我从来就没有这种问题意识和解决实务问题的意识;而且,当时不像现在这样,有裁判文书网以及各种各样的判例可以参考,更没有互联网可以利用。没有办法,我只有去东京以及神户,还有京都的立命馆大学等有中国文献的图书馆去查阅,但结果都还是令人大失所望。好在论文把日本有关不作为犯的学说基本整理清楚了,然后从日本学说的立场出发,对我国当时不作为犯的理论研究现状进行分析,总算是侥幸过关了。

之后,我就以日本的这个硕士学位论文为基础,撰写武大的博士学位论文。在撰写硕士学位论文时重视文献的梳理和与实践结合的经验,让我有了非常真切的体验。在撰写武大的博士学位论文时,为了克服这种不足,在1995年3月,利用春假,我专门回国一趟查找资料,把武大图书馆里的资料翻了个遍,甚至把当时在一个角落里堆放了许久、积满灰尘、准备报废的书籍都抄了个底朝天。

之后,在1995年的暑假,日方学校为了节约成本关闭了所有的电器设备,让学生不要进校,在平日熙熙攘攘但此时安静无比也闷热无比的博远馆研究室里,我花了差不多3个月的时间,一个字一个字地在方格稿纸上完成了向武大提交的博士学位论文《不作为犯研究》,并邮寄给武大马先生。在经过数次的书信往来之后,马先生删除了其中与论文主题关系不大的一节,然后将草稿托付后面的师弟帮助打印出来,装订成书,并通知我在1996年5月回国答辩,算是完成了我求学历程中的一件大事。

在同志社大学经过两年半的硕士学位课程的训练,我无论在语言还是生活习惯以及学习上,都基本上适应了日本的节奏,于是就向大谷教授提出,想一口气把博士课程也念完,大谷教授很爽快地答应了,但是关于博士课程的研究题目,他建议不要再研究不作为犯,改为“企业犯罪”。一来他觉得随着中国经济的发展,企业犯罪会越来越成为一个重大问题,特别是随着中国的对外开放政策的深化,会有越来越多的中国企业走向海外,会面临国外特别是英美法中所规定的企业处罚问题;二是他的团队当时正在进行企业犯罪比较研究,除了他本人研究日本部分之外,有人在研究美国部分,有人在研究法国部分,还有人在研究德国部分,并积累了不少成果。

我觉得这个题目对我来说,简直再好不过了。一是当时国内企业犯罪的讨论正热火朝天,准备在刑法中加以规定;二是企业犯罪的研究最好的是美国,我学了十几年的英语也能派上用场,于是立即就接受了换题目的建议。

在拿到武大的博士学位,并确定了在同志社大学博士阶段的论文选题之后,我心情大好,学习效率也有明显提高。正如我2001年在清华大学出版社出版的《单位刑事责任论》的后记中所说的,在解决了自己要写什么的问题之后,之后的日子就过得比较轻松了。

历来法人犯罪问题的研究,都是以法人中的自然人的行为和思想为对象而展开的,但是,自20世纪80年代开始,在美国,一些学者从单位组织体自身的特征出发来考虑单位犯罪问题。这的确是一个突破。它不仅揭示了传统的法人犯罪论和法人处罚论中所存在的一些悖论,而且也能帮助我们从根本上消除有关法人犯罪肯定论和法人犯罪否定论各自依据传统的法人学说而各执一词的对立局面,并从制度上为预防和减少法人犯罪提供理论基础。

但是,在研究刑法的人看来,这种理论的问题在于,如何将良好的观念同现实的制度和原则结合起来,换句话说,就是在现实的刑法理论之下,如何将组织体犯罪的理念同刑法制度中的责任原则整合起来。从1996年夏天开始,我的论文写作基本上都是围绕这一主题展开。其间,也无数次地经历了任何一个做学术的人都会遇到的苦恼和彷徨、兴奋和绝望,只是,现在回想起当时的情景,恍如隔世,已远没有当时刻骨铭心般的感觉了。

1998年10月,我大致写完了论文。之后,经过近一年的审查(中间曾被数次要求修改),论文终于在1999年6月同志社大学法学部教授会上通过,并被推荐在同志社大学的法学杂志上发表。同年8月初,我终于结束了7年的留学生活,到清华大学来任教。

我的求学经验

时常有人问我,如果说有机会从头再来,再读一次研究生的话,你会如何

做?我觉得在以下几个方面可能要加强:

▷ 做好人生规划

初到同志社大学的时候,我发现他们有一个当时国内大学没有的部门,就是"就职部",主要是帮助学生,包括本科生和研究生找工作的部门。但仔细了解之后,发现其不仅是帮助学生找工作,实际还帮助学生制定自己将来的人生规划。就当时的我而言,发现这个部门确实很诧异。因为,即便当时在国内已经读到博士生了,但实际上就将来,我并没有做太多的考虑,有点"脚踩西瓜皮,滑到哪就是哪里"的感觉。实际上不仅是我,我的很多国内同龄人也都是这种想法,对于为什么要读硕士、博士,自己并没有明确的目的。如我当年在武大读博士的师兄弟们,在校期间学术做得非常好,但是到毕业时却都选择了做公务员的道路;有的人走得很辛苦,中年之后,又反过头来想重走学术之路,但是已经不太可能了。这实际上是当初没有人生规划概念的表现。当然,现在国内大学也有"就职部"这样的机构了,但据我观察,其还没有充分发挥应有的作用。

我一直到30多岁还为职业发展而纠结。我在1998年12月帮助一家日本企业到大连处理了一个投资方面的法律纠纷,他们非常满意,希望我毕业之后能到他们公司工作,并开出了非常具有诱惑力的工资,让我派驻大连。在20世纪末,拿日本工资在大连生活,让人动心。但是,我最后还是没有答应。主要原因是,我觉得自己作为当年国家公派学生中唯一的法科学生,当初有承诺将来要为国家服务,而且两位恩师马先生和大谷先生为了我将来从事学术研究,一直在尽可能地为我提供各种方便。我决不能因为收入高而背弃对国家、对恩师的承诺,况且这个做法和同志社大学"做一个堂堂正正的有良心的人"的校训也背道而驰。

不管是在私立还是公立大学,日本学生很早就定下了人生规划并为此而努力,借助大学来完成这一人生规划,这是毋庸置疑的。在日本,如果仅仅是找一份工作或者说回家继承家里的产业的话,很多人大学毕业后就不再往下深造。但是,一旦确定读硕士研究生的话,一般来说,都是为了考公务员或者司法考试。如果准备做学者的话,就选择进入博士课程。因为进入博士课程的人基本上都是以学术为志业,说白了就是到大学教书或者到科研单位从事研究工作,极少出现博士毕业之后去做公务员或者到其他企业、事业单位就职的情况。在他们看来,这是浪费生命的表现。鲁迅有一句名言,浪费别人的时间等于谋财害命;浪费自己的时间,等于慢性自杀。日本人就是这个思维。

我国,特别是我们院现在面临的问题之一,就是大量的博士生毕业之后,不从事学术工作,让老师们觉得也很可惜。其中一个重要原因,恐怕就是人生规划没有做好,或者一开始就是在忽悠老师。当然,如果要鼓励博士生毕业之后进到学界从事学术工作,还必须有一些措施才行。如建立合理的学费制度和合理的贷款制度。在日本时常听说,读博士、做学术是一件很奢侈事情。除了时间成本高—— 一个博士通常要读 6 至 8 年才能找到工作——之外,经济成本也很高。博士生的学费不便宜,很多是依靠国家贷款来维持学业的,而且和私立大学相反,国立大学的学费更高,因为国立大学的博士生更容易谋到教职。因此如果不是家境殷实,不指望孩子早点毕业工作帮助家里的话,很多博士生是读不下来的,也正因如此,很多学生在选择读博之前,要算一笔账,如此巨额的时间和经济成本投入之后,是否划算。就贷款制度而言,一般来说,很多读硕士、博士的家庭都是依靠国家贷款来维持学费和生活费的。但是,如果博士毕业之后,将来从事学术研究工作的话,贷款可以减免。据说日本就是通过这种制度,鼓励博士生毕业之后到高校从事学术工作。

▷ 养成求真务实、注重细节的习惯

我在去日本之前,先在长春的东北师范大学学习了日文,在掌握了基本的日语会话之后,就有一批日本教授来给我们按照日本大学里正常的教育方式授课,以让我们尽快适应即将开始的留学学习。其中有一门是“经济学入门”课,由东京大学的一名副教授授课。令人吃惊的是,他们的经济学竟然从“家计”,就是日本主妇每天将家里的收入和支出记在一个本子上开始讲起,和我们过去所学的内容和方式完全不同,算是开了眼界。

细心的态度不仅影响我们的生活,更影响我们的学术研究。对此,我有非常深刻的体会。前面已经说过,我是 1992 年 10 月到日本的,不出国的话,1993 年 6 月就要在武大博士毕业了,之前也发表过几篇从刊物层次来看还不错的论文,1994 年还单独署名在《中国法学》上发表过论文,应当说至少能代表当时国内博士生的较高水准了。

但是即便如此,我还是在做学问的一些细节上出了问题。1996 年,我的第一篇日文论文发表在《同志社法学》上,其介绍了我国当时单位犯罪的立法、司法以及理论探讨情况,引起了一些日本学者的关注。有一天,我收到了一封来自北海道札幌的信,打开一看,原来是当地一所大学的法学教授写给我的,内容是看了我的论文,觉得对于中国的单位犯罪的情况考察得非常详细,有些资料想引用一下,但和原文核对之后,发现有两处按照所注明文献的页码查不到原文的情形。

我大吃一惊,吃惊的不是出处弄错了,而是真有读者对文中引注逐个核对。其实,我在发表这篇论文的时候,心里是有点小小的侥幸之心的。因为,同志社大学的传统和特色是研究英国、美国,法学也是如此,英美法的文献全日本最全,中国法的杂志却一本也没有。我文中所用的那些中文文献,要么是我费尽周折到附近的京都大学、立命馆大学、神户大学等的图书馆中查来的,要么是我写信(当时没有互联网)托国内的人帮我查的,并不很全。有些实在是难以入手的文献,我就采用了偷懒的转引方式。但是编辑觉得中文文献的相互转引很不合适,就让我修改,于是我将两处被转引的出处文献删了,采用了直接引用的方式,但没有核对原文,果然问题就出来了。于是,我赶紧向对方解释,并再次拜托国内的人帮我找到该文献的正确页码,并告诉了对方,但事后还是觉得对不住人家,特别是《同志社法学》的编辑。

另外,还有一件颜面尽失的事情。我在撰写有关企业犯罪的博士学位论文的时候,采用了中国、美国以及日本三国比较研究的方式,其中涉及相当数量的英文文献,英文文章学校图书馆都有,但英文著作,说实话,真的没怎么看。而我在提交给大谷教授的博士学位论文初稿的注释当中,还是列了一本英文专著。初稿交上去之后,大谷教授让研究同一个课题且硕士阶段就在研究英、美的企业犯罪的日本同学先看一下。几天之后,那位日本同学问我,你文稿中的那本英文书在哪里看到的?我不明就里,说在图书馆看的。他说不可能吧,因为全日本就只有一本,而这本书就在他手上。我当时是什么样的窘状,现在记不起来了,但是,这件事情却让我刻骨铭心。

学术观点或许可以商榷,但形式上的硬伤却一抓就准、一针见血。“一朝被蛇咬,十年怕草绳”,从此之后,我养成了一个对论文注释非常讲究的习惯,而且在审查别人的论文时,也紧盯形式,并且屡试不爽。实际上,我还有一个很固执的偏见,形式上有诸多硬伤的著作,在内容上能好到哪里去呢?

我过去做清华大学法学院党委书记的时候还兼任学院博士后流动站长,每年至少要参加两次博士后的活动,一次是进站考察,另一次是中期考核。考察和考核的内容，主要是看博士后入站时想研究的内容，以及入站1年后的研究进展。这是一个很好的近距离观察各个学校所培养的博士的研究水准的机会。说实话，不是太乐观：很多博士学位论文的研究水准和研究方法和我20多年前在武大时写论文的风格差不多。

很多人在学术研究当中，基本上没有问题意识，开篇就是最近这个问题讨论得比较热闹，我也来说几句；开口闭口就是我认为如何如何，而不说这话的出处来历。本来就是个初出茅庐的年轻人或者学生，但是弄得自己就像对某些问题必须表态的学界大佬似的；或者在论文内容上，都是些虚头巴脑的故弄玄虚，通篇难以见到非常详细具体的论证。这些实际上都是华而不实的表现。

见过很多法学教授演讲，一上来就是我不讲具体法条，只讲基本理念和自己的观点，有似乎解释法条是雕虫小技、不屑一顾的感觉。但问题是，人类社会几千年来，理念和观点多如牛毛，你所说的理念和观点算是几何？而且不结合具体法条来讲，你的观点有什么意义，对社会有什么贡献呢？特别是一套很玄的理念无法使我国具体的法律规定变得生动具体的话，我敢肯定，不是该观念有问题，就是该学者的研究方法有问题。在这种不知道"有没有真问题、真问题为何"的老师的指导下，还能奢望培养出真正有真才实学的学生吗？

清华大学是以工科见长的大学，工科的研究风格就是求真务实，绝对来不得半点弄虚作假或者虚头巴脑，这种强大工科背景必然会对经常"纸上谈兵"的法学研究产生影响。所以，本院的研究，都是比较讲究实证的，以研究法条、制度、判例、案件或者司法解释为核心；即便是法理这样和现实有一定距离的学科，也是以现实社会作为研究对象。

▷ 要重视修身养性，要有使命感和责任感

这个诸位听起来可能有点儿虚，比较抽象，但作为一个过来人，我觉得还是要特别强调这一点。特别是到了一定年纪后，我越来越意识到，所谓修身养性中的"性"，以及常说的所谓使命感、责任感，实际上并不抽象，而是看得见、摸得着的东西。

我举个例子，大家或许就能明白。我国不少大学的校训中都有"自强"二字，如我的母校武大校训的第一个词就是"自强"，清华大学校训的前半句是"自强不息"，厦门大学校训的前半句也是"自强不息"，这些强调的都是一种积极的人生态度，努力向上、永不懈怠，但是，只有努力自强还不行，因为单纯强

调“自强”,可能会导致内斗。

最能说明这个问题的一个词叫“螃蟹效应”。钓螃蟹的人都知道,竹篓中只有一只螃蟹的时候,必须盖上盖子,不然螃蟹就爬出来跑了。但竹篓里面如果有一群螃蟹,就不必担心没有盖盖子而让螃蟹爬出去。为什么呢?因为,一群螃蟹的场合,只要其中有一只往上爬,其他螃蟹便会纷纷攀附在它的身上,结果往上爬的那只也会被拉下来,导致大家都爬不出去。如此循环往复,没有一只螃蟹能够逃出生天。人们总结说,互相牵制、跟风、内斗的属性,是致使一群螃蟹永远爬不出竹篓的直接原因。

我们的先人都清楚这一点,因此,在“自强”之后,都加上一句,这就是“善”和“德”的要求。如武大在“自强”之后有“弘毅”,就是要宽宏坚毅;清华大学在“自强不息”后面加上一个“厚德载物”;厦门大学在后面加上一个“止于至善”;都对“自强”加以中和。众所周知,才德全尽是圣人,才德兼亡是愚人,德胜于才是君子,才胜于德是小人。只有以“德”或者“善”来配“强”,才能克服“螃蟹效应”中谁都出不去的结局。

那么,如何修身养性,形成使命感和责任感呢?对此我虽然没有什么经验,但却有一些不成熟的想法,想和大家交流。从国家层面上讲,是提倡社会主义的核心价值观,这个大家耳熟能详,我不再重复这个话题。

我觉得,或许能够借助中国传统文化中的精华部分来实现这一点。这些年来,我读过一些清华人的回忆文章,也近距离地观察过一些了不起的人,发现这样一个特点,那些传统文化修养深厚的人,外在气质上和常人不同,身上有一种极为独特的对国家、对民族乃至对人类自身的前途、命运“多愁善感”的气质。正是因为对国家、民族的历史有深刻了解,所以他们眼里常含着泪水。

远的不说,就拿现在和大家生活在同一片天空下的清华园里的人来说吧。大家都知道诺贝尔奖获得者杨振宁先生,杨教授是研究自然科学中的物理学的,但是他的国学功底应当不差。我没有亲耳听过杨教授的演讲,但听过他在电视上讲《易经》对中华文化的影响,说易经每一卦都包含天道、地道与人道,天的规律跟人世的规律是一回事,虽然我无法从专业角度对这话进行评价,但觉得他的表达方式、所使用的语言,体现了极高的中文修养。

另外,还看过一篇杨教授的访谈,其中有一个细节一直萦绕在我的脑海中。说1964年中国成功爆炸了第一颗原子弹,他非常兴奋,很想知道中国的原子弹是不是完全由中国制造的?因为当时美国的媒体宣传是两个美国人帮助中国完成制造。1971年,杨教授回国访问北京时,多次与当年留美、现在为祖国服务的老同学邓稼轩见面,在离开北京快上飞机的时候,他终于忍不住问前来为他送行的邓稼先:中国的原子弹是不是完全由中国制造的?邓稼先想了想说,据他了解是中国人自己制造的,会再去核实一下。第二天,在上海市领导宴请杨振宁的席间,他接到一封来自北京的专信,信是经请示了中央领导后由邓稼先亲笔写给他的。当看到信中证实中国的原子弹是由中国独立完成的时候,杨教授说他竟一时热泪盈眶,不得不起身去洗手间。

杨教授当时差不多50岁了,作为一个宴席的主宾,突然泪流满面,人们的惊讶可想而知。对此,杨教授后来曾这样解释:"事后我追想为什么会有那么大的感情震荡,为了民族的自豪?为了稼先而感到骄傲?——我始终想不清楚。"他当年在西南联大、后来在海外企盼的强国梦,被他的同学实现了,中国人再不必有屈身向外之感了。也许这就是他"不清楚"的内心震撼。从这个细节看得出来,杨教授是个大学问家,爱国者,但更是一个感情丰沛真挚的人。

邓稼先逝世后,杨教授说,假如有一天哪位导演要摄制邓稼先传,我要建议背景音乐采用我儿时从父亲口中学到的五四时代的一首歌:"中国男儿,中国男儿,要将只手撑天空。长江大河,亚洲之东,峨峨昆仑……古今多少奇丈夫,碎首黄尘,燕然勒功,至今热血犹殷红。"此时,我的脑海里所浮现的杨教授,不仅是一个自然科学家,更是一个艺术家的形象。说实话,在我眼中,有这种情怀和境界的人,就是一个有使命感和责任感的人。

我的这种感觉,在清华园的另一位大师,哈佛大学终身教授丘成桐先生身上似乎也能得到印证。他写过一篇文章,叫《我做学问的经验》。其中说,做人要讲气,做学问也要讲气,做大的学问必须要有荡激性情的种子。如何培养这种激情?这是任何一位想做大学问的人都必须考虑的一个非常重要的问题。为什么能够坚持这么久?因为他的感情很充沛,如果没有这种感情和激情的话,他不可能花这么多工夫去研究一个问题。做大学问必要要有激情。没有激情,没有强烈的好奇心,就不可能不断地寻找新的方向,更不可能持久。

那么,这种激情如何获得呢?丘先生说:我从小受到父亲的教诲,喜欢背诵古诗词,也喜欢历史,因为受文学的影响很深,后来它直接影响了我做学问的态度跟观点。也就是说,学者产生激情,是扎根于中国历史文化上的。对我而言,历史上发生的每一个关键性的事件,既真实又能够激起我做学问的情感。一个学者想要产生激情,最重要的还是要有根,有根的激情都应该建立在我们的文化历史基础之上。所以，中国的文化历史就是我的根，我研究数学的激情是从这里开始的。

中国传统历史文化修养深厚的人，无论做什么都不会差的感觉，在我的恩师马克昌先生身上也能感受出来。刑法学界素有“北高南马”之说，“北高”是指中国人民大学的“人民教育家”高铭暄教授，“南马”就是武大的马克昌教授。

马先生 1951 年在武大法律系毕业之后，被保送至中国人民大学随苏联教授学习刑法，毕业后回武大教书，后在武大图书馆做资料查询工作，这可不是一般人能做的工作，得有百科全书般的脑袋。因此，马先生除了有法学教授的职称之外，还有图书馆副研究馆员的职称。

我真正体会到马先生在文史方面的厉害，还是两次亲身经历。1998 年 6 月，马先生到东京访问，我和马先生的另一个弟子刘明祥教授作陪。有一位研究法国文学，但也爱好中国文学的大学校长晚上设私宴欢迎马先生。因为是初次见面，开始还有些拘谨，酒过三巡之后，校长和马先生开始聊起文学，气氛一下子就热烈起来了。那位校长大段大段地背诵法国诗歌，然后用日文说明其意思，马先生则根据该诗歌的内容和意境，向服务员要来纸和笔，以中国的古诗词进行唱和，场面热火朝天、十分热闹。这哪里是法学教授的马先生，分明就是文学教授的马先生！之后，在一次中日刑法交流会的结束晚宴上，马先生致答谢辞。他临时发挥，以三位在中国和日本都家喻户晓的中国古代诗人的诗句开头，讲了三段话，恰如其分地表达了三重意思，让在场的中日两国学者击节叫绝。

我到北京工作之后，有机会陪马先生到天津一日游，在海河边上、在古玩街里，当他看到各种各样的真真假假的古董和名人故居时，童心大发，高兴得手舞足蹈，完全不像是一位 70 多岁的耄耋老人。让人不禁想起那句老话，真正的学者到老都是小孩，永远怀揣赤子之心。事后我想，正是马先生深厚的中国传统文化的修养，成就了他的赤子之心，使他在任何时候，都能坦然面对生活的各种磨难和不如意，都能对一切的新鲜事物保持好奇之心，能够不带假面地和我们这些晚辈坦诚相见，并且在 52 岁（1978 年，马先生重返法学讲坛时正好 52 周岁）时从头再来，成为一代刑法大家。

法律人都应当修身养性。在法制史上，清末有很多出奇制胜的讼师，笔锋锐利，一二字之间，出入人罪。例如有一人告小偷入户盗窃，诉状中写的是“从大门而入”。后来小偷买通了写状词的讼师，讼师只在“大”字添上一点，改为

“从犬门而入”，最后县令对小偷以宵小即坏人论，从轻发落。还有人被马匹践踏而受伤，欲告马主人，用“马驰伤人”告状，但官府屡不受理。后请教一讼师，讼师帮其将“马驰伤人”改为“驰马伤人”，官府即受理并责令马主人赔偿医药费。颠倒一字，乾坤扭转。原因是“马驰伤人”，罪在马而不在人；而“驰马伤人”，则罪在人而不在马了。学了法律的人，在是非曲直的法律评价上，颠倒黑白是轻而易举的事情，如果不修身养性，没有一点悲天怜人的情怀，便和职业杀手没有什么两样。因此，无论工作多么辛苦、生活多么折腾，永远不要忘了我们为什么而生，当初为什么选择这个专业！

金融犯罪：刑事司法的新挑战

钱列阳

钱列阳

律师，北京紫华律师事务所创始人、主任；北京大学法学院硕士。擅长领域：刑事辩护，侧重于金融犯罪的辩护和研究。

2019年起担任清华大学法学院法律硕士专业学位研究生联合导师，曾承办："中国私募第一人"徐某操纵证券市场案；原铁道部部长刘某某受贿、滥用职权案；刘晓庆涉税案；e租宝张某集资诈骗案。2015年荣获ALB"中国十五佳诉讼律师"等荣誉称号；2018年荣获CCTV财经论坛"纪念改革开放四十周年，2018财经年度卓越人物奖"；2020年海淀司法局授予"2020年度优秀律师事务所主任"；2021年获得"第一届海淀区领军律师"荣誉。

已出版的著作有：大律师之精彩刑辩系列之——《道与术》、《三思而行：钱律师与青年刑辩律师的交谈》，紫华金融犯罪法律丛书之《证券期货犯罪十六讲》、《金融犯罪的辩护逻辑》、《市场滥用犯罪与刑事合规》、《银行业务犯罪十二讲》。

首先,祝贺大家正式成为全国名校清华大学法学院的硕士生、博士生。而且,有不少博士和硕士是从实务中来,会有检察官、法官和律师,并不完全是校园里出来的。我想,不管大家从哪儿来,最终想到哪儿去,等待着大家的——法官、检察官、律师、学者、公司法务这几条道路,是大家作为法律人在毕业以后——无论是硕士还是博士毕业以后首先考虑的职业选择。这方面,我觉得每个同学都有自己的理想,都有自己的想法。

然而在这里我想提醒大家的是,一定要重视硕士或者博士学位论文的选题。什么意思呢?就是说将来想做哪方面的事情,想从事哪个专业,那么论文最好和那个方向相一致。不要只是为了得到一个学历、只是为了得到一个学位而写一篇论文,那就太浪费了。大家在论文中花工夫研究的具体个罪如果与专业的方向一致或者在未来的工作中派得上用场,那么是事半功倍的。所以我希望大家将来在论文的选题上一定要慎重。

这里我介绍一下金融犯罪。这几年无论是媒体还是网络上,讨论金融领域、金融犯罪的热度都与日俱增。虽然我知道大家并不都是研究刑法的,但这都没有关系,因为刑事法律其实已经渗透到我们司法实践的各行各业、各个方面。因此下面我想先从国家角度来谈,研究金融以及金融犯罪的意义。

▶ 金融安全是国家安全的底板,法律人知识结构的单一是职业的短板

一个国家要想有稳定的发展,一定要有稳定的经济,稳定的经济一定要有稳定的金融,稳定的金融一定要有稳定的银行,稳定的银行一定要有稳定的货币。这就是我们今天经常说的经济上的木桶理论:木桶装多少水是由短板决定的。关于我们国家经济这个木桶,高铁、基建等是长板,芯片是短板,但是金融是底板。底板如果有一个洞,那么这个木桶中的水就不是装多少的问题,而是有无的问题。同样地,如果我们把金融看为一个木桶,木桶中证券、基金、保险、信托、期货等这些分别是长板和短板,银行是底板。如果银行有一个洞,那么金融这个木桶的水也不是多少的问题,而是有无的问题。这就是我们国家现在为什么对于金融行业特别地重视。

以前我们学法律的时候,常常是把法学院的称为"一拨人",然后把金融学

院的称为“另一拨人”——井水不犯河水，两个圈互相不搭界。的确，前些年是不搭界的，我们研究刑法的，遇到的金融领域的犯罪很少，最多涉及受贿一类的职务犯罪，但是并没有触及金融领域的真正问题。这就造成了这样的局面：“搞法律的人搞不懂金融，搞金融的人也不接触法律”。

某金融学院到现在都没有金融刑法课。我这些年，在工作中遇到过一位操纵证券市场犯罪的当事人，他就是金融学院毕业的。他完全理解操纵证券市场罪的原理，但是他完全是以《证券法》来为刑事责任的追究作辩护，这就是知识结构上的硬伤。

所以，本来看似两拨互相完全不搭界的人，在近年来的工作中，尤其逐渐从2015年的股灾以后，开始有交集了。为什么？金融领域的发展逐渐出现了深层次的金融犯罪问题。

▶ 刑法与金融的碰撞，规范与创新的平衡

▷ “刑法沙滩”与“金融蓝海”：复合型人才的养成

《刑法》规定的多个罪名中，涉及金融犯罪的有38个，其中8个是利用金融手段进行的诈骗犯罪，诸如票据诈骗罪(第194条)、信用证诈骗罪(第195条)、信用卡诈骗罪(第196条)、集资诈骗罪(第192条)等，这些都是利用金融手段进行的诈骗类犯罪；剩下30个扰乱金融秩序的犯罪，诸如操纵证券市场罪(第182条)、内幕交易、泄露内幕信息罪(第180条)，包括银行方面的违法发放贷款罪(第186条)，以及票据类的犯罪等。

在金融案件的办案过程中，我注意到的一条规律是：金融和法律领域中，兼具金融和刑法这两个专业资质的人，极少。但是金融领域的犯罪涉及大量的金融知识，这对于我们这些纯法律背景的人来说，是一个全新的挑战。这也就是国家就金融犯罪这个领域成立各种课题研究机构，最高人民检察院成立金融检察厅以及各省、市检察院相继成立金融犯罪业务部，法院也成立金融法院并且逐渐指定管辖——全国指定了八个法院审理证券类的犯罪的原因。所以如今越来越要求法官、检察官具有复合型的专业背景。所以大家要把自己变成知识复合型人才，我觉得这实际上是最有用的：在金融圈里成为最懂刑法的，在刑法圈里成为最懂金融的。这是最好的、最实用的复合型人才。

那么从自身专业的角度来讲，我认为我们正在面临这种专业知识结构上

强烈的缺失感。就控、辩、审三方——检察官、律师、法官,我们每次在法庭上进行辩论也好、较量也好,实际上不是刑法知识的比赛,而是金融知识的"军备竞赛"。

融合法律思维与金融思维:正确把握金融的逻辑

这方面的竞赛,我个人感觉是非常见功夫的,就看大家对金融知识吃得透不透。我们先来举个例子:操纵证券市场。

对于操纵证券市场的犯罪,行为人当然是为了获利而去操纵证券。但操纵的结果,不一定获利——即使没有获利,他也构成犯罪。所以,这是行为犯,而不是结果犯。但对于操纵证券市场的行为可以有很多种,《刑法》一开始认定的是3种,然后增加了5种,变成8种;后来,《刑法》修正案又减掉了2种,变成了6种。对于这些操纵证券市场的行为,研究刑法的人,如果不是从金融学的角度、从证券的角度去理解,而只是泛泛地看,我们看不出任何毛病。

比如,什么叫连续买卖?什么叫自买自卖?什么叫在自己控制下的"马甲"账户之间的自买自卖?什么叫对倒交易?比如,甲如果事先和乙约好,周一三五甲将股票卖给乙,周二四六乙再卖给甲这样的一种对倒交易,就是刑法所明确禁止的操纵证券市场的犯罪行为。而我们,作为刑法人,恰恰就是要研究到这些行为中去。

还有"抢帽子"交易。"抢帽子"交易是什么呢?假如大家都是做股票的,我在这里告诉大家:"这只股票啊非常好!有巴菲特投资,还有×投资了……"大家因为听了我的建议都去买这只股票,但实际上,是我持有这只股票已经很长时间了,涨不上去很着急。所以,今天故意引导大家去购买这只股票,一涨上去我趁机反向抛出,赚到一笔钱,这就叫"抢帽子"交易。

什么叫"操纵证券市场"?它是指虚增交易价格、虚增交易量。这涉及市场监管问题。举个简单的例子,我是班长,大家7个人站一排,按照个子的高矮立正站好,这个时候看谁高谁低,我一目了然。如果我作为市场监管者,我就知道大家每只股票现在高高低低是什么样。但如果其中有的人缩着脖子、有的人屈着腿、又有的人垫着脚尖,这会导致矮的就变高了、高的就变矮了。那么,我就不了解真实的市场上真实的高低,这就影响我的监管了。所以世界各国要打击的"操纵证券市场",指的就是虚增交易量、虚增交易价格使监管部门看不清楚正常的高和低的行为。

法律思维与金融思维的交流,底线思维与创新思维的融合

从当今实务困境看法律运行缺乏金融思维的弊端

对于市场中目前的泄露内幕信息、内幕交易一类的犯罪,实际上在我们国家现行的司法实践中,是存在些问题的。目前认定敏感期、知情人、内幕信息的权威部门是中国证券监督管理委员会(以下简称中国证监会)。中国证监会认定某公安部门转来的案件中谁是知情人、何时为敏感期,检察院、法院就据此直接认定。在一定程度上,这张认定的纸实际上成了内幕交易、泄露内幕信息认定的“终审法官”。中国证监会似乎更权威。案件中的被告人和辩护人想对这个证据的真实性进行质证,可是完全没有质证的空间、完全没有质证的理由。所以这是我们辩护律师在工作中遇到的一个很大的困境。

从当今社会结构看创新思维必备底线思维的原因

如果我们把社会的经济能力结构看作一个金字塔。实际上,投资金融领域的是金字塔的中上层——这些人员所拥有的投资能力以及其所承担的一些投资任务,使他们在投资市场中被称为合格投资人。合格投资人,指的是一次投资至少100万元,连续3年年收入要超过50万元,总资产不低于1000万元,至少有30%以上投入金融资产的人。换句话说,投资金融的人应该是这个社会的中产阶级以上——即使投资完全赔掉了,也不影响生活,这就叫“合格投资者”。

前几年大家在媒体上看到的“e租宝”案件,简单说就是某集团通过在全国电视媒体上推广告,从105万人手里吸纳了762亿元资金。但最后平均下来每个受害人也就投了五六万元,受害人根本没有达到合格投资者的程度。因此这个行为是非法吸收公众存款。

我们要知道,现在把钱存进银行的人是什么人?多数是把十几万元看得很重的人。那么,与此同时,在刚才所说的这个金字塔尖中上层的人,他们把钱投入股市、债券市场,赔了赚了对于他们来说则是另一回事。社会的经济要发展,需要金融,需要合格投资赚取引领带动金融的发展。但是,把钱存进银行吃利息的人,是这个社会稳定的基础。社会稳定取决于哪些人?不是合格投资者,而是这些把钱存入银行的老百姓。一个社会的发展就像一个人走路

一样,决定其高度的,不是前脚尖,而是后脚跟。社会的发展也是一样。最终决定社会进步的,实际上是一个社会的基础人群能够达到什么样的高度,而不是只看少数人达到了如何的高度。

因此我们更关注的是金融行业中银行的资金是否安全。我之前就说过:只要银行不出事,我们这个金融行业,乃至整个社会就能保持稳定。

2016—2017 年,在青岛市中级人民法院审理的徐某操纵证券市场案[(2016)鲁 02 刑初 148 号],是我为徐某进行辩护的。他当时非法获利了 93 亿元,最后被罚了 110 亿元。其实对于他们这类人来说,罚了 90 亿元还是 110 亿元跟他们的生活都不会挂钩,并没有很大的影响。但是对存了 3 万元、5 万元,一旦取不出来生活就受到影响的老百姓来说,这是完全不一样的。

▶ 揭开金融背后的面纱:制度背后的实际监管缺位

▷ 以案说理:形式审查如何导致部分金融行业“爆雷”

那么银行,特别是一些中小银行怎么会“爆雷”呢?举例来说,大股东首先对这类银行实现控股——对这个银行占了 60% 的股份以后,就可以召开股东会、董事会,然后批准贷款,放贷给自己下属的子公司,最终就做成一套由自己进行贷款的手续,把银行变成自家公司的提款机,将钱拿来进行流动使用。因为银行在贷款的问题上,只要能把钱还了,就会倾向于放松风险调查评估。

2006 年,《刑法修正案(六)》增设了一条“骗取贷款罪”。骗取贷款罪和贷款诈骗罪有本质的差别。贷款诈骗罪是诈骗类犯罪,是以非法占有为目的直接将款项转移;而骗取贷款罪是指贷款手续不合格,但是最终还会还上相应的贷款。换句话说,某人拿了不合格的单据到银行贷款 5 亿元。该人同时有一块土地,这块土地市值 8 亿元,银行就会贷给他,反正到时候还不上,这块 8 亿元的土地银行拿去拍卖,银行也不会有损失。为 a 事来贷款,钱就应该用在 a 事;为 b 事来贷款,钱就应该给 b 事,现在问题是,我贷款之后可以随便用,我只是打了 a 事的名义。实务中这类贷款现象较多。

这是因为当下一些银行,在我看来是非常不负责任的。我认为,可能存在某些银行为不赔钱而放松对贷款款项用途的审查从而将资金贷出的行为。另外,审查贷款是否符合条件时,信贷员有时也只做形式审查。现在可能更简单了。不真正严格按国家贷款的规定去做事是我们发现的目前一些银行的实际情况。

举个例子，甲是房地产老板，乙是银行行长，他们是好朋友。甲说自己这个房地产项目要贷款 5 亿元。然后乙提出甲的业绩实在太差了，不符合贷款的基本条件，实在没办法贷款 5 亿元给甲，那怎么办？甲就请乙帮其搞个理财产品，然后把钱——吸纳的资金转给甲。于是甲乙两个串通起来，把银行的资金给“套”出来，通过委托信托来借给甲使用。因此要对理财产品有管理条例，否则，对于这样的一些产品，投资人也不会放心；银行必须要承担风险评估，要进行风险审查，这是法律赋予银行的责任。然而制度都是特别完善的，但实施中可能又是另一回事。

再回到刚才那个例子，银行行长乙同意把钱贷款给甲这个项目，但要求甲提供担保。甲提出，自己有块土地，价值 5 亿元，结果银行进行风险评估的时候，评估甲的土地值 2 亿元。评估公司一旦出具虚假评估报告，是要承担刑事责任的。法律对于中介公司出具虚假的报告是要定罪的，所以这块土地值 2 亿元，无论如何都无法把它写成 5 亿元。

事实上，评估报告是一个要式法律文件，但是可以不出具评估报告，只出具评估咨询意见。对于评估咨询意见，就是一问一答，这就没有标准了。所以对于这一块（待评估）土地，我不会说评估的结果是 2 亿元，而是说它有潜在的升值价值——将来高铁要建过来、高速公路要修过来、飞机场要过来，它有巨大的升值空间，所以价值 5 亿元、8 亿元、10 亿元都是有可能的。反正咨询意见没有严格要求，于是这一方的咨询意见就放进了报告书，进行材料报送。而整个理财产品的风险评估中却没有“必须是评估报告，不能是评估咨询意见”这类的规定，因此这份意见被当成了报告使用。这样就绕过了客观真实的风险评估，实现了 5 亿元的贷款。

拿到贷款后，甲往这个项目投了 1 亿元，剩下的甲的公司就挪作还债等他用了。其结果就是本来应该用 5 亿元建好的这个楼盘，结果因为实际上只得到了 1 亿元，成了烂尾楼。而理财产品由于楼盘没有建好，没有卖出去，没有回款，钱回不来。理财的这个损失要么就是由投资者承担，要么就因表外款转型表内款由银行承担。

▷ 以理观法：罪刑法定下的“心有余而法不足”

像这样，所有规则在审查的时候都出现问题，这就是摆在我们刑法人面前的金融犯罪;这就是大家未来如果真的深入银行的业务中,真正了解了银行体系如何运转的,了解了银行贷款明明有各种严格的规定,但实践中仍会看到这样情况发生的原因。而且大家都知道《刑法》第九章中有渎职罪,比如玩忽职守罪、滥用职权罪(第 397 条)。但是这些罪的主体指向的都是国家机关工作人员。国家机关工作人员严重不负责任,不履行或者不正确履行职责,致使国家社会财产造成重大损失,这构成玩忽职守罪。然而,同样的行为发生在商业银行的这些管理人身上,因为他们不是国家工作人员,所以用渎职罪来追究的话,主体是不合格的。他们可能并没有拿额外的好处,但是他们不负责任,不用评估报告而直接用评估咨询意见,不严格把关——这样一种玩忽职守、图省事不做实质审查、滥用职权的行为,难道不是同样给社会造成巨大损失吗?可是对他们又该怎么追责呢?

这个问题我请教过北京大学的陈兴良教授,他说,从罪刑法定的角度来讲,好像确实无法追究。银行的工作人员——尤其是基层的银行工作人员,绝对不是国家工作人员,但他们掌握的资金太大。如果他们动用了这些资金以后,资金的管理和走向完全不符合国家规定,在我们刑法人看来,这种行为就是一种标准的"滥用职权"的行为模式。可是像这样的行为又怎么定罪?这就是金融犯罪中我们现在面临的立法的盲区、空白点。我们所感觉到的这种危机和压力,恰恰都蕴含在这些模糊的方面里。

▶ 延伸与讨论:金融犯罪领域一些值得关注的问题

▷ 银行票据业务的常见犯罪

当前还有关于银行一个很大的问题,是银行中的票据结算中心。票据包括支票、汇票、本票。汇票分为银行汇票和商业汇票,当下汇票在票据的承兑过程中,实际上存在这样一些诈骗行为,比如,丙有个工厂,但其实是个皮包公司,是个诈骗犯。某银行行长被丙收买,收买到丙可以接管银行的票据结算中心,并把票据结算中心的图章也拿了过来。一个皮包公司收买接管了一个银行的票据结算中心,然后在自己开的空头商业汇票上盖上票据结算中心的章,再转给下一家银行。然后丙把 A、B、C、D、E 等多家银行的行长,都联系起来:A 到 B、B 到 C、C 到 D、D 到 E、E 到 F……所有这些都联系好了以后,丙开一张 10 亿元的汇票,按理说,每个银行按标准都应该向出票的公司去查证属实是不是有10亿元的资产;因为要有10亿元资产,才能开出一张10亿元的汇票来。那么他把这个10亿元开出来,开出来以后每家银行都跟对方说清楚票据接下来的流转。每家银行作为过桥行,按行规赚取利息差。

利息差是什么?就相当于一张100元的汇票,某人95元买过来,然后96元卖出去;另一个人96元买进,拿到后97元卖出去;后面97元买进再98元卖出——每个人都赚中间那一块钱的利息差。这一个利息差有多少钱呢?有80万至100万元,因为总额高,所以尽管只是0.001%的利息,也会价格很高。

而对于这些银行来讲,谁都不去查实汇票的真假。每家银行要做的都只是把钱出手、把票据拿过来,盖完章以后票据再出手,钱就又回来了。只要经过24小时、48小时这么"一倒手",这个利息差就留在自家银行里了。所以对于过桥行而言,各家银行都很愿意干。但是谁都不严格按《票据法》的规定对出票进行审查,这就导致这张票据能够在全国各地走几十家银行,到最后却发现是假的——发现是假的以后,再一个一个地往回溯源。

而与此同时,被买下的这个票据中心把票据给了第一家银行,第一家银行得把钱给丙,于是丙在A地的A银行开一个户,B地的B银行开一个户,C地的C银行开一个户——过桥银行把这个钱给到A、B、C不同的地方行。总共10亿元,这里3亿元,这里3亿元,那里4亿元全部分解了,然后丙再从各个地方分别把钱提走。所以,这种票据诈骗案为什么侦查起来费劲?就是因为要全国各地跑,要查到这些钱被分解到了全国哪些地方。

那么对于银行承兑汇票和商业承兑汇票,国家在管理上是有规定的,即银行商业汇票是不允许分开的,把票据开出以后,把钱要么给到中国人民银行准备金账户,要么把钱给到银行的指定账户,而不能到第三地、第四地——中国银行保险监督管理委员会是有这样的规定的。可是这些银行都无视这样的规定,把钱就分解到A、B、C等地,然后分解到A、B、C等行。

这些就是不案发的时候,其实我们法律人跟银行人之间的业务是井水不犯河水,离得非常远。但是等到大家了解这个领域以后,才发现原来有些银行是这样工作的,是可以这样违法的。最可怕的是,他们违法以后,甚至根本感觉不到在违法。所以,我们这些研究刑法的人,要想解决犯罪,就必须先要去了解这个犯罪的具体情况,了解行业的实际运作情况。

▷ 虚构大宗商品交易买卖

还有一个就是金融领域中大宗商品交易。这对于我们研究刑法的人来说,可能是一个比较陌生的领域。

比如芝加哥大宗商品交易市场,一些国际上供应的小麦、石油、黄金、白银等都在此买卖,很多人在此买进商品,然后看它的价格涨跌。这时候,J 假扮高手告诉大家:其有能力投资芝加哥大宗商品交易市场,大家谁有兴趣?如果大家有兴趣,每人按照外汇牌价,最低投 100 万美元,折现成人民币给 J,J 给其一个账号,J 负责把 100 万美元投入芝加哥交易市场,并提供一个软件,通过这个软件可以随时查看交易市场的 k 线行情。这是真的绝对做不了假的,可以自己随时去查询——比如 H 现在看到小麦 100 元了,H 想把它买下来,有一天如果涨到 110 元,H 就挣了 10 元;涨到 120 元,H 就挣了 20 元;降到 90 元、80 元,H 就赔了 10 元、20 元。H 赚了 J 马上给 H,H 赔了就赔掉了,都算在总数里头,H 就记一笔账。

这一切大家是不是觉得特别顺理成章?但其实 J 根本没有能力做这个芝加哥交易市场的投资,J 只是借了这个噱头,让 H 把钱投到 J 这个平台里。然后 J 和 H 进行的是什么?是金融学上的对赌。

钱其实就在 J 手里——H 投来的所有钱就在 J 手里,然后如果涨了 20 元,J 给 H 20 元;赔了 20 元,H 的钱被 J 扣 20 元——以这样的方式在做。那当然后来赔了,H 就报案了,警察就开始查,结果发现 J 这个平台是假的,J 根本没有能力把 H 的钱转成外币放到芝加哥市场,所以,这是在搞一个对赌。这个该定什么罪?警察说,捏造虚假事实,隐瞒事实真相,J 造了一个假平台,把大家的钱骗到手里,最后 J 把钱还回去的时候大家赔钱了。那赚了的呢?我们作为辩护律师,就要想,那从中赚钱的人,他们算什么呢?他们算诈骗的共犯,还是诈骗的受害人?如果是诈骗的受害人,大家想想,因为被骗,结果赚了好多钱,这个是诈骗罪的犯罪逻辑吗?诈骗罪的受害人,由于上当受骗,最后投进了 100 万元,拿走了 130 万元,能这么理解吗?

所以这个案件就出现了一个问题,到底能不能构成诈骗罪?

这个时候,我们刑法人如果单纯从刑法的角度上看:有没有造假?有造假。有没有通过造假非法获利?有非法获利。所以赔钱的人跟 J(指行为人)之间完全构成诈骗关系。可是从金融逻辑来讲,那赚了钱的那些人,他们在这个案子中,是犯罪的共犯还是受害人?所以这个案子就出现了刑法逻辑和金融逻辑的对立。

就金融逻辑来讲,赔赚是同一个逻辑。但如果不看赚的只看赔的,那当然可以说这构成一个完整刑法意义上的诈骗——可是金融逻辑上不是这样的。所以这就给我们提出了一个新的挑战：我们研究刑法的人不能只局限于刑法逻辑，还要看金融逻辑。

作为辩护人，我就会在法庭上提问，这个案子中赚钱的人在本案中到底是什么地位？他们获得的钱算赃款吗？如果算赃款，他们和本案的被告人是同案犯吗？如果他们是受害人，他们由于被骗受害而获利了，这个属于什么获利？在刑法逻辑上是否讲得通？所以这个案子大家说能定诈骗罪吗？换句话说，诈骗罪一定有捏造虚假事实，隐瞒事实真相；可是隐瞒事实，捏造真相的，能不能都定诈骗罪呀？不能。所以最后，我们认为这个是非法经营罪。

当你用经营逻辑来说的时候——经营是什么？有亏有赚。亏的是经营中的亏损，赚的是经营中的获利。本案中因为没有真实的金融牌照，所以行为人做的这一切行为是非法的。因为是非法的，所以对于从中赚了钱的人，就可以以不当得利的方式，从民事法庭上把钱要回来；而受损失的一方，则可以定位为非法经营罪的受害人，而不是诈骗罪的受害人。所以当大家用经营逻辑来理解盈亏，就全说通了；但如果用定诈骗罪的逻辑，就无论如何也说不通。

在此，我想说的是，研究金融犯罪一定既要有我们固有的刑法的刑事逻辑，又要有商业的金融逻辑——要两个逻辑一起看，也只有这样才能够奠定我们对于案件的认知基础。

▷ 证券市场中的常见犯罪

有一些金融人，他们非常“聪明”，那么在债券市场中，他们是怎么做的呢？

债券市场分为甲类户、乙类户和丙类户，丙类户就是没有金融牌照的公司。那些丙类户的交易员认为，某只股票还能涨上去，但是碍于没有额度了，于是他就向老板建议，公司有钱，但是没额度，自己朋友在某某银行，银行有额度，公司可以向该银行借额度。这个过程在金融术语里叫代持——在此案例中，是代丙类户持。也就是丙类户把钱转给银行，然后银行根据丙类户指挥来买进卖出股票，最后赚了钱给银行留下代持费，剩下的利润就是丙类户的了。证券公司的老板一想，既然我们有这么多钱，但是已经没有额度了，那这个钱都在我这，也产生不了利润，无法向客户交代。所以，就给10亿元放到银行里代持。

于是丙类户的交易员就指挥对面的银行，以100元买进A股票。过了3

个月,A 股票涨到 110 元了,马上指挥银行把股票以 102 元卖给丙类户。丙类户一方的背后也是由该交易员指挥,就以 102 元买入,此时的市场价格还是 110 元,所以就让丙类户马上再以 110 元卖出。所以 3 个月以后,以 102 元卖出,留了 2 元;其中 0.5 元给代持银行,付了代持费,剩下 1.5 元交给丙类户的领导。领导一看认为每 100 元就有 1.5 元的获利,这就很不错了。而类似这样的操作,因为有 10 亿元在银行代持,所以可以同时操作很多笔,该交易员有的是 3 个月就卖出,有的 5 个月、6 个月再卖出,最后是眼花缭乱。所以,该交易员返回来的钱,丙类户的老板实际上没法一笔一笔地去查。

而该交易员这边,丙类户是听其指挥,每次从银行临时借钱来,再通过一笔买进一笔卖出,就把中间的 8 元(此处不计利息)沉淀在自己手里。这么做的结果,就是同时代持银行和丙类户,然后经过该交易员眼花缭乱地指挥了这么多笔,获利不计其数。

而这样的操作,该交易员根本不认为这是侵占了公司的利益,也不认为这属于职务侵占罪。他还会认为这就是其智力成果,因为如果没有他的这番操作,他的老板连 1.5 元都赚不到。就这样,该交易员半年赚了 5000 万元。而且最后犯罪人不知道自己犯罪,受害人不知道自己受害。像这样的一种金融人犯罪都是不知道自己在犯罪的情况,在当年证券市场非常多。

所以无论将来大家决定从事律师、检察官,还是法官,如果涉及金融犯罪,都必须要深入整个金融的运作细节中去,了解他们的每一个架构。我今天讲得看似很轻松简单,但其实要阅很多卷,最后才有可能抽丝剥茧,才能拎出案件的架构。

▷ 挪用资金背后的金融悖论

我们看金融领域大量的犯罪问题,给我们一个最大的感受是什么?是壁垒,是金融的壁垒。我以前谈,金融人和法律人有什么样的差异,有什么样的区别?

举个通俗的例子,咱们俩是邻居,你们家养了一只鸡,这只鸡两天下 1 个蛋,10 天下 5 个蛋。你因为要出差 10 天,就把鸡拿到我家让我帮你养。然后我就买了精饲料,改善了鸡窝条件,最后这只鸡 1 天就下 1 个蛋,10 天就下了 10 个蛋。10 天以后你回来,我把鸡还给你,我应该还给你几个蛋?金融人说给他 5 个蛋,因为在他们家这只鸡就是两天 1 个蛋,所以 10 天就给 5 个蛋就可以——金融人都这么回答；但是法律人不会这么回答——法律人讲究的是产权、所有权的归属。

所以法律人会说，既然鸡是你的，蛋又是你的鸡下的，所以这10个蛋我都要还给你；同时我还会告诉你，因为我花了多少钱去买的饲料，还付出了怎么样的成本改善，所以才多下了5个鸡蛋。于是你就从公平的角度来讲，将多出的5个鸡蛋作为额外付出的补偿赠与我。这就是法律人和金融人的思考差别。金融人更多的是盈亏概念，少有产权概念。但我们研究法律的人，根深蒂固的就是产权归属的概念。所以我们根本不会认为这是一个争议的问题。金融人与我沟通，他们认为最不能容忍也无法理解的就是专款专用、钱不能动。他们说“金融”的“融”是个动词，它就是个融资、融合，融资就是为了赚钱。所以对他们来讲资金池是很正常的，并且就是要搅动资金池，让资金以最有效率的方式运转起来，这是他们的职业本能。

因此，接下来我要讲到的就是《刑法》中的挪用资金罪(第185条)。

假设：我同时要开展a、b、c三个房地产项目，对于每个项目的投资，比如都是1000万元，项目周期一共3年。第一年，我第一个项目的1000万元全部到账；可是我这个项目第一年只用了400万元，然而此时第二个、第三个项目的钱还没申请来，我不可能等。因为这三个项目我都要做，所以我第一个项目400万元，在今年先用完以后，剩下的600万元肯定分别投到第二个、第三个项目中各300万元，然后各自启动。此时就当然构成挪用：把a项目的600万元挪用给了b项目和c项目各300万元。然后第二年的b项目又到账了1000万元，于是b项目自己留300万元，还给a项目300万元，再匀给c项目400万元。到了第三年，c项目也到账了，也同样如此操作。在金融逻辑上讲，这样做是完全行得通的。而投资的人也是这么考虑的。

当然如果顺利同时推进的话确实没有问题，但是如果到了第三个项目，最后一笔钱来不了，那会导致a项目烂尾、b项目烂尾、c项目也烂尾，于是就出现了“烂尾楼”。而我们刑法人就可以轻而易举地说，此举构成挪用资金罪。你就是因为没有专款专用，没有把给a项目的钱都用在a项目上，不然a项目那座楼不就盖好了吗？这种情况下，我们刑法人要让金融人完全按我们的逻辑走：这边有钱用不掉，那边没钱就空置，就比较困难。这就是一个金融逻辑和刑法逻辑的冲突点。

因此，这也就是为什么我一次次地反复强调我们研究刑法的——尤其是从事金融犯罪研究的人必须要走出去:一方面,我们要跟民商法的人沟通,要有合作;另一方面,我们需要跟其他从事金融研究的人进行程序上的沟通。

结语

作为刑法的“圈内人”,我们其实都是知识结构的近亲——但是我认为,从事法律的人一定要学会提升自身,要走出去,不要只是张口闭口谁的博士、谁的硕士,然后只去探讨“法学流派”内部的差异,或是把自己故步自封在实体法、程序法之中,那就完全限制了自己的能力。

我想,一定要大胆地走出去——只有我们进入一个全新的陌生领域,彻底投身于一个满眼尽是挑战、没有驾轻就熟的陌生世界,才有可能逆风飞扬。未来大家可能从事不同的领域,甚至有可能在同一个案件上遇到——都是同一位老师教出来的学生,彼此之间的差距体现在哪里?恰恰在于法外的知识。所以一定要把自己的眼光放开、把思想放开,在大家研究生期间,绝不要故步自封。

我希望从大家年轻的法律人中筛选出一批对金融犯罪的研究有兴趣的实务界人士,真正走到金融人中去,发现真实金融世界的各种问题,然后进行思想的交换。我希望大家除了精细化、专业化以外,还要走向复合化,我觉得只有这样,才能够培养出一批具有工匠精神兼具复合型思维的法律人。

那些在浪尖上的人,不是他引起的浪,也不是他在对抗浪——他是借了浪的力量,从而站到了浪尖上,这就是专业的力量。我们需要有工匠精神,要把自己的研究深入大海中去,要了解波涛的纹路,掌握潮汐、潮流的变化,当浪来了的时候不被淹死,而是勇立潮头。这是时代对我们的要求——对法律人的要求。我很希望大家在若干年之后,会成为新一代的大国工匠,法律上的匠人——具有正能量匠心的法律人。

关于时代的发展,元宇宙、互联网,所有这些都会把金融、刑法、社会矛盾融合在一起,这是挡不住的趋势。现在时代把大家融合得更紧密。所以,衷心希望大家都成为冲浪人,并最终实现我们法律人共同的愿景——紫气东来,法佑中华。

工伤保险法制之完善

郑尚元

郑尚元

法学博士，清华大学法学院教授，博士生导师，清华大学法学院学术委员会委员。中国社会法研究会副会长，北京市劳动和社会保障法研究会副会长。

出版专著4部：《劳动争议处理程序法的现代化》《工伤保险法律制度研究》《劳动合同法的制度与理念》《社会保险法总论》。个人论文集3部：《劳动法与社会法理论探索》《劳动法和社会保障法前沿问题》《劳动法与社会法专论》。主编教材3部：《劳动法学》《劳动和社会保障法学》《社会保障法》。发表学术论文100余篇。主持国家社科基金、教育部、司法部、人社部、全国总工会、北京哲学社会科学、中国法学会等国家、省部级项目10余项。

本文我会为大家讲解工伤保险法制中存在的一些问题及完善。这个问题涉及民法、行政法、社会法等若干学科,也涉及程序问题,属于交叉性问题。

我所讲授的内容涉及两个部分:第一部分,职业伤害保险法律制度;第二部分,我国现行工伤保险法律体系、制度内容及其漏洞。

▶ 职业伤害保险法律制度

职业伤害保险制度,我国称之为"工伤保险制度",该制度的形成有其相应的历史脉络,先从传统社会的雇佣过程中劳动者的意外伤害讲起:

▷ 传统农业社会中雇佣所生伤害及其特点是:个别与私域

在封建年代雇佣过程中劳动者遭受意外,如身体受到伤害或失去生命,一般以事先约定为依据,同时考虑雇佣规则或雇佣习惯,雇主予以适当赔偿即可;同时,劳动者发生意外的情形是否与雇主的直接指挥命令有关,关系到雇主的责任大小。民事雇佣习惯在其中发挥重要作用。在侵权法引入中国之前,民事雇佣习惯和规则扮演了重要的角色。

▷ 工业社会形成以后,资本主义雇佣、机器生产与职业伤害的扩大化

18~19世纪西方工业文明的兴盛:机器、电力的发明,使资本主义雇佣社会形成。工业文明产生以后,事故就频繁地发生,直至今天这个问题仍然存在,只不过是现在事故预防的手段越来越高明,事故发生率在不断下降。工业文明产生后还引发了一类新的疾病,就是职业病。

机器生产与雇佣劳动发生意外有以下几个特点,我归纳为:

第一,加害的间接性。比如劳动者因为机器生产而死亡或者受伤,这就是加害具有间接性。所以在工业革命初期,甚至出现了劳动者埋怨机器、破坏机器的情况,这是劳动者的本能。

第二,机器的自动性、智能性。机器智能性越高,人类受到的福利和危害会同时越来越大。比如机器人未来能够发展成什么样子、发展到哪一步,其带来的危害及好处肯定同时存在。

第三,资本主义雇佣的社会性与劳动者退无可退的特点。劳动者是职业劳动者,除了出卖自己的劳动力之外,没有其他地方和方式去获取自己生存的机会,所以其和机器紧密地绑定在一起,只能受雇。

第四,这种损害的深刻性及其危害的社会性。一个人的受害会使整个家庭甚至亲朋好友也受到牵连。

第五,加害主体具有虚拟化和人格抽象的特点,虚拟是指把雇主拟定为侵权主体。另外,随着公司制度的发展,雇主的人格越来越抽象、公司机构越来越庞杂,也会使虚拟化和抽象的特点越发突出,使劳动者与机构越来越复杂的大公司打官司的难度与日俱增。机器生产和雇佣劳动发生意外具有上述这些特点,归纳不一定准确,大家可以从其中继续思考相关问题。

▷ 近现代社会职业伤害权利救济的规则演变:由私法向社会法的转变与过渡

我们都说传统农业社会中,民法调整雇佣关系。我国产业发展相对落后,到19世纪下半叶洋务运动才开启近代工业。但是,洋务运动的工业并没有缔造出中国的现代产业,没有缔造出现代产业社会的产业雇佣。20世纪初,我国才逐渐有了真正意义上的工人、劳动者。我国早期的劳动者在工厂中遭受意外,就是适用传统民法:一个是契约约定意外由劳动者本人负担风险,另一个是依据过错责任原则分担责任。

过错责任原则曾经发挥了很大的作用,劳动者受伤以后,须承担相应的举证责任,证明劳动中受害自己没有过错,同时须举证雇主存在相应的过错等,否则便无法获得赔偿。我们都知道,这个过程比较艰难,实施起来难度也非常大,尤其从举证责任的这个角度来说,劳动者举证能力非常有限。大多数情形下,劳动者的诉讼是以败诉终局的。

相对而言,无过错责任原则的推行,使雇主承担了更多的责任,劳动者获得赔偿的概率增大。从传统民法到劳动法,最后到社会保障法,是法律制度一次次的突破和超越。无过错责任原则的推行增大了劳动者获得赔偿的概率,但是,它还是一种民事责任形式,仍然在雇主与劳动者之间进行博弈,雇主承担责任依赖其责任能力。

民事责任最后都要落到责任能力问题上来。现在社会上有一种风气,就是一部分人欠债越多,越成了主人,他们的心态是:“反正我没钱,又能怎么样?虽然我欠了你钱,但我没有钱还你,又当如何?”在承担责任问题上,如果雇主就是没有钱赔偿,那这样一来所有问题都成了死结。

无论是适用过错责任原则,还是适用无过错责任,雇主没钱赔偿会使所有法律规则的适用都没有价值。比如雇主经营一个小工厂,只雇佣二十几个人,一年小本小利挣不了多少钱,如果一次死亡了10个工人,法院判赔多少都可以,该怎么判怎么判,因为雇主会秉持“我就没有钱”的态度。所以无过错责任原则的一个弊端就是只要没有责任能力,最后就会变成死结,走入死胡同,问题无法得到解决。

19世纪80年代,德国人把这个领域的纠结引入社会保障领域,建立职业伤害保险制度,通过这种形式来化解这个问题,也即使劳动者最终能拿到钱。这就是现代工伤保险制度建立的起源点,德国社会保险立法将该问题的解决,使该问题由私法跨越到社会法领域。

那么,工伤保险在职业伤害救济方面与传统法律相比较,它有哪些优越性呢?

第一,克服了民事责任及在劳雇双方间博弈的局限——劳动者与雇佣方之间进行“死磕”。我们知道在这种“死磕”的情况下,有的能磕出来个名堂,有的就磕不出个名堂:明知雇主没有钱,官司胜诉了又当如何?这种问题难以解决便成了相应的社会问题,社会法就绕开了此等难题,寻找到其他能走得通的路。

第二,降低了诉讼对抗。诉讼肯定是一方胜诉一方败诉的情况,如果劳动者败诉,那不仅输了官司,身体还受到了伤害,甚至命都没了,这场官司相当于白打,伤害之上又加伤害。

第三,克服了赔偿数额的局限。大家都知道民事赔偿判决最后总归要有一个确定金额的赔偿,无论数额多少,都是一个定量的赔偿。但是劳动者的身体受到损害,甚至留有后遗症,后续需要继续医疗,定量赔偿难以满足后续需求的问题,民事赔偿是解决不了的。比如一个人罹患职业病,他后期治病需要不少医药费,但没有收入,如果法院判决的赔偿是一个定量,那很难满足后续的需求。

第四,克服了时空局限,生存依赖获得了保障。劳动者因工伤丧失劳动能力或失去生命,家庭便失去了收入,民事定额赔偿并不能解决收入替代问题。什么叫时空的局限?因事故死亡的人,留下的孤儿寡母,他们以后的日子还很长,民事定额赔偿无法克服通货膨胀和时空局限。比如1995年,每次矿难时死亡的人赔偿20万元左右;从1995年到现在,28年过去了,这20万元能解决什么问题?所以说,定额赔偿在时空面前就显得没有多大价值。而工亡津贴、伤残(重度)津贴会随着时间的推移不断增加,工伤社会保险补偿使当事人不会为时代所遗弃。

第五,降低了劳雇双方的风险,使劳动者安定、企业静心、社会稳定。社会法领域,劳雇双方的风险都化解了。为什么要创立工伤保险制度?虽然是社会保险,但它也是保险,它不是保一方的险,而是保多方的险。首先,劳动者的风险得以化解,劳动者得以安定。其次,企业可以静心经营,例如有的小企业在没有工伤保险时出了事就要倒闭,现在就可以因为工伤保险分担而存活下来。最后,工伤保险也能够使社会更加稳定。俾斯麦在创建这个制度时,当时劳雇关系紧张,尤其是群死群伤的工伤事故发生之后,家属无法接受,带来许多不稳定因素,甚至要爆发革命。所以从这个角度说,工伤保险制度在一定程度上也保证了社会的稳定性。

由全社会的企业分担事故企业赔偿风险,将一个点上的问题化成面,那么所有问题都不再是问题。举一个最简单的例子,如果全国人民给你一分钱,那你绝不会是一个缺钱的人了;但是如果一分钱掉在地上,从当今社会来说,恐怕没有人会去捡。这就是要从民法到社会法路径转变的原因。

第六,有机组合了事故预防与职业康复。在传统私法中根本就没有这两个问题。当雇主赔偿后,劳动者的身体是否康复,能否康复,能否依靠身体技能再次回归社会与雇主没有一点关系。那么,从人的全面发展或者从人权保障的高度来看,社会法不仅全面关注了基本生存的保障,还关注工伤后劳动者能够回归社会、再融入社会。受工伤后的劳动者怎么能再融入社会,再重新回归社会,就需要职业康复。这是传统私法根本无法面对的问题。

▷ 德国职业伤害保险制度的建立及其特色、东亚国家和地区劳动者职业伤害的权利救济体系

第一,德国职业伤害保险制度的建立以及特色。德国职业伤害保险制度的建立是在19世纪80年代。德国社会保险首先从劳动者的疾病和职业伤害这两项开始,最早应对的是劳动者在劳动过程中身体受了伤害或者工亡以后如何处理的问题,所以德国1880年起草了这部法律草案,但是该草案并没有成为第一部社会保险法。而第一部颁布出来的、全世界最早的社会保险法律,是

1883年颁布的《疾病保险法》。1884年《劳工事故(工伤)保险法》颁布。

当时德国颁布的有关社会保险的几部法律,包括疾病保险、职业伤害保险、老年及残疾人年金保险,这三项保险被学界定义为“黄金诏书”。大家怎么理解这个称谓呢?

从我个人理解来看,黄金就是钱,实际上就是给老百姓发钱,这几部法律颁布后,许多社会问题得以化解。德国首次把传统私法上的纠结、把个别的问题转换到社会上来,创立了由社会来分担风险、由全社会来解决社会难题的路径。

大家可能会问,为什么德国要做这个工作呢?因为德国是后进的资本主义国家,在19世纪中叶落后于英国与法国,但是它后劲十足、后来居上,工业发展得很快,同时德国早期发展的工业偏向重工业,而重工业有一个鲜明的特征就是容易发生事故伤害。通过观察可以发现,在办公室工作的事故相对来说要少得多,后面我们还会讲到职业伤害保险的类别里,有的公司或企业保险费率比较低一些,有的行业保险费率高一些,就是这个原因。显而易见,采矿、汽车运输、机械制造、化工这些行业危险系数大,这些重工业导致德国工业事故频发,此类社会问题较为突出。

同时,需要指出的是,德国也是社会主义思潮泛起较早的国家之一,社会主义思潮对工伤保险法制的形成具有很大影响。德国职业伤害保险制度建立以后,由雇主缴纳保险费,劳动者不缴纳保险费,而雇主不再承担赔偿责任,这样一来就避免了诉讼。雇主因为缴纳了保险费,一旦劳动者被机器砸伤或者从脚手架上掉下来受伤,便可以按照职业伤害保险申请保险给付。就如同我们现在的机动车交通事故责任强制保险(以下简称交强险)一样,一旦发生事故,不用与对方较劲而可以通过保险进行赔付,其具有很强的诉讼阻断功能。

德国采取的保险给付替代赔偿比较彻底。我在这里补充一下,大家应当明确的是,社会保险是一种福利,它不像商业保险是有对价的、由合同关系形成的。社会保险作为一种福利,赔偿的比例、补偿的比例、保险给付的比例越高,把这些劳动者安顿得越好,说明福利越高。也就是说,保险给付替代率越高,也就能说明这个社会越发达。另外,规定了严格的纳保制度。就参加工伤保险而言,雇主并没有选择权,如果雇主不参加这个保险,即便没有发生事故,本身也属于刑事犯罪。

德国实行行业差别费率和浮动费率。什么是行业差别费率呢?就如我们刚才所说,煤炭采掘、化工、机械制造、交通运输这些危险性行业,保险费率要高,交得钱要多,这些保险费摊入、并入了产品的成本,实际上最终也是由全社会买单。什么是浮动费率呢?举个例子,我们开车如果经常出事故,那么第二年的保险费就会增加;如果连续几年没有事故,那么再交保险费就会有一定折扣。工伤保险也是这样,如果一个行业或单位,事故频发,那第二年的保险费率就会提高,这也具有惩罚性。同时,德国严格执行事故预防、工伤补偿和职业康复三位一体。

另外,德国还有一个社会治理的特征就是行业自治。社会保险法主体是由国家授权的独立组织,属于垄断性质,比如我们的社会保险局在特定地区是唯一的,只能由国家授权。而德国,每个行业都有自己的协会,实际上就是由这些行业协会来治理。由行业统一收钱、统一给付,但给付标准是由国家来制定的;同时行业也进行事故控制,若是哪个企业事故出得比较多,就要受到相应的处罚。由此,德国把整个保险体制引入了规范之中。

德国的职业康复事业非常发达,发达到什么程度呢?发达到它牵涉着另一个产业的兴起,那就是残疾人设备、设施、器具制造。到德国可以发现,他们的轮椅、假肢等康复设备质量都是世界一流。这个环节保障了劳动者获得的不只是补偿,更是整个国家对受伤后劳动者回归职业岗位和融入社会的保障。有的人可能会说,我们目前根本不需要考虑这么多问题,我们能拿到点儿钱就可以,但是我想,法制建设应当要以建立一个更理想的社会为目标。不能只看眼前,也要看长远。

我们要学会换位思考,自己是雇主的时候,要考虑劳动者;自己是劳动者的时候,要考虑雇主,应当从两方面去思考问题。由于工伤事故失去一条腿的人,他要怎么去面对接下来的生活、面对社会,就算给了他一些钱保障生活,但是他也有上班的需求。上班、劳动、有工作是人的重要需求之一,如果一个人有钱但没有工作,从人的发展角度而言是有缺陷的。所以德国人把这种回归职业岗位和融入社会作为职业伤害保险制度中一个很重要的范畴,因职业伤害残障者并没有被社会丢弃,德国社会给予了他们高度的人文主义关怀。

最后,德国创造了一套独特的司法体系,其法院是按照专业类别设置的,涉及我们这个领域的是社会法院,它主要受理有关社会福利给付方面的案件。

第二,以日本为代表的东亚国家和地区的劳动者职业伤害的权利救济体系。在1947年,日本颁布了职业灾害保险制度领域的第一部法律,即《劳动者灾害补偿保险法》,在1973年又增加了通勤灾害补偿,将上下班途中发生的事故伤害列为职业伤害。日本采取的是不完全保险,国家保险给付并不完全替代雇主赔偿,雇主还有赔偿责任的问题。等于说将民事赔偿、工伤补偿、残疾支援各个方面综合起来为劳动者提供保障。我认为日本虽然是发达国家,但它的社会保障理念还没有融入整个国家福利体系中。另外,日本把过劳及过劳自杀纳入工伤(劳灾)补偿体系之中,这一点颇有东亚国家的特点。

法律制度的建构需要考虑到国情和一个地区的风俗习惯以及社会形态。东亚人口密集,生活压力大,“内卷”得比较厉害,不仅日本如此,韩国也是如此。在这种高强度、强压力、社会内卷严重的情况下,肯定会有过劳的情形发生。所以日本法把这种过劳和过劳自杀纳入工伤保险法律的体系之中,而许多国家没有将过劳,尤其是过劳自杀纳入工伤保险体制内。

我认为,我们国家相关法制未来是需要考虑这种情形的——将过劳及过劳自杀考虑为工伤的法定范围。我注意到,有一位23岁的女性工作人员由于加班猝死,这反映出,这种事情在我们现实生活中已经出现了。白领工作强度已经越来越大。

▷ 我国工伤保险制度的演变

1951年,在周恩来总理的关怀下,《劳动保险条例》(已修订)出台,确定了新中国有疾病、工伤、养老、死亡、生育保险待遇。死亡虽然不是一个保险种类,但仍属于给付范畴。

《劳动保险条例》规定,凡是雇佣100人以上的企业,必须缴纳保险金,形成保险基金,由全国总工会及其他的各级工会经办劳动保险,也就是缴纳上来的保险费全部进入这个账户。另外,职业康复由各级工会来举办,其实,现在还有一些工会附属机构仍然存在,作为职工福利的一个组成部分。各地的工人疗养院,就是为罹患职业病或者身体需要康复的劳动者设立的专门康复单位,尤其是在“大厂”“大矿”存在的年代,比如“大庆油田”“鞍钢”,都设立有自己的疗养院。另外,相关争议只能申请复查与复审,没有相关法律救济程序。

1969年后,有关劳保费用直接摊入产品成本,劳动者的劳动保险由企业直接发放,劳动保险制度实质上不存在了。那时候,企业里的劳动者受伤以后,企业要补助,而当时企业与国家财政联系非常紧密,只要国家有钱,工人就会有钱,也就没有发生过任何工伤职工没有得到相关待遇的问题。1970年至

1984年的十几年间,某种程度上劳动者的待遇是提高了,但社会效益却被损伤了。个别企业出现了假工伤人员,甚至产生部分“吃劳保”“泡病号”的情形,必然损伤社会效益。这段时间的劳动待遇并不具备可复制性,放至今日更是没有可能,因此还是应当走社会保险的道路。

1984年以后,我们国家在国营企业实行大规模的社会化或者市场化改造,1984年10月,十二届三中全会召开,国营企业要进行大规模市场化改造,那就是城市经济体制改革,要实行国家所有权和企业经营权的两权分离,企业要成为独立的企业。首先是基层,在北方市县两级的国营企业改造过程,国企几乎全部私有化或者直接倒闭,原来单位的工伤职工叫“老工伤”,待遇在当时或者停发或者缓发。另外,困难企业、倒闭企业、已经被收购的国营企业,其职工的申诉和上访事件在1985年以后一直持续到社会保险制度重建,也就是20世纪90年代末,情形才有所好转。

到2014年,国家财政拨付了专款,把“老工伤”职工问题全部解决,相当于国家拿出一笔钱,填补他们曾经没有缴纳的养老保险、工伤保险的费用,把他们纳入社会保险体系中来。至于那段时间的法律救济,没钱倒闭的企业太多,官司也太多,后来也没了下文。

我们国家的工伤保险制度重建始于20世纪80年代末90年代初。最先行试点的是江西省九江市和江苏省镇江市这两个工业相对发达的城市。试点以后发现实行工伤社会保险是成功的,也就是说,所有企业都要分担这些发生工伤事故和患职业病的企业的风险和职工的风险。1996年,原劳动部颁布了《企业职工工伤保险试行办法》,2003年,国务院出台了《工伤保险条例》,由此,工伤保险开始步入法制化轨道。

我们现在的相关法制依然适用这个条例,该条例在2010年修订了一次。在所有的社会保险体系中,工伤保险是最活跃的,在这一领域颁布的法律、法规以及最高人民法院的相关规定是最多的。就好像中国证券监督管理委员会颁布的那些条条框框,虽然多,但也证明了它是活的法律,工伤保险同样如此,它是所有社会保险里规定最多的一个领域。

我国台湾地区劳动者职业伤害赔偿、补偿制度非常复杂。按照学界的归纳,这个制度有点叠床架屋,制度设计非常复杂,体系也很庞大,甚至有点凌乱。例如:第一,“劳动基准法”第七章“职业灾害补偿”,相当于雇主强制责任,最高是40个月工资一次性补偿。第二,“劳工保险条例”之保险给付,含失能给付、死亡给付和职业灾害医疗给付，这是保险规则。第三，新近颁布的“职业灾害劳工保护法”，相当于我国大陆未参保人员额外补助法，就是没有参加保险的劳动者一旦发生灾害，它可以予以一定补助。

▶ 我国现行工伤保险法律体系、制度内容及其漏洞

在这一部分中，我将重点讲解七个方面的内容：第一，目前我国颁布的有关工伤保险法律法规、规章和相关的规定。第二，介绍《工伤保险条例》的基本内容及工伤保险法律之制度支撑。《工伤保险条例》规定的基本制度包含总则、工伤保险基金、工伤认定、劳动能力鉴定、工伤保险待遇、监督管理、法律责任和附则。第三，介绍费率和基金问题。如果无法累积相应的保险基金，那么所有保险给付都无法展开，这是社会生活中一个基本无法避开的问题。第四，工伤认定及其制度漏洞。第五，劳动能力鉴定制度价值及其匡正。第六，保险给付问题，我们现在称之为保险待遇。第七，工伤预防和职业康复。

▷ 目前我国已经颁行的有关工伤保险的法律、法规、规章及规定

现在颁行的法律法规包括：(1)《社会保险法》(2018 年修正)第四章是工伤保险；(2)《工伤保险条例》(2010 年修订)；(3)《社会保险费征缴暂行条例》；(4)《部分行业企业工伤保险费缴纳办法》(2010 年公布)；(5)《工伤认定办法》(2010 年修订)；(6)《工伤职工劳动能力鉴定管理办法》(2018 年修订)；(7)《劳动能力鉴定职工工伤与职业病致残等级》(GB/T 16180—2014)；(8)《因工死亡职工供养亲属范围规定》(2003 年公布)；(9)《非法用工单位伤亡人员一次性赔偿办法》(2010 年修订)；(10)《社会保险基金先行支付暂行办法》(2018 年修订)；(11)《工伤保险辅助器具配置管理办法》(2018 年修订)；(12)《职业病防治法》(2018 年修正)；(13)《尘肺病防治条例》(1987 年公布)；(14)《职业病诊断与鉴定管理办法》(2021 年公布)；(15)最高人民法院《关于审理工伤保险行政案件若干问题的规定》等。上述法律法规并不是全部，相关的法律法规规范还很多，如《安全生产法》、《劳动合同法》、《劳动法》、国务院《关于职工工作时间的规定》等。

可以看出，这个领域颁布的法律规范还是很多的，因为每一个部门法的制度完善都需要很多的法律规范。如果我们国家把上述这些法律规范的条文累

积到一起,那也就相当于一部法典。事实上,上述工伤保险法律规范规定的内容尚存在缺漏和空白,即使这样,法律规范的内容也够庞杂。

《工伤保险条例》规定的内容——工伤保险运行的基本制度

其内容分了八章:第一章,总则;第二章,工伤保险基金;第三章,工伤认定:第四章,劳动能力鉴定;第五章,工伤保险待遇;第六章,监督管理;第七章,法律责任;第八章,附则。共67个条文,每个条文所涵盖的文字数量和包含的内容都非常多。

比如工伤认定有关工伤范围的规定,《工伤保险条例》第14条,里面就包含了七大事项,内容很多,这一条规定的法律适用就可以转换成为"工伤认定办法"——成为一个单独的部门行政规章,可见其复杂程度。

我在这里要补充一句,一个社会要形成法治社会,远远不是法官懂法、律师懂法就足够的;而是需要全社会所有人懂法,尤其是领导要懂法,有法治意识,才是法治社会。工伤保险作为社会保险制度中的一项,它的制度运行依赖于法制的完善与成熟,如果法律条文规定得粗糙,或者说相关内容没有法律规定,这样在保险行政运作上,如工伤认定、劳动能力鉴定就可能增加相应的随意性,增加人为因素;制度的执行就可能忽左忽右,而执行法律的官员就可能增加官僚主义风险。

所以,从这一点来看,社会保险作为社会法上一个分支,其内容也是十分繁杂的,如同在医学领域,规模越大的医院,分的科室就越多。比如社会保险中,有养老、医疗,医疗保险运转起来的法律规范比我们今天所讲的工伤保险还要复杂,因为医院也作为法律关系的一方主体而进入。社会保险中蕴含了保险原理,不是行政直接进入,法律关系的主体变得更加多元化。这就是工伤保险会颁布这么多的条条框框的原因。

一个国家的法典制定得越细腻,越能够说明社会的文明与进步。法制的复杂与精细,是法律制度运行的依赖,大陆法系之成文法国家需要精细、科学、复杂的法律规定,只有如此,法律的适用才不致成为人为左右的摆设。事实上,英美法系之判例法国家中,其制定法一样精细,例如密歇根州的《工人补偿法》,从其内容和体例上看,更像一部工伤保险法典,内容太多了。

工伤保险基金的来源

其实在私法里也是钱的问题,如果雇主赔偿可以达到要多少赔多少的程度,那这个问题就不存在了,也没有论证的必要。就是因为钱解决不了,才转入社会来解决。因此首先要解决基金的来源问题,工伤保险基金来源于用人单位的保费缴纳,工伤保险的费率不像养老保险是个固定的费率,它实行的是行业差别费率。

为什么要考虑行业的差别费率呢?就是依照企业经营风险类别,风险越大,缴费越多。这个差别费率的意义最主要体现在,让那些风险大的行业将成本分摊,由全社会分担。比如煤炭采掘比较危险,工伤保险费率高,保险缴费成本可以摊到煤价中,煤价最后转入我们的电价,我们的电价里边就含有煤的价格,就转变为由全社会分摊它的风险。另外,用人单位缴费、个人不缴费,工伤保险个人不缴费实质上是雇主责任的转换。

工伤保险基金支出的范围包括三大项:第一大项是工伤补偿,直白说就是要给受伤的劳动者发钱,无论是一次性的还是继续性的,都要补偿。第二大项是工伤预防,就如同即使我们缴纳了交强险,但依然要宣扬安全驾驶减少事故,道理都是一样的,因为涉及人的生命安全和健康的问题。第三大项就是职业康复,职业康复支出的钱也不少,因为这是后续性的,受伤的劳动者去了康复疗养院要恢复机能、要换假肢、要治病,这些费用支出是很高的。所以,缴费的用人单位越多,缴费基数越大,基金给付能力越强,因事故伤亡的劳动者得到的救济安全性越高。

我国没有浮动费率,等于说没有这个透过保险缴费而实施奖惩制度,在这点来说,我认为可能是由于这个制度实施以后的行政成本会提高。大家想一想,为什么商业保险可以用浮动费率呢,比如交强险,各保险公司间是竞争关系,因为有很多的保险公司,比如太平洋保险、平安保险等,各大保险公司都在承办交强险,需要争夺这块业务,所以他们经办的水平就提高了,能够实行这个浮动费率制度。另外他们的信息化程度也比行政部门运作的社会保险要好,因为现在社会保险偏垄断性,垄断就会产生比较大的惰性,甚至是官僚主义,但是绝不能因为这些瑕疵而说这个制度不好。未来时机成熟后,可以考虑设定相应与事故发生率挂钩的浮动费率制度。

▷ 工伤认定的实体与程序

我国工伤保险确定了以下这些范围,等于说,将侵权责任法上侵权行为的判断之过错认定,即有没有故意或过失转化成一个较为客观的内容:

第一，在工作时间、工作场所内，因工作原因受到事故伤害，就是所谓“三工”问题，这就属于是最典型的工伤。在有些国家，并不需要“三工”，只要这个受伤与工作有关就可以作出工伤认定。我们目前并未按这样的路径展开，仍需要全部定性，所以有的人在工作时间以外发生了伤害就比较麻烦。比如前几年有个案件，一个中学老师回家晚上加班，回家判考试卷判到晚上十点半，判卷过程中死亡，就没法认定因工死亡（以下简称工亡），主要焦点在于不在工作地点也不是工作时间。

第二，工作时间前后在工作场所内，从事与工作有关的预备性或者收尾性工作受到事故伤害的。这是作了扩大解释，比如某人上班打开水跌倒，导致烫伤或者摔断胳膊，属于工伤范围。

第三，在工作时间和工作场所内，因履行工作职责受到暴力等意外伤害。举一个最简单例子是保安被人打了，这种情况下保安维护单位秩序受伤属于工伤。

第四，罹患职业病。职业病认定是最麻烦的，因为它不是我们普通人能够判断的，需要借助医学、医生的诊断行为才能实现，所以对职业病认定的程序和实体都明显复杂得多。

第五，因工外出期间，由于工作原因受到伤害或者发生事故下落不明的。发生事故下落不明情况比较好界定，但“由于工作原因”在实践中有时候会有些界定不清，实际上官方作扩大解释，当然也有排除的情形。例如，当事人在出差过程中死亡，但是他死在 KTV 包房里，所以最后相关机构没认定他是工亡，反而认为这是与工作没有任何关系的；再如，有个别人因应酬、交际喝酒而死亡，最后认定了工亡。在喝酒而亡的工伤认定案件中，出现了不同的认定结果，有的认定为工亡，有的则不予认定为工亡，这与工作是否有关至关重要。

第六，在上下班途中，受到非本人主要责任的交通事故或者城市轨道交通、客运轮渡、火车事故伤害的。按照现行规定，自己骑车摔倒、骑车撞到树上、掉到坑里都不能认定工伤。这类上下班途中的发生的事故本来与工作有关，但现在规定就是如此——不属于工伤认定的范围。

还有几项视同工伤的情形，非常值得商榷：

第一，在工作时间和工作岗位，突发疾病死亡或者在 48 小时之内经抢救无效死亡的。这一条颇受诟病。比如突发疾病，在单位突发疾病死亡而且在工作时间，那没什么异议；但如果是在单位感觉不舒服回家，然后突发疾病去世了,则不属于工亡,也不再查证突发疾病的原因。还有就是48小时的问题,如果在单位发病,但没有到医院抢救,而是直接回家,即使是48个小时之内死亡也不认定;再就是48小时内抢救无效死亡认定为工亡,而由于工作原因在工作岗位上突发疾病抢救了49小时,最后抢救无效而亡但不认定工亡,显然不合理。

现实生活中,已经存在个别违背医学伦理的“拔针”现象,即医生告诉家属抢救过来也是植物人,家属放弃抢救而在48小时前“死亡”的道德危机事件。总而言之,这一项制度的规定是没经过太多推敲的。所以现实中的好多案例会直接挑战我们法律的权威,但是目前就是这么规定的。在法律适用环节,无论是法官也好,或者仲裁机构也好,总是要从规定的角度来理解。

第二,这一项将“视同工伤”作扩大解释,就是在抢险救灾等维护国家利益、公共利益活动中受到伤害的。其实我个人认为,抢险救灾如果与工作无关,那么和见义勇为一样,都应当纳入另一个社会保障体系——社会补偿中去。这种情况,国家应该设立相应社会补偿基金,安顿其家人。因为见义勇为这种美德是社会所需要的,也符合我们的传统道德,如果老太太跌倒都不敢扶,如果有人溺水但岸边无人施救,那这个社会将会走向冷漠,而一个冷漠的社会的法治是难以建成的。

第三,职工原在军队服役,因战、因公负伤致残,已取得革命伤残军人证,到用人单位后旧伤复发的。

除上述工伤范围的规定和视同工伤的法定情形外,还有几项完全排除工伤认定的事项:

第一,故意犯罪。在工作场所故意犯罪的,无论什么情形都不认定工伤。但是提醒大家,过失犯罪是可以认定工伤和工亡的。因为过失犯罪有的时候是事故犯罪,比如一个开特种设备的人,不小心导致了重大事故,那他是要受到刑事处罚的,但是他本人也受伤或者死亡,那么他的家属有权申请工伤或工亡补偿。所以故意犯罪排除,过失犯罪不排除。

第二,醉酒或者吸毒的。按照我们相关法律的规定,饮酒驾车不一定会承担刑事责任,但是醉酒驾车是一定要承担刑事责任的,有关饮酒驾车导致交通事故受害的,工伤认定的结果不一,可见其规定并不符合实际。吸毒是绝对不认定的。

第三,这一项是最受人诟病的,即自残或自杀排除工伤认定的规定。“富士康跳楼事件”中,刚开始,第一起、第二起跳楼事件发生时,未引起社会关注,而且富士康发声称,只是个人行为,后来接连发生十几起跳楼事件,公众才发现这个事件并不简单。国家公权力介入后,最后发现这就是过劳自杀。这种过劳不是生理过劳,而是心理过劳,也就是抑郁。劳动强度过大或者劳动时长过长,累到人的身体机能受不了,属于生理过劳。心理过劳在当代社会越来越多。

用人单位有相应的职责,每个单位中都存在竞争,那必然会出现各种各样的问题,如领导和下属的关系不睦、女性受到职场性骚扰、收入分配不公平等,都有可能引发心理负担而导致心理过劳。一旦出现问题则需要采取各种办法来疏解,甚至是法律救济的办法来解决,而不应熟视无睹。因此,在早期干预,预防心理过劳、预防过劳自杀事件发生的同时,应当从立法上将心理过劳、过劳自杀纳入工伤的范围。

在工伤认定过程中,除了实体法之外,还有大量的程序法的问题。目前,工伤认定和其他行政领域的行政决定一样,工伤认定属于特别行政法上的专业认定,尤其是职业病的认定,没有专业便无科学的认定结果。在一般行政法上,如果认为行政决定不当,可以进行行政复议或提起行政诉讼,对于行政人员并无特殊专业要求;而特别行政法上的专业认定,就要求认定人员在专业认定方面具备专业知识。同时,也需要法定的合理程序。行政本身需要效率,但效率之外还应该有公平。

目前我国的工伤认定,是一种审批制度:当事人将申请认定材料提交,等待认定结果。我们知道,诉讼程序需要抗辩,采取当事人主义,当事人要出庭应诉,双方要质证、要对抗,法官才能作出裁决。现在工伤认定是把材料交上去,然后由认定人员根据这些材料决定是否为工伤,这种制度我个人认为是欠妥的,尤其是目前普遍存在用人单位、劳动者对认定工伤认识上存在分歧的情形。如果当事人不出庭,没有对抗与质证,认定结果是否公平、是否科学颇受质疑。

当然,工伤认定属于行政性专业认定,但是,不能因追求效率而完全放弃程序正义。我们认为,即使是工伤认定人员作出认定,也应让用人单位和劳动者陈述事实和理由,而不是认定人员只看生硬的文字,而后作出决定。我们的工伤认定会经常发生行政认定和法院审判之间的冲突。比如行政认定不属于工亡,法院判决行政认定错误,但不产生判决结果成为工伤认定的直接效果,是否属于工伤依然需要由行政机关重新认定，法院的判决并不是终局。所以在这个领域，我认为矫正的空间还很大。

▷ 劳动能力鉴定

我们侵权责任法中有一个环节，就是劳动者需进行伤情鉴定以认定赔偿数额。轻伤赔偿数额较小，重伤赔偿数额较大。劳动能力鉴定将侵权责任法上的伤情鉴定替代为更为客观、更为标准化的劳动能力鉴定，其中包含两个因素：一个是伤残等级鉴定，另一个是劳动能力丧失程度鉴定。两者有机结合在一起，统一称“劳动能力鉴定”。

劳动能力鉴定又叫失能鉴定，是工作能力丧失程度的一个鉴定，它是医学等级和劳动能力丧失程度的有机整合，与侵权责任法上的伤情鉴定并不完全一致，并非医学上的重伤就一定会对应完全丧失劳动能力的程度。例如，如果耳朵掉了半只，那按照我们日常来看属于毁容，如果在一般的医学伤情鉴定中肯定是重伤，而在劳动过程中受到事故伤害，掉了半只耳朵，那可能不一定鉴定为严重丧失劳动能力的等级，因为不妨碍这个人的工作。所以在这个环节上，具有极强的专业性，也是由专门的人负责鉴定。目前我们国家劳动能力鉴定专业人才是比较稀缺的。这个机构实行委员会制，由行政官员和专业人员共同形成劳动能力鉴定委员会并讨论形成结论，最后盖的是劳动能力鉴定委员会的章。

目前，劳动能力鉴定，除工亡外，工伤等级鉴定共分为十个等级，最重的是一级，最轻的是十级。十级这种情况多数是不妨碍工作和生活的，多为一次性给付，类似于民事赔偿；重伤的情况，比如彻底丧失劳动能力、瘫痪，那就会产生较高保险给付。劳动能力鉴定委员会由人力资源和社会保障部门、工会组织、卫生计生行政部门、社保经办机构及用人单位组成，该委员会我认为应当更加采信医学专家的意见，因为他们才是专业的人才。完善劳动能力鉴定制度，是科学、合理确定补偿标准的前提。

▷ 工伤保险待遇——工伤保险给付标准

这个保险给付其中既有经济上的，又有非经济上的，包括医疗及救治待遇（医药费报销、住院、伙食补助、交通费用等）、停工留薪期（实质为雇主强制责任）、矫形器具费用支出待遇、护理费、一次性伤残补助金，这些相对来说还是轻伤需要负担的。另外就是工亡津贴、长期伤残津贴,一至四级由工伤保险基金负担,五至六级转为雇主强制义务。

为什么社会上有时候说我们是半保险制度呢?就是因为有些待遇还是由雇主来负担的。工亡是最严重的工伤情形,有工亡丧葬补助,大概是 6 个月本人的工资;供养亲属抚恤金,以解决留下来的孤儿寡母的问题,叫作工亡津贴;一次性工亡补助金标准为上一年度全国城镇居民人均可支配收入的 20 倍,这个数额年年在变,因为我们的工资标准在不断提高。我印象中,截至 2022 年,工亡职工的一次性补偿,已经到了将近 90 万元,这还不包括其家属后续的生活保障——供养亲属的工亡津贴。对比来看,如果依私法上来打官司,尤其是落后地区,一次性赔偿可能都无法达到这个数额。

工伤保险待遇的性质,就是损失填补与收入替代。所谓的损失填补,更多的是医疗和康复费用支出的填补。即矫正或医疗有多大损失就补多大损失,比如治病花了 50 万元,那就补偿 50 万元,工伤治疗、康复费用实行报销制,属于规定范围的医疗支出由基金予以报销。所谓的收入替代,因为一个人健全的时候,他有工资、其他劳动报酬,现在受伤了,没办法像原来一样工作,则需要相应替代性收入,用工伤保险待遇替代他现实中的劳动收入。

目前存在的问题就是一次性工亡补助金给付金额过高,有点类似于一次性赔偿滑向侵权损害赔偿模式。从损失填补和收入替代理论分析,工亡职工的家属更关注的是长期性的工亡津贴,尤其是孤儿寡母无依无靠,更关注日后生活的持续和保障。长期性工亡津贴属于社会保障范畴,并随着社会的发展而发展,标准会随着工资、养老金等收入类标准提高而提高。比如工亡的职工在职时一个月赚 6000 元,转换替代率如果能达到 70%,他的遗属每个月能领取 4000 多元,同时随着社会工资的提高,这个基数也随之提高,如同养老金的上涨一样,那么遗属的生活也不会受到过多的影响。

所以如果一次性工亡补助金过多,势必会挤占工伤保险基金,影响长期性工亡津贴的发放与上涨。因为工伤保险基金是定量的,这一部分支出过多,其他部分资金的发放就不再充裕。从这个角度来说,保险给付应该合理化。另外,我们目前保险给付与雇主责任比较混乱,雇主虽然交了工伤保险费,却仍然承担不少工伤保险待遇,尤其是五六级以下轻伤这些待遇都还是要雇主承担,只有工亡和重伤由基金承担。严格意义上讲,由雇主负担的部分,就不能叫“工伤保险待遇”。

▷ 工伤预防、职业康复与工伤补偿的三位一体

预防就能够有效减少保险给付,工伤保险,如果事故预防做得好,工伤保险基金壮大以后,对那些弱势群体就可以照顾得更周全。职业康复的重要性在于,让那些残疾人,活得更有尊严,残疾人权益保障也有所提升。

职业康复需要巨大的资金支出,没有稳健的工伤保险基金作支撑,职业康复便无以为继。如心理康复,随着社会压力的增加,心理干预是非常必要的,但这样的干预也是需要花钱的,需要专业的机构进行康复。同样,生理康复也很重要,比如断腿的人要慢慢学会拄拐杖、配假肢的生活。这种职业康复不能全都由医院完成,它应当由专业的康复机构来协助配合,如曾经的工人疗养院。

法理学研究的问题、研究与论证

李　平

李　平

清华大学法学院副教授，博士生导师。武汉大学文学学士（2003年）；清华大学大学法理学专业法学硕士（2006年）；清华大学专门史专业历史学博士（2010年）；清华大学大学法学院博士后（2015年）。

2015年开始在清华大学法学院任教，从事法理学教学8年，主讲本科生、研究生法理学、法学绪论，通识课法律与神话传说、经典与想象：中国古代传说新读等课程。

关于法理学研究的问题、研究过程和论证,可能和大家将来要进行的研究不是那么直接相关,因为理论研究它有点特殊性,但是可以给大家提供一个参考的样本。一般来说,研究生阶段最重要的是写论文。但其实写论文只是最后的结束环节,更重要的是前面的研究过程,是针对一个问题去做实实在在的研究,论文只是把研究当中最有价值的部分用特殊的形式写出来。所以每个做研究的人都面临着三个阶段的工作:问题、研究、论证。

▶ 概说问题、研究与论证

▷ 关于问题

1. 什么是"问题"? 什么是"理论问题"?

任何学科、任何专业的研究都要求有问题意识。如果没有问题意识,研究是根本进行不下去的。这也就意味着我们做任何研究都得去找问题,可是找问题本身就很成问题。比如研究生开题的时候,开的题目做不下去,那就是问题出问题了。为什么会做不下去呢? 这通常有很多原因,比如题目开得太大或者开得太泛,就会做不下去。任何人在日常生活当中都会遇到各种各样的问题,但其中只有极少一部分可以专门对它进行研究。

那么怎么观察问题呢? 其要有三:

第一,反常。无论在自己的学科范围内,还是针对一些常见的社会现象中的反常情况,对此进行追问是一种很常见的方式。大部分学者做专题性研究的切入点,或者问题点,都是以反常入手。当你感觉到反常的时候,顺着线索挖下去就可以去找反常的原因,即它为什么反常? 也可以去找反常的表现,即这种现象如何展现出反常? 还可以去讨论反常的结果,即它产生什么影响? 这就是观察反常的思路。

第二,过度。比如,正常情况课堂应该都很安静,可是总会有点噪声。但是一旦太安静了,安静到可怕的程度,换句话说就是安静得过度了,那就值得研究,包括:过度的原因是什么? 为什么会这样表现? 它的影响是什么?

第三,也是最容易被忽略的,那就是,正常的现象也值得关注。在生活中绝大部分的现象,尤其是法律相关现象,没有一种是当然的。因为法律规则是人设定的，那么这些设定出来的规则必然是有前提的。而且任何一种法律必然预设了某种反应，它不是自然而然通过的一系列法律规则，而是构建出来看似常态化的社会，而且预测每个人都会遵守法律。这就可以获得一种秩序，即常态化的社会。那么这种常态化的社会我们就习以为常了，就觉得这个社会应该是这样的，但若去追问为什么，为什么会把这种正常的状态当作当然的？这里面也是有可研究的问题。

这是在研究的过程中或者在研究之初可以形成问题的三个方向，通常我们可以在三者之中任选其一做下去。

接下来要考虑的是，这个或者反常，或者过度，或者太过正常的现象是不是能解释？以及它本身是不是一个可以被解释的现象。所谓能解释，是指关注的对象和研究者的知识积累、知识背景相契合，即可以调用自己的知识来解决问题。这是需要自己去琢磨的。有些现象确实是个问题，但是我们解释不了。比如，昨天晚上为什么突然下一场冰雹，这个问题我们解释不了。尽管它也是个问题，但是它对我们来说缺乏可解释性，所以这些问题我们排除。

除了可解释之外，我们还要去思考这个问题能不能被解释，因为有一些问题是不能解释的。这样最后剩下来的可解释、能解释的问题，就是接下去进一步要做研究的前提。在这些问题的基础上，我们再开展接下来的研究工作。否则，若以一个“方面”而非“问题”作为引领，进入研究，会引起不必要的麻烦，比如题目开得很大，大到无法操作，或者可能根本没有问题。

2. 怎么寻找问题？

(1)从现实到理论

寻找问题有两个比较常见的方法：首先，从现实中发现问题，这是法学研究中经常用到的。比如，从立法、执法、审判过程，以及各种各样和法律相关的现象中发现问题。其次，看我们找到的这个问题是不是在理论上有可深挖的空间？这个过程是必需的，即便是纯粹针对社会现象的研究，同样需要带入理论思考，否则仅仅是把一个现象说清，不算是一个合格的研究。现在有一些勉强凑合的文章，存在的问题就是把事实调查得很清楚，做了大量的数据、社会调查，一手到二手的数据整理很多。可是整理完数据以后，让你看到的仅仅是这些数据。这意味着研究工作没有进行下去，在整理完现象以后就结束了，这是不够的。我们需要对观察到的现象以及这个现象背后的问题有理论化的解释。当然，这个要求的内在区别在于，在求学的每一个阶段上我们对理论解释的深度广度要求不一样，但是无论如何都需要提供一个理论解释，所以需要顺着问题去找它背后的可以为解释提供支撑的理论资源，这是第一个路径。

从现实到理论的中间还包括了一个特殊情况，就是从文献到理论。比如做历史研究的经常面对的主要是史料，看到的都是转述过的材料，实际上它们对于研究者来说仍然只能算是现象，是经验性的而非理论解释。这些直接取自现实，或者来自史料的材料通常叫作一手材料。

（2）从理论到理论

第二个路径是从理论到理论。如果不是纯理论的学科，这个路径可能用到的相对少一些。这个路径意味着，在既有的理论体系或解释框架内发现问题，深挖的同时去作理论分析，然后再顺着这样的思路看，解释为什么出了问题，以及有什么办法去校正或者去修补。这就是从理论到理论的解释。

3. 真问题与假问题

当我们在理论和现实的两个层次展开了问题群以后，接下来要做的工作就是去校验它的真假，这是非常重要的。

首先是要思考，判断某个对象是问题的前提和标准是否可靠。是仅仅凭着个人的经验或者个人的直觉作出的判断，还是说大家都意识到它是个问题，只是没有仔细去研究？或者别人研究方法和我不一样，所以我基于新的视角发现了问题？这是要认真对待的。如果经过反思认为以上基本上可靠，接下来还需要进一步追问赖以作出判断的这些理论前提、知识基础是否可靠，能否直接支撑我们的问题？如果它们不能直接支撑问题，或者说这些知识不充分，只是在某些片段上它可以支撑，那么这个问题就需要再去讨论，而这个校验的过程就是校验这个问题是不是一个真问题的过程。这实际上就已经开始进入研究的过程中了。

这是同步的。因为如果没有辅助材料的话，根本没有办法去进行研究。单纯地想无论如何也超越不了原来的研究。所以研究者必须要借助大量的材料去填充研究过程。那么怎么填充呢？

▷ 关于研究

1. 如何入手

研究是个过程，面对任何值得研究的话题，开始入手的时候都要收集两类材料，一是一手材料，二是二手文献。一手材料是和要研究的那个对象直接相关的材料。例如，要去研究某一类型的司法裁判，那就需要阅读所有这个类型的司法裁判。这也就是为什么现在绝大部分的硕士学位论文和博士学位论文都只能针对某一个法院或者某几个法院在某几年之内作出的某一个特定类型的裁判展开研究。最主要的原因是一手材料很难穷尽。而严格来说，研究任何一个问题的时候，最基本的要求是要穷尽和这个问题有关的一手材料，这样才能算基本充分地掌握了事实。

无论是研究司法裁判，或者是研究裁判的执行，或者是研究法律文本、政策文本等，又或者研究历史上的问题，最初阶段对待一手材料的原则都是一样的，都要求穷尽和这个问题息息相关的一手材料，这才算完成了第一步准备工作。

阅读这些材料的过程，实际上也是在不断地校验问题，这是因为之前形成问题的时候，只是看到了某一个或者某一些材料便发现了，或者感觉到这是个问题。但当我们看了上百、上千个材料以后再回头去看，会发现原来的印象不一定可靠，或者原来的印象并不具有普遍性。通常在这个过程中会形成新的认识，甚至会形成新的问题，这时要有"战略定力"。经常遇到的情况是发现更吸引人的问题，随即就被带跑了。这是因为在读材料的过程中，会不停地有新认识，形成新问题，有的问题似乎比原来的问题更吸引人。如果这样任其发展下去，或许到最后就完全忘记或者忽略了最初的论题。只要去大量读一手材料，大家一定会遇到这样的情况。解决方案之一，是每次觉得自己被带偏的时候，都回过头来考虑一下是原来的那个问题更有价值，还是新的问题更值得研究。

可能每个人都会遇到，在整理一手材料差不多过半的情况下，就要开始大量搜集和原初的问题以及一手材料相关的二手材料。所谓二手材料，指的是以前有人就相关问题做过的专门研究。通常情况下专门性研究也要求穷尽二手材料。不过有个现实问题，那就是诸如知网这样的数据库里不值得读的文章太多了。全部都看对于研究本身没有价值，所以通常要做一些排除。读得多就会发现，有一些刊物的文章通常可以直接排除掉。

此外也有一个互相转移的现象可以提供帮助。看二手文献要怎样才算足够了呢？那就是当你清楚地把握到，针对某一个问题的研究有一个"圈子"，他们互相之间会引用。这意味着有一批人经常会去讨论这一类问题。当你已经明确把握到了这个圈子里所有的互相征引的这些人的相关讨论，那么这时二手文献的准备就基本上足够了。

以上两项关于材料的工作是所有研究都必须要做的,如果没有做完,也就意味着不足以"开题"。而在做这两个工作的同时,可以反复去评估针对选定问题的研究是否可行:第一,要看这个问题是否已经被人给出了足够有说服力的答案,如果有了,那就没有可行性。第二,需要评估研究中需要处理的一手材料和二手材料总量是否在可控范围内。比如开出来的题目是《论古代中国的法治的特点》。它是不是个问题?是个问题。有没有研究的必要?也有研究的必要。可不可行?完全不可行。因为需要阅读、积累的材料,已经完全超过了可控范围。这样的问题是做不下去的。

如果评估以后发现是第二种情况,也就意味着选定问题可能太大、需要面对的材料太多,这时可以做切分,把问题细化。比如用年代去切分,只研究某一时间段出现的相关问题;或者也可以做地域切分,只研究某一些地方、某几个特定地域出现的情况。这样一来可能就变得可行了,这是有可操作空间的。

接下来要考虑,既然问题是可行的,那么研究下去有没有价值呢?考虑这个问题,首先要弄清楚这个价值如何认定。有几点常见的标准:比如说对人类社会有没有贡献?对要研究问题的相关领域有没有推进?推进包括两种情况:一种情况是已有的理论可能有点缺陷,我的研究可以加以修补或者添砖加瓦,这是一种推进;另一种情况是填补了知识盲区,原来没有关注到这一类知识或状况,通过我研究补充上了,这样也有价值。另外,重新建构一个理论框架、建构一个解释体系,这也有价值,甚至可以说较之前面的情形具有更大的价值,但是通常作学位论文不太推荐,因为难度很大。

当然,如果你对研究是否有价值不是太好把握,还有一个更简单、更直接的方法,就是看看你的研究对别人是不是有点启发?论文也是如此。如果读过和没有读过,感觉都差不多,特别是有的论文看起来工整、合规范,也有问题意识,论证也清楚,但是看完后和没看没有任何差别,那么大部分情况下这个研究没有价值。假如你怕自己把握不准是否有差别,可以找自己的同学们、同行们帮你评估,沟通你的思路,让局外人提供直观感受来帮助你判断。

2. 如何展开

接下来才算是正式开始研究。怎么研究呢?这时开始从关注一手材料向关注二手材料过渡,需要清理在其中有多少种视角、多少种方法可以去研究选定的问题。一般来说,以前肯定有人关注到类似的问题,所以得明白已经有多少种视角;每一种视角是怎么进入问题的,观察到的是什么;不同的方法、视角,对于同一个问题进行观察以后,得出来的结论是一致的还是相冲突的。总而言之,就是针对同一个问题要尽可能地打开思路。

尽管现在一直都说方法论的问题,但其实方法论远没有视角管用。在绝大部分情况下,我们谈到的法学方法、社会学方法,都是跟视角捆绑在一起的。人类能够调用的理性方法只有那么多,是因为有了不同的视野与理性思维的基本方法叠加以后,才形成了看似是新的方法。

在这个展开思路的过程中,我们就会发现前人的研究提供各种各样的思路,会带出很多原没有想到过的理论方案、理解进路,也会形成更多的子问题。

3. 如何深化

有了一系列子问题和观察视角之后,可以进入第三步——深化。也可以说前面的积累都是在给深化研究打底。而深化源自追问。

追问什么呢?做研究,无非就是问:是什么?为什么?凭什么?怎么样?"为什么"有两个方面:一个是逻辑意义上,即因为什么,所以怎样;另一个是时间线索上的,先发生了什么导致了后来怎样的结果。这都可以解释"为什么"。"凭什么"不外是法学界经常说的正当性、合法性、合理性问题。"怎么样"就是影响。我们对任何现象的讨论都可能会涉及它的影响,由此也涉及它的功能以及这些具体怎么发生作用,这些问题都是"怎么样"。

通常在一篇小论文中(什么叫小论文呢?博士学位论文篇幅以下的,就是小论文,因为硕士学位论文也就是三五万字)最好只讨论"是什么""为什么""凭什么""怎么样"四个中间的一个。特别要避免的是,千万不要想在一个研究成果里面把所有的问题都说全了,那会导致一个问题都没有真正深入下去。

带着问题去思考前面整理的材料,会获得关于既有问题的大致理解和解释思路。因为已经有大量的一手和二手材料打底,以此为基础可以接着去追问研究的对象究竟是什么,或者为什么,或者凭什么,或者怎么样。追问的过程其实又是一个新的研究过程,而且不再囿于研究对象本身。例如,要研究"是什么",得把它放到一个特定的场景里面审视:如果研究的是概念范畴,那一定要放到相关其他的概念范畴之中理解;如果研究的是一个社会问题,则必须把它放到社会场景当中才能解决。所以在追问的时候,实际上拓展出新的场域,在其中研究的是以原问题为中心的一系列新问题。这势必要顺着追问去拓展材料,同时拓展理论资源,用以辅助支撑进一步的思考。完成了这一步之后，才能动手去写论文。而之前所有的工作，都需要以笔记、摘抄等方式记录下来。

▷ 关于论证

绝大部分情况下，我们写文章要求有逻辑、要求前后有关联性，可这是形式逻辑吗？显然不是。我们讲文章写出来要合理，前前后后的关联转折要于理可通，这个合“理”显然合的不是严格意义上的形式逻辑。在文章中，大部分内容是把看到的问题说清楚，即告诉读者，问题是什么，应该怎么认识。而这个“应该怎么去认识”，就是通常讲的论证。也就是说，绝大部分篇幅不是在做证明工作，而是在说明和解释。

这就要让读的人明白这个问题为什么要这样去认识。如果说，读者认为论证看起来言之成理了，那么通常认为文章的论证就成立了。所以大家不要太介意于形式逻辑问题。重要的是要明白中国人大概是怎么讨论问题、怎么接受问题，要明白说到什么程度对于读者来说能接受并且会认为文章对问题已经解释得充分，同时思路也清晰。这样就合格了。

具体到写作，大致有三个模式。

1. 模式一：由点及面

由点及面，也称作“小切口、大视野”。切入时针对的是一个非常非常小的问题点，但是研究的实际上是个大问题。比如现在不少人从某一个特定的法条看到问题了，于是由分析法条切入；但是实际上讲的问题，可能是法条背后的立法政策、立法思路、学理支撑以及造成的影响、反映的社会观念等。

需要注意，要在论述过程中，也就是行文过程中始终扣住切入的问题点，围绕着、带着这个小点，慢慢拓展，去解释一个大的问题。这个方式最大的好处是便于控制展开的幅度，对于学位论文来说尤其有利。因为扩展是慢慢展开的，开始的切入点很小，所以最初要面对的一手和二手材料非常少。然后在慢慢拓展的过程中，可以根据自己的能力、时间决定拓展的广度和深度。

2. 模式二：驳立相续

要用这个模式去做学位论文多少有一定的风险，因为“驳”一定是在挑战权威。如果你不挑战权威，只驳斥普通人的观点，论文的意义就不大了。比方说挑战一下康德，说《纯粹理性批判》错了。接下来通过驳斥把问题呈现出来，再把自己的观点以说明的或者解释的形式呈现出来。之所以以这种模式写成学位论文有风险，是因为驳斥、批判权威对于一个初入行者并不是一件简单的事情。如果权威理论或观点这么容易被颠覆，也就不称其为权威了。当然，这并不意味着权威就不能批判，反倒是这种批判特别值得鼓励，在思考、理解的时候要勇于怀疑，不过怀疑、批判之后需要小心求证。越是质疑备受公认的观点，需要的求证过程对于初学者来说越是不易。

3. 模式三：由叙入议

由叙入议包含了两个不同的板块。简单来说，不外是先描述，力求把事情说清楚，然后针对这件事进行讨论或者进行理论解释。这要求大家有很强的融会材料和叙事的能力。因为当大家接触到一手材料的时候，会发现材料的总量非常大，而且有很多材料是很破碎的，很难把它编织到一个完整的叙事之中，更不用说把故事言简意赅且准确地讲清楚，这对文笔也有要求。

当然，通过叙述可以建立一个非常好的问题导引模式。因为对读者而言，看故事远比看论说容易感同身受。看完故事以后，读者会被潜移默化地带入你的问题，甚至理解你的观点。这时再把隐藏在叙述里面的那部分观点用理论化的语言和方式描述出来，读者会更容易接受。

如果对这种模式有兴趣，有空的话可以尝试一下。怎么开始尝试呢？找一份判决书，随便哪类案件都行；以这份判决书为据，用不到一页 A4 纸的篇幅把案件的事由、案情、当事人的诉求、法官的裁判理由写出来。看起来简单，但其实并不容易，这是一种组织语言、运用语言的功夫，大家可以自己去尝试。

关于论证这个话题，也就是将研究成果用一篇论文的形式体现出来，大致上包括以上三个模式。理论上说，这三个模式选哪个都行，可以根据自己的思维、写作倾向决定，同时最好也能在选择的时候考虑与所研究的问题相配合。比如研究方向偏现实、具体的问题的，或者与社会调查相关，那么可能叙述就会多一些；如果做的是理论的、纯概念的问题，当然就不需要太多的叙事。所以模式选择和问题有关，也跟每个人的喜好、习惯有关。

▶ 一个研究实例

▷ 问题：凭什么少数服从多数？

1. 问题的形成：反思“常识”

接下来通过我自己的一次研究过程，来给大家提供一个更具体的参考样本。当然同样是从一个问题开始,这个问题是:凭什么要少数服从多数?这看起来似乎理所当然。

2. 问题的验证

为什么它是个问题,或者说为什么我会觉得它是个问题。因为我看到了反例,这个反例是什么且按下不表。尽管当时看到的反例和少数服从多数连接并不紧密,但是凭感觉意识到这个常识有被反思的必要。

开始反思的时候,首先是去思考它是不是当然,或者说是不是先天的。验证起来很简单,就是再去看看有没有更直接的反例。大家现在就可以去想想,在进行表决的时候,除了少数服从多数,还有没有别的机制?显然是有的,比如一票否决、领导负责制、民主集中制。存在这些反例也就意味着少数服从多数不是当然的。那么既然它不是当然的,我们又为什么会把它当作一个当然的状态接受呢?毕竟现在当人们需要决策时,很容易就想到了投票。换句话说大家心里已经把它当成了一个当然的机制,这同样是一个值得思考的问题。这时可以回头去想之前讲的"凭什么"的话题。"凭什么少数服从多数"这个问题就集中到了凭什么会认为少数服从多数是当然的?

到此为止,这些问题看起来有点价值,那么接下去要去校验它,看它是不是一个真问题。为此要看有没有人讨论过或者质疑过少数支持多数的正当性。现在做研究,因为有电脑、数据库等,很容易收集到大量的相关资料。当我通过材料了解了大量涉及少数服从多数的各种各样的表决机制以及一系列相关的研究后,发现没有人从根本上质疑它,反倒是普遍地把它当成一种当然正当、合法的表决机制。已有的研究大多讨论都是应该怎么把它用得更好,几乎没有人讨论凭什么、为什么、是什么的问题。这种状况对我来说既有好处也有坏处。好处是意味着这个问题是个处女地,明明有反例,但是没有人讨论过,这就说明这里面有讨论的空间;如果研究得太多了,或者别人的结论太有说服力,那就不需要也不容易再去研究。坏处则是获得不了理论支撑,没有人给你解释方案,甚至没有人观察,不知道应该用什么样的视角,基于什么理论资源去解决问题。

以上这些是我在第一步校验问题的时候遇到的情况。

3. 研究的意义

接下来要考虑的,是这个问题能不能做以及从何处下手。换句话说,就是研究有没有必要性和可行性。到底有什么理论、什么实践情况可以为研究提供支撑,研究下去的意义又在哪里。

首先,这个问题和我刚刚提到的民主集中制的关系很密切。尽管民主集中制也有充分听取多数人和各方面意见的民主过程,但显然它不是简单的少数服从多数,不是简单的票决制。那么,我们可能通过质疑这个少数服从多数的当然性的研究,找到中国用民主集中制的原因。这有可能是非常有意义的。其次,前面提到的反例是需要去解释的,除了现实当中遇到的反例以外,历史上还有什么?这些反例也是在我收集第一批材料的时候就已经发现了,但是尚且不知道它们为什么被少数服从多数取代了,背后的原因是什么。这或许和观念变迁、社会变迁有关,弄清楚自然也有不小的理论价值。

到此为止,必要性的问题姑且算是解决了。再接下来就是可行性——怎么做?怎么展开?因为前面没有人给铺路,也就意味着所有的方向、视野、材料都要自己重建。

▷ 第一步研究:现实与晚近研究

1. 清理现实情况:制度与观念

通常我们在面对一个没有人研究或者前人研究成果非常少的问题时,有两个入手的方向:一个是历史方向,看从有文字记载以来人类都采取过什么表决机制,是否一开始就是少数服从多数,抑或其他。这样拿到的一手材料会非常扎实,但通常面对的问题是不好穷尽所有情况。历史观察涉及的时间线索长、材料多,有可能还得筛选。另一个方向是做相关问题,即不直接研究少数服从多数的问题本身,而是研究别的和它有关的论题,比如有很多人讨论所谓的决策机制或者表决机制,从研究民主制或者研究代表制、代议制入手。他们在研究这些问题的时候会对少数服从多数的成立、正当性等问题有所把握。当然两个方向可以有所选择、有所侧重,力所能及的话也可以两个都着手,这样才算是比较完备的研究。

无论如何,第一步先清理现实。例如,我们可以把历史大体进行划分,比如新中国成立前后。新中国成立后的情况姑且把它当成当代来看,那也就是在当代中国和近代以后的西方,关于表决的制度设置是怎么样的?相关的观念是什么?这些要首先清理。制度和观念其实又是两部分,实的材料是制度,搜集整理相对比较简单。通过清理制度,可以找到一大部分正向的例证,也可以找到很多的反例。在这个过程当中,需要做清理、归类工作,看这些例证是否可以类型化。这些都是在处理一手材料。

2. 晚近的研究

处理完一手材料以后,接下来就是二手文献。得看有多少人,无论是国内还是国外的学者意识到这是个问题。他们如果意识到了,采取了什么态度?没有意识到的时候又是什么态度?之前讲过了,其实绝大多数人是没有意识到,都认为这是普遍现象。既然人们不觉得这是个问题,那么他们当然不会去进行针对性的研究,也不会反对。但是正向的表态是有的,大多数人默认少数服从多数是好的,尤其是匹配民主制,这也是一种态度。他们的理由,如果有的话,也要清理出来。这些是在阅读二手文献的时候需要做的。

然后还要看,有表态的人,他们表态时用到了哪些依据?认为少数服从多数的制度好,是基于古希腊文明,还是基于启蒙运动来说的?还是基于效率、利益衡量来说的?这也需要清理出来,即他们用了什么样的视角、什么样的理论依据去支撑他的这个判断。有了这一些积累以后,大致上可以对现当代以往的相关表决机制有一个总体性的把握。这个把握既包括了制度文化,也包括了思想。

3. 再次校验问题

穷尽材料的工作做完之后,需要再次校验原来的问题:讨论凭什么要少数服从多数这个话题是不是一个真问题,是不是值得做下去?以自己的能力是不是能够吃透搜集到的一手、二手文献,有没有从中获得新认识、新解释的可能性,这就是问题的可行性。校验之后觉得这个问题可以做下去,并且值得做下去,再接续下面的工作。

▷ 第二步研究:文献工作

1. 针对析出子问题搜集、整理材料

接下来要针对类型化以后的一手材料,对各种各样的现象做归纳、总结,同时会析出一系列子问题,针对这些子问题需要继续分门别类地再去收集材料。

2. 阅读、理解、追问

具体来说,材料显示出近代以后绝大部分人认为少数服从多数是当然合理的。为此需要去用材料说明他们认为当然的依据是什么,或者他们根本就没有依据。

同时我看到了一个反例:西方有一个人挑战少数服从多数的合理性,这个人是卢梭。那么就得解释:为什么是他?他为什么能观察到?他是基于什么样的立场、什么知识背景或者什么理论体系、什么问题意识展开的论述。

再看近代之前,也就是古代的西方社会当中,是否有人讨论少数服从多数的问题?观察到的结果是没有人讨论,同时也没有什么人用这个机制。那么当时的人用什么方式表决呢?其实现在大家都遇到过,例如一个人说了算。那么什么人说了算呢?特别聪明的人,或者特别强力的人。除此之外,抽签、抓阄、占卜也是可以的。如果把这些类型化为一类,可以说是借助神意的决策。那么古代和近代以后的西方最大的差异就在于,曾经大家认为由神来决定才是当然,但是到了近代以后,人们统统都认为由人来决定才理所当然。这是在细致整理一手文献的时候直观体会到的重大差异。

这至少告诉我们,少数服从多数变成一种主流机制和文化转型有关,它本身不是当然的。若非人为改造,当然的机制应该是神定模式,包括抓阄、占卜等的第一类机制和独断模式的第二类机制。独断模式有两种表现:一种是文明一些的表现形式,比如有问题解决不了,去找一个政治上或者道德上或者智力水平上或者社会地位上的强者作决定;另一种是决斗。而决斗和神意是最古老的。

现在中国人也认同少数服从多数。问题在于,这是从古代自然发展而来,还是我们在19世纪末20世纪初西学东渐过程中,受西方影响所致?

为此还得去研究古代中国的情况,比如中国古代用不用占卜?用不用抓阄?当然用。那用不用决斗?这里就出现差别了。在《荷马史诗》、希罗多德《历史》中,决斗是很当然的方案,而且当时人们认为攫夺胜负本身也是神意的表现。这是个复杂的问题,此处按下不表。可是中国古代就不是这样的,先秦就有法律明确规定私斗非法。不能私斗自然意味着私人间遇到类似的问题,不能用决斗的方式去解决;官方就更不用说。传统中国更多的是由权威去独断,主要包括政治权威和道德权威。尤其值得重视的是,中国人很看重道德权威在决策当中发挥的作用。有一个很典型的例子是"春秋决狱"。在这个过程中王法说了不一定算,还要看孔子的《春秋》怎么说。这时孔子很明显就是道德权威。

认识上述差异之后,会产生一个有可能把研究带偏的新问题:那为什么中西之间会有如此大的差异?或者说,除了神意以外,其他机制有没有那么大差别？这时需要考虑作为枝蔓的新问题与原来的研究主题之间有没有关联？有多大关联？值不值得专门去研究？

3. 再次校验问题

以上是我经过分析、阅读一手材料以后，清理出来的所有子问题。以这些为基础，回头再去校验我要做什么。我到底是要解释凭什么少数服从多数，还是少数服从多数是什么，还是少数服从多数为什么会这样，抑或是我们为什么会接受这个机制，为什么会形成现在的观念状况，还是解释怎么样？在这一步校验问题的时候就得明确重心究竟放在哪里，因为接下来需要把问题、材料都限缩到可以表达为一篇文章的范围。

▷ 第一步论证：破"立"

1. 针对晚近研究的问题清理

接下来就开始论证。毕竟在一篇文章里解决的只能是一个问题，所以经过权衡，我选定了看起来最有价值的"为什么"。那么既然要解决"为什么"，首先要把少数服从多数机制的当然性破除掉，否则就没有办法去解释是什么原因导致大家都接受了这个机制。这也类似于之前说到的先驳后立的模式。驳得找个靶子，这个靶子可以是正向的，也可以找一个反向的。正向的靶子是可以给你借力的，即他也质疑过，也驳论过，比如对于少数服从多数的正当性，卢梭也质疑过，那就先从卢梭说起。当然这是论证技巧、写作技巧上的选择。通过卢梭引出来的材料可以告诉大家，少数服从多数的当然化的思想支撑全部来自西方近代以后，它有生成的过程，是被塑造出来的状态。这是文章第一部分解决的问题。

2. 论述少数服从多数"当然化"的历程

然后再看少数服从多数为什么会形成现在这样，怎么当然化了？这里就有两个历程：一个历程是从无到有的历程，从无到有的历程是从多重决策机制到单一决策机制。尤其曾经和政治、司法有关的决策，比如审议、决斗等。有很多机制，最后都被收拢到单一的或者说相对单一化的机制中来了。这是制度上的变化，其中既有渐变的也有剧烈的，通常情况至少要把几个剧烈变化的节点说清楚。另一个历程是跟着制度变化必定会有观念接受的历程，就是人们从不认同，过渡到慢慢接受，再到日用而不知的过程。这个过程也要清理清楚。有了这两个过程，可以回应之前的问题：少数服从多数并不当然，而是被塑造出来的。那么既然它是被塑造出来的,我们就可以去追问:这是为什么?这是之前讲到的深化问题。

3. 理论解释与批判

再进一步追问,为什么给出的材料全部是说明性或知识性的?确实,知识性内容扎实了以后,才能进一步深入。但是如果仅仅依托这些材料尝试解释“为什么”,必定会遇到困境。所以对于问题能解释到什么程度,也许不是仅仅凭借做一次专门研究就可以准备充分的,这和每个人平时在做专门性的研究工作之外的阅读很有关系。换句话说,能有多少知识积累,有多少理论积累,这是看平时的。所以要在单一问题的基础上进一步深化,深度和广度就取决于以往的积累了。

具体到这个论题,西方的制度、观念变化显然和“神”的处境变化有关。少数服从多数主流化、当然化的过程,与神的隐退历程相匹配。而这个过程中具有转折性的枢纽正好就在文艺复兴到启蒙运动阶段,这时人文主义、理性主义抬头,使人类中心主义、自我中心主义迅速取代了神本主义。也就是说,少数服从多数这个机制主导化,是人基于理性取得主宰地位的结果。只有到了人是目的,而不是神,人是这个世界的主宰和目的的时候,才有可能建立起少数服从多数机制。这解释了可能性。

除此之外要解决,为什么摒弃了神意决定之外,必定会是少数服从多数呢?我们回过头想,即便不求助于神,在表决的时候,还有没有其他决策机制?参比古代的反例可以知道,还有决斗和独断,其中要格外关注到最有道德的人的独断,因为古代中国有这个机制,而在西方没有。少数服从多数绝对不是因为多数人更有道德,而是力能。

归根结底,它和决斗同质,只不过是力能主义的理性表现形式。这么一来,为什么要服从多数人?是因为多数人理论上具有更大的力量。当然这个话题要说清楚挺难的,需要结合材料,具体的论证这里不展开了。简单总结一下:少数服从多数看似是一个理性化的表决机制,但是背后的基础是力能。

除了力能之外,还有一个原因是它融入了功利理性,也就是融入了讲本图利的成分,所以它同时也把另一个更不理性的力能(决斗)机制取代了。所以,少数服从多数既契合了西方近代以后的理性、人本需求,也契合了西方文化自古以来力能至上或曰崇尚力能的传统,两相交叠,让它被视为当然的决策机制。而力能和功利理性,恰好是现代西方社会,包括西方的法律制度和社会治理体系能够运行起来的基础。

▷ 第二步论证:证“反”

1. 确认反例:古代中国的表决机制

大致上,西方为什么会到近代以后生成少数服从多数机制并且当然化,这个话题基本上可以说清楚了。这意味着之前设定的研究的问题解决了一半。还有一半是:为什么传统中国的观念和制度不这样,以及为什么现在中国官方制度也不这样。

论述可以从古代中国开始,看看制度有没有连续性。清理之后就会发现在古代中国有两种主导性的决策机制:一种机制就是神主导的,诸如占卜、占筮、抽签、祥瑞等;另一种是独断,独断者可能是政治权威,也可能是道德权威。但是中国社会在形成独断的时候,非常特殊的一点在于,众议和独断并存。形成一个决策、决议、判决,在最后决策之前,都要经过众议阶段,就是大家商量,然后再由权威独断。

2. 解说古代中国的众议与独断

例如,古代上朝的时候,通常是问答形式,古代的司法裁判过程也一样。尽管主导者是一个人,但背后有一大批幕僚,这批幕僚同样会针对一些比较疑难的案件进行讨论。通常在讨论过程中,也就是在众议过程中,决策者是不表态的,这很特殊。决策者这时作为听者出现,或者作为发问者,他不参与是非讨论。一群人讨论完以后,再由独断者去拍板。而众议提供的种种意见方案和表态之中,甚至也会把“神意”(比如占卜结果)作为参考项之一。至少从西周开始,就不再有任何决策是完全依托占卜,即便神已经有指示了,还是要经过人的讨论和决策。换言之,神意也是可以讨论的。讨论以后再由权威的独断下结论。

接下来的问题便是,为什么会这样?须得解释这个机制蕴含的道理,也要解释为什么大家讨论到最后不会产生用力能解决问题,也不会产生少数服从多数的情况。同时为什么人们不会更相信神,又为什么即便是包括神意在内的众议形成了完全一致的共识,仍旧要等着独断者去作决定呢?

3. 理论解释

之前谈到的古代中国的情况,最早出现在《尚书·洪范》中。如果认定《尚书·洪范》的内容最初源自治水的大禹,那么这个时间起自大约公元前22世纪,延续到清末。这么长的一段时间里,这种决策机制一直是最具主导性,或者说被视为当然的,这就和少数服从多数形成了鲜明对比。那么它当然的道理在哪?一方面,简单来说,中国之所以认为独断才是当然的,不是因为决策的权力被独断,而是认为要有人单独、专门负责。换句话说,任何一个决策都要有人专门为它负责。最典型的例证是天子制度。理论上说天下所有的事情天子都可以作决定,反过来也一样,天子要背负天下所有的责任,因此便有了罪己诏制度。为什么要下罪己诏呢?就是天子承担最大、最多、最终的所有责任,相对应地也就可以有最高的权威。这个道理是相通的。

另一方面,至少是从西周时代起,中国便已经建立了一套政治身份、地位和道德对应的体系。一个人在社会上的地位越高、政治地位越高,也就意味着道德责任越重,同时也意味着此人应该越了解道德规则和道德原则,应该是一个更明理的人。这也可以解释为什么非得要有唯一的"天子",因为世界上一定有一个人是最明理的,不管多复杂的事情,天子始终是终审法官,而且天子都应该可以解决。于是天子是天下最明理、社会地位最高,同时是最有决策权的人。

如果只是众议,大家讨论就得出了一个结果,那就没有任何人为之专门负责了,也没有办法确定讨论出来的结果是否贴合于真理;那么讨论阶段存在的意义何在呢?讨论阶段是在为决策提供知识背景,就像写论文在准备材料一样,把各种各样的视角、方向、问题都呈现出来供决策者分析。中国古代的这样一套机制运作得很顺畅,也自成其理,可是怎么到了近代以后迅速就垮掉了?这又是一个问题。这当然在一篇小文章里是解决不了。大致来说,其实古代"众议—独断"的决策模式并没有完全被抛弃,只是观念层面的连续性被打断了,或者说没有扛住西方现代文化的冲击;但是制度文明保留了连续性,最直接的表现便是民主集中制和领导负责制。有关细节只能留待进一步研究。

▷ 结论与再追问

1. 回应问题

当前面的话题都研究清楚之后,基础问题算是解决了,这也意味着完成了一个完整的研究过程。这时可以回过头再想想,从开始形成问题到写完这篇论文,有没有回应自己最初的问题?如果没有,那么需要弄清楚哪里出了偏差,没有被回应的问题是否还需要再去研究?这便是回应阶段。

2. 再追问

同时,也会发现过程中还析出了很多其他枝蔓的问题,受制于这篇文章没有研究下去,需要再去想想其中还有没有可以深挖的地方。如此一来就构成了可持续的研究进程。当然,材料是要不断拓展,但是如果问题本身有生命力的话,就可以沿着这个基础一直做下去,这样可以少走很多弯路,缩短最开始积累的阶段;同时通过追问,还可以获得很多新的可研究的方向,甚至是新的问题。

总结完毕以后,还需要再回到已完成的论文。这时需要对某一个自己曾经质疑过的,或者好奇过的问题给出解答。这个解答怎么样才算是基本合格了呢?可以放眼之前收集的所有二手文献,看看没有人比你说得更清楚、更合理,如果没有,那么就算合格了。这也说明我们研究一个问题的时候,同时也必须是不断地校验的过程。

▶ 总结

简单总结一下,做一个好的、有价值的研究,我们之前讲的所有内容全部都是操作技巧。这种技巧是练出来的,只听一遍没有太大用处,因为听一遍和实际上操作起来的差别会很大。不过可以参考别人的经验,然后再去操作,多少会有些帮助。但终究只有在一遍又一遍的操作过程中慢慢形成自己的套路,才能真正知道自己应该怎么去做研究。这种情况有点类似古人说的"知行合一",会做了才是真的知道了。

可是仅仅依靠这些针对单个具体问题的研究,一遍遍反复操作,也没有办法保证你的研究做出来有价值。甚至也许问题本身很有价值很有意义,但是最后出来的成果要么就是没有深入,要么就是没有广度。所以要把更多时间用在以下三个方面:

第一个方面是知识背景。你了解多少知识门类,拥有多少知识储备,意味着能有多少视角,这既关系到能发现到什么问题,也关系到能用多少种视角去看待问题分析,所以要尽可能接触各个学科。最简单的方法是去听课,像社会学的、心理学的、经济学的、管理学的,各种各样的课程,包括文学、哲学、历史等课程都去听一听,开眼界。再一个就是看书,各个学科、各种门类的书都要读,千万不能只盯在找问题、解决问题上。

第二个方面是反思。我们现在有很多课堂都在提批判性思维。我一直不是很认同这个说法,为什么不认同呢?从大一的学生就开始讲批判,但是他连书都没读几本,拿什么批判?批判是要有前提的,要挑战一个权威、挑战一本经典,必须得有底气。不能上来就说,我觉得如何如何。所以第一步是积累知识,第二步是要形成一个能够有效质疑他人的能力,这就是反思,同时还要不断地校验自己,这样才能避免以"我觉得"为前提展开研究。"我觉得"肯定不靠谱,甚至"我们觉得"也不一定可靠。用以质疑、批判的前提需要不停地被校验,而这个校验的过程其实就是追问的过程。对任何理论、社会现实乃至研究过程,都要不停追问,要去追问它是不是能够站得住,有多少种可能性被证伪。这是一种反思能力,比看似直接的批判看起来更柔和一些,但实际上更能够触及问题的根本。

第三个方面最不易,简单说,就是得有品位。为什么不易呢?因为它没有可衡量的标准,积累知识是可以量化的,接触过多少学科也是可以量化;但是说一个人有品位,这就很难量化了。怎么办呢?最简单的方式是去看顶尖高手的作品,尤其是历史上被反复认定为经典的作品。比如了解西方文化,首先要看柏拉图的著作。现在有很多哲学家的作品看起来很花哨、很有价值、很有现实意义,可是为什么大家都去读柏拉图的著作?道理很简单,因为他的问题,他的论说方式,包括他的表达更有价值,这是一代代人反反复复验证过的。我们每一代人实际上都在给文化做减法。很多作品过几年就没人看了,因为没有足够的生命力,会被人们遗忘;如果某人的作品一千年以后还没有被遗忘,还有人读,那大家不用怀疑,这一定是一位非常有价值的作者。去读这些经过人们反复筛选,最后保留下来的高手的作品,会让大家迅速提高品位。如果大家有时间、有精力的话,尽可能多读一些这样的经典著作,无论是中国的、西方的、古印度的。这可能是用来提升品位最快捷的方案。

当然,以上三点中,哪一点其实都和读书有关,无论是学生,还是研究者,绝大部分时间都应该用来读书,这样才有长进。养成好的读书习惯,无论以后从事什么行业,都有好处。

漫谈民事诉讼法典与民法典的交错

任　重

任　重

清华大学法学院长聘副教授、博士生导师。清华大学法学学士（2008年）、法学硕士（2011年）；德国萨尔大学法学博士学位（2013年，国家公派）、清华大学博士后（2015年），国家社科基金重大项目“民法典与民事诉讼法的协同实施研究”首席专家，入选教育部国家级人才计划青年学者。兼任最高人民检察院首届民事行政诉讼监督案件专家委员，董必武法学思想（中国特色社会主义法治理论）研究会理事，中国法学会民事诉讼法学研究会理事，《民事程序法研究》（中国法学会民事诉讼法学研究会会刊）执行主编。主要研究方向为民事诉讼基础理论、民法典与民事诉讼法协同实施。

2015年开始在清华大学法学院任教，从事民事诉讼教学8年，主讲法学本科和法律硕士必修课民事诉讼法学、民法典与民事诉讼法、民事诉讼案例分析、民事诉讼法专题研究、民事证据法、比较民事诉讼法、德国民事诉讼法概论等课程。

很荣幸能在本文与大家一起探讨民事诉讼法典与民法典的交错问题。

大家看到民事诉讼法典，大概吃了一惊，我是不是多打了一个字？《民法典》是第一部以法典命名的法律，这也为1982年即完成统一立法的《民事诉讼法》郑重提出了法典化问题。如果民事诉讼不能通过体制转型实现法典化，民法典与民事诉讼法又是否能顺畅地协同实施？民法典对民事诉讼的法典化提供了哪些指引和路径？我们又如何使1982年即完成统一立法的《民事诉讼法》走出"历史的三峡"，最终在精神上和体系上得以与民法典和谐共舞？而上述以民法典为导向和榜样的法典化进程又将遭遇哪些历史的和现实的、观念上的和制度上的挑战？

带着上述问题，我们开启民法典与民事诉讼法典漫谈。而就民事诉讼法典的本体论问题，大家可以参考张卫平老师的系列论文和《河北法学》2022年第8期的专题组稿。

本文将着重讨论以下四个方面的交错问题。

第一，民事诉讼法和民法为什么需要衔接？这的确是具有中国特色和本土问题意识的宏大问题群。

第二，民事诉讼法与民法的衔接研究在我国存在哪些困难和挑战，以至于使实体程序分离依旧在我国是尚未被彻底克服的痼疾？

第三，实体程序衔接的总体框架。就我而言，在十余年的实体程序交叉学习研究过程中，我认为总体框架的提出是痛点和难点问题，但也是必须解决的重点和热点问题，我将我理解的衔接框架归结为"一二三四"，即"一中心、二向度、三程序和四大板块"，当然，这一总结一定是挂一漏万和见仁见智的。

第四，我们需要在上述方法论的指引下去具体解决问题，特别是识别《民法典》中有衔接的必要性和迫切性的具体条文有哪些，并针对该条文展开"诉讼评注"，例如，《民法典》总则编的第178条、第186条；物权编的第229条、第234条；合同编的第580条第2款、第687条；人格权编的第995条、第997条以及婚姻家庭编的第1064条、第1073条，因为篇幅所限我们只列到了婚姻家庭编，其实如侵权责任编中还有许多值得诉讼评注的具体条文。

民事诉讼法为何要与民法典对接

法学教育中的实体程序分离

本科一年级下学期（2005年春季学期），我在张卫平老师的引导下学习民事诉讼。张老师在授课时经常讲到日本民诉学者的自嘲，他们将民事诉讼法学戏称为“眠素”。

据考证，素在日语中有朴素无味道的意思，阳春面的那种，其似乎是从日本明治时代开始的（与此相对的是“民山商水”），是因为以前东京帝国大学法科大学（或法学部）民事诉讼法的授课，大多是3年级开始分配，从一年中的4月开始授课。如果按照教科书开始，经历法院的种类和管辖的话题（很无聊）要到5月左右，所以也有因为天气好而犯困的原因。民事诉讼法对于初学者而言，很难只听讲就理解整体情况。[1] 与此形成鲜明对照的是“民山商水”。

对此，除了民事诉讼法学以法院和审判等脱离大学生日常生活的诉讼活动为场景，同学们学习民事诉讼法学的时机也是重要原因。民事诉讼法是权利实现法，这就要求学习者对民事权利体系了然于心。然而，民事诉讼法学必修课通常被安排在一年级下学期，彼时，学习者仅仅学习了民法总论课程。受到学制和学分的限制，民事诉讼课程难以安排在三年级甚至四年级，所以这是一个长期以来想解决而没能被解决的教学问题。

有鉴于此，我从秋季学期开始给高年级本科生开设“民法典与民事诉讼法”，希望能够借此解决民事诉讼法学必修课的开课时机问题，引导高年级同学在本科阶段就系好《民法典》与《民事诉讼法》协同实施的“第一粒扣子”。

法学研究中的实体程序分离

民事诉讼法学教育中的实体程序分离还受到学科设置的制约和影响。由于特定的历史原因，我国的法学院系通常将民法与民事诉讼法作为两个不同的学科组或教研室。一方面，这样做的好处是集中力量办大事，改革开放四十多年来各法学学科的蓬勃发展就是最好的证明。另一方面，学科组和教研室

---

〔1〕 参照佐野裕志「専修大学法科大学院における民事訴訟法の教育について」専修大学今村法律研究室報65巻4－5頁。

可能使研究者的关注点主要集中在民法或诉讼法，而较难兼容并包。

如果诉讼法的老师上民法的课程，或者民法的老师撰写诉讼法的专著和论文，这给人的观感似乎是“不务正业”。我们不妨以苏黎世大学法学院为例，他们的法学教师横跨实体程序是较为常见的安排。应该说，在实体程序交叉研究方面，清华大学法学院一直是倡导者和践行者。崔建远老师和张卫平老师在我们读书的时候就坚持让学生们互选课程，尤其鼓励学生们撰写实体程序交叉方向的研究论文。而清华的长聘制度也使老师们可以更为自由地选择研究重点，因为学科和教研室而带来的实体程序分离已经开始得到部分解决。

民事诉讼立法进程的实体程序分离

如果说法学教育和法学研究中的实体程序分离是表征的话，那么民事诉讼法与民法在立法和实施过程中长时间的分离和割裂就是更为实质性的原因。我为大家初步梳理了从新中国成立至今的实体程序立法时间轴。

受到“先刑后民”的影响，《刑法》与《刑事诉讼法》先于《民法》和《民事诉讼法》颁布实施，它们于 1979 年 7 月第五届全国人民代表大会第二次会议通过，并自 1980 年 1 月 1 日起施行。这说明，虽然我国立法存在“先刑后民”的倾向，但却并不存在“先实体后程序”的问题，实体和程序相伴相生是改革开放以来的立法惯例。然而，民事实体法和程序法的立法进程却出现了严重的分离，并表现为“先程序后实体”。这背后是市场经济在改革开放初期尚未确立，而民法与经济法在民法典的内涵与外延问题上有激烈争议。有鉴于此，以江伟老师和刘家兴老师为代表的民诉前辈提出“先程序后实体”、实体程序二元以及以程序促实体等基本倡导。在民事诉讼法与民法的二元认识基础上，《民事诉讼法（试行）》于 1982 年 3 月提请第五届全国人民代表大会常务委员会第二十二次会议讨论通过。

经过比对《民事诉讼法》与《刑事诉讼法》也可以发现，《刑事诉讼法》虽然先于《民事诉讼法（试行）》3 年颁布，但却并未注明“试行”。反倒是 3 年之后颁行的《民事诉讼法》被冠以“试行”，这也表明民事诉讼法不能脱离开民法而独自前行，待民法典颁布实施后，民事诉讼法理应以实体法为精神和导向进行体系调整和模式转型，即从《民事诉讼法（试行）》升华为《民事诉讼法典》。不无遗憾的是，民事实体和程序比翼齐飞的到来远比预计得遥远。在 1982 年《民事诉讼法（试行）》颁布实施时，已经颁布实施的民法核心内容仅有 1950 年

《婚姻法》。即便是1991年《民事诉讼法》去掉“试行”二字,能够参照的仅有《继承法》和《民法通则》。

以我自己为例,2004年至2008年的本科学习期间,原《物权法》和《侵权责任法》尚在立法讨论阶段。直到2009年我在硕士学习期间,原《侵权责任法》才正式颁布并于2010年实施。而原《民法总则》和其后的《民法典》均已经是我从事法学教育之后的若干年才颁行。于是并不奇怪的是,《民事诉讼法》在《民法典》颁布实施之后的首次修正并未以《民法典》为导向进行实质内容调整,而是以“诉讼爆炸”“案多人少”为背景简化诉讼程序,与《民法典》相呼应的仅有2021年全国人民代表大会常务委员会《关于修改〈中华人民共和国民事诉讼法〉的决定》:

> 十六、将第十三条中的“诚实信用”修改为“诚信”;将第四十六条、第一百三十七条、第一百四十一条中的“审判长”修改为“审判长或者独任审判员”;将第八十二条中的“节假日”修改为“法定休假日”;将第一百零六条、第一百五十一条、第二百零六条、第二百五十七条中的“抚育费”修改为“抚养费”;将第一百二十八条中的“合议庭组成人员”修改为“审判人员”;将第一百四十九条中的“由本院院长批准”修改为“经本院院长批准”;将第一百八十四条、第一百八十五条中的“意外事故”修改为“意外事件”;将第一百八十七条中的“其近亲属或者其他利害关系人”修改为“利害关系人或者有关组织”;将第一百九十条中的“或者他的监护人”修改为“本人、利害关系人或者有关组织”;将第一百九十三条中的“民法通则”修改为“民法典”;将第一百九十六条中的“物权法”修改为“民法典”;将第二百三十九条中的“从规定的每次履行期间的最后一日起计算”修改为“从最后一期履行期限届满之日起计算”。

▷ 民事诉讼规范体系的实体程序分离

通过梳理1982年以来的民事诉讼法与民法典的立法进程可以发现,实体程序二元化是民事诉讼法可以不受时代影响而率先颁布的理论根基,然而,这一认知逐渐成为束缚民事诉讼法发展并形成当下实体程序分裂的理论掣肘。当然,这一问题已经得到了全社会各方面的广泛关注。

2020年,以张卫平老师和李浩老师为代表的民诉前辈大力呼吁民事诉讼法与民法的协同,2022 年度国家社科重大课题也将“民法典与民事诉讼法的协同实施研究”作为招标对象。最高人民法院也在考虑如何对民事诉讼法进行修改以科学正确实施《民法典》。那么,从微观的视角观察,究竟哪些条文与民法典的精神和导向存在偏差甚至抵牾?

《民法典》第 1 条规定:“为了保护民事主体的合法权益,调整民事关系,维护社会和经济秩序,适应中国特色社会主义发展要求,弘扬社会主义核心价值观,根据宪法,制定本法。”第 3 条规定:“民事主体的人身权利、财产权利以及其他合法权益受法律保护,任何组织或者个人不得侵犯。”以上两条是《民法典》权利中心和权利本位的立法宗旨和指导思想。作为民事权利实现法,民事诉讼法也理应以民事权利为中心,确保《民法典》的贯彻落实。

然而,《民事诉讼法(试行)》第 2 条规定:“中华人民共和国民事诉讼法的任务,是保证人民法院查明事实,分清是非,正确适用法律,及时审理民事案件,确认民事权利义务关系,制裁民事违法行为,保护国家、集体和个人的权益,教育公民自觉遵守法律。”其中,与民事权利保护较为贴近的“保护国家、集体和个人的权益”位列第 7。1991 年《民事诉讼法》第 2 条规定:“中华人民共和国民事诉讼法的任务,是保护当事人行使诉讼权利,保证人民法院查明事实,分清是非,正确适用法律,及时审理民事案件,确认民事权利义务关系,制裁民事违法行为,保护当事人的合法权益,教育公民自觉遵守法律,维护社会秩序、经济秩序,保障社会主义建设事业顺利进行。”虽然当事人行使诉讼权利也涉及实体法,但更直接对位的“保护当事人的合法权益”却位列第 8。至少从民事诉讼的任务和目的可以看出,查明事实和分清是非、及时审理案件和制裁违法行为要优于民事权利的保护和实现。

同学们可能会有疑问,《民事诉讼法》第 1 条和第 2 条都是一般性规定,不会作为裁判的根据,以此是否能表明民事诉讼法与民法的割裂?在我看来,上述两条可谓是实体程序二元的集中写照,此外还有更多程序设置和具体制度能够加以印证。例如,1995 年《担保法》(已失效)第 53 条第 1 款规定:“债务履行期届满抵押权人未受清偿的,可以与抵押人协议以抵押物折价或者以拍卖、变卖该抵押物所得的价款受偿;协议不成的,抵押权人可以向人民法院提起诉讼。”2007 年《物权法》(已失效)改变了上述模式,转而在第 195 条第 2 款规定:“抵押权人与抵押人未就抵押权实现方式达成协议的,抵押权人可以请求人民法院拍卖、变卖抵押财产。”

然而，2007年修正的《民事诉讼法》未有任何制度对此加以落实，进而出现了实体法与诉讼法对抵押权实现方式的意见分歧，司法实务依旧采取诉讼程序实现抵押权。这一问题直到2012年《民事诉讼法》将“担保物权实现程序”归入特别程序才在实体和程序之间实现了统筹，虽然就特别程序的适用条件和程序衔接还有相当的不确定性。

我们再举一个《民法典》时代的例证，这就是《民法典》第687条第2款的规定：“一般保证的保证人在主合同纠纷未经审判或者仲裁，并就债务人财产依法强制执行仍不能履行债务前，有权拒绝向债权人承担保证责任，但是有下列情形之一的除外：（一）债务人下落不明，且无财产可供执行；（二）人民法院已经受理债务人破产案件；（三）债权人有证据证明债务人的财产不足以履行全部债务或者丧失履行债务能力；（四）保证人书面表示放弃本款规定的权利。”

大家肯定有扎实的民法基础，也有同学曾经有过长时间的实务经验，我想给各位提一个问题，如果你是法官，你该如何面对债权人向一般保证人的起诉，如何将《民法典》第687条第2款落实在司法实践中？

有若干年司法实务经验的同学甲可能会说：“是不是应该打电话给当事人（债权人）或者代理人，问一下他有没有这四个理由当中的一个，如果没有的话，我就驳回了。”这个答案非常具有代表性。但书是例外规定，《民法典》中的但书规定的是一般和例外的关系。所以，同学甲建议的处理方法是对《民法典》第687条第2款的全面适用，即不仅要考虑一般情况，也要合并考虑例外情况，并在综合考虑一般和例外的基础上下最后的结论。

不过，实体/程序交错思维告诉我们，除了要考虑该条的民法意义，还要注意但书的诉讼意涵。对此，最高人民法院《关于适用〈中华人民共和国民事诉讼法〉的解释》第91条规定：“人民法院应当依照下列原则确定举证证明责任的承担，但法律另有规定的除外：（一）主张法律关系存在的当事人，应当对产生该法律关系的基本事实承担举证证明责任；（二）主张法律关系变更、消灭或者权利受到妨害的当事人，应当对该法律关系变更、消灭或者权利受到妨害的基本事实承担举证证明责任。”

据此，《民法典》第687条将呈现出“请求（保证责任）→抗辩（先诉抗辩权）→再抗辩（但书情形）”的诉讼构造。这是不是对《民法典》第687条第2款的曲解？不是，不仅不是曲解，而且是严格落实了“有权拒绝向债权人承担保证责任”中的“有权”。如果要求法官越过一般保证人的意愿及其抗辩权行使与否,而职权审查但书内容后作出驳回与否的判断,则彻底架空了先诉抗辩权的权利构造。

同学们可能会继续追问,先诉抗辩权就一定要求被告主张而不能由法官职权适用?如果要受制于被告(一般保证人)的选择,那岂不是会造成司法资源的巨大浪费?例如原告起诉一般保证人,一般保证人行使先诉抗辩权后,如果法院就此驳回原告的诉讼(第一次诉讼),则原告只能再提起针对债务人的诉讼(第二次诉讼),待获得胜诉判决并执行无果后,再行起诉一般保证人(第三次诉讼)。本来可以一次解决的纠纷和实现的权利,偏偏要用三次诉讼才能解决,这岂是民事诉讼应该接受的处理方式?我想,对此我们仍旧可以从实体和程序两个层面加以考察。

就实体层面的考察,先诉抗辩权在权利性质上可以归入抗辩权值类型,那么抗辩权的行使方法及其法律后果在《民法典》中是否有相应规定?答案是有。《民法典》第192条第1款规定:“诉讼时效期间届满的,义务人可以提出不履行义务的抗辩。”这里的“义务人可以”应该与《民法典》第687条第2款之“一般保证的保证人……有权拒绝向债权人承担保证责任”类似。也就是说,它们的权利构造相同,那么,诉讼时效抗辩权的行使方式和法院裁判方法又如何?《民法典》第193条规定:“人民法院不得主动适用诉讼时效的规定。”对此,最高人民法院《关于审理民事案件适用诉讼时效制度若干问题的规定》第2条作进一步细化说明:“当事人未提出诉讼时效抗辩,人民法院不应对诉讼时效问题进行释明。”

经过以上主要是实体层面但也涉及诉讼场景的考察可以发现,诉讼时效抗辩权的法律效果有赖抗辩权人的主张,法院不得主动适用,甚至不得对此进行“无中生有”的释明。(关于“无中生有”释明及对其的批判可参见《我国新诉讼资料释明的反思与重构——以〈九民会议纪要〉与〈新证据规定〉为中心的解读》,载《当代法学》2020年第5期)在我看来,诉讼时效抗辩权的行使方式和裁判方法也理应如此。较为遗憾的是,最高人民法院《关于适用〈中华人民共和国民法典〉有关担保制度的解释》(以下简称《担保解释》)第26条第1款规定:“一般保证中,债权人以债务人为被告提起诉讼的,人民法院应予受理。债权人未就主合同纠纷提起诉讼或者申请仲裁,仅起诉一般保证人的,人民法院应当驳回起诉。”这无异于以司法解释删去了《民法典》第687条第2款中的

“有权”二字。

以上问题较难理解，大家不用灰心，虽然学界提倡实体程序交叉研究已有多年，但各位所遇到的困难可以从一个侧面表明，实体和程序的交叉研究自觉尚未形成，它依旧是各位在研究生阶段极具挑战性的课题。我们下面就一起看看《民事诉讼法》与《民法典》的衔接研究在我国存在哪些困难和挑战。

▶《民事诉讼法》与《民法典》协同实施的困难和挑战

▷《民法典》的程序要素和诉讼场景

延续之前的话题，从实体层面的考察出发，《担保解释》第26条第1款与《民法典》第687条第2款存在严重抵牾，即以“仅起诉一般保证人的，人民法院应当驳回起诉”的诉讼做法实质删去了《民法典》第687条第2款之“有权”。

然而，我们得出上述结论并不是分析的终结，为了拿出更有信服力的分析，我们需要对司法实践有共情能力，即试着去理解为何最高人民法院会如此抉择，其背后的考虑是否有道理，而严格按照《民法典》第687条第2款的诉讼实施必定会带来司法浪费吗？本文以《实体程序视角下的先诉抗辩权》为例，进一步分析，并认为，既有研究对“先诉”的理解是有进一步推进和完善之空间的。先诉抗辩权中的“先诉”，是不是《民法典》第687条第2款之“在主合同纠纷未经审判或者仲裁，并就债务人财产依法强制执行仍不能履行债务前”？在我国执行模式下，这对债权人是否构成苛求，以至于抗辩权人动辄可以抵御对其的给付之诉？而债权人则需要漫长的努力和等待以及风险的承担才能破除一般保证人的先诉抗辩权？该文认为，我国对“先诉”的理解存在一定程度的偏差，这有必要结合我国自身的执行模式加以调试，并通过实体与程序的协同、审判与执行的统筹，最终实现民事权利保障和诉讼效率之间的平衡。

我们可以从上述讨论得到的启示是，《民法典》中的构成要件不一定都是实体性的，而是以诉讼作为场景的构成要件规定。如果要科学界定和理解适用《民法典》中的权利规范，需要我们推进实体/程序交叉研究，类似的规定还有《民法典》第1073条第1款之“正当理由”，这究竟是起诉条件抑或是实体构成要件？而即便均为实体性的构成要件，也需要结合诉讼场景加以分析判定。

例如，《民法典》第1010条第1款规定：“违背他人意愿，以言语、文字、图像、肢体行为等方式对他人实施性骚扰的,受害人有权依法请求行为人承担民事责任。”从实体定义的角度来看,《民法典》第1010条可谓科学、全面、严谨。然而,我们不能满足于上述静态地定义,而是要将其动态地嵌入诉讼场景:性骚扰的受害人起诉加害人,《民法典》第1010条可供作为其请求根据。而根据《民法典》第1010条第1款的规定,“违背他人意愿”也是构成要件要素之一。此处的“他人”显然是指原告(受害人),而上述构成要件分析将引发令人难以接受的法律效果,即受害人要主张并证明相应行为违背自己的意愿,这无异于二次伤害,并且因为证明困境而不利于对受害人的诉讼保护。

在经过动态诉讼场景嵌入后,“违背他人意愿”或不宜作为基础规范,而是作为反对规范出现,即由加害人证明不违背受害人的意愿。

▷ “诉讼爆炸”和“案多人少”

的确,无论是《民法典》的程序要素还是以证明责任分配为表征的诉讼场景,都表明《民法典》的正确理解和适用需要实体和程序携手同行。由于《民法典》在立法过程中并未全面贯彻证明责任分配理念,这就使民事诉讼法与民法典协同实施更具挑战,当然也对协同研究提出了更迫切的需求。

除此之外,我们在《民法典》第687条第2款的分析过程中提出了三次诉讼的假设。我们需要进一步思考的是,《民法典》中规定的权利如何在司法实践中被落实和实现?在实体层面考察的基础上,让我们展开诉讼实践维度的讨论。

1950年至1978年的近30年间,我国民事案件数量并不存在几何式增长,而是维持在200万件以下。至2017年,地方各级人民法院受理案件8896.7万件,审结、执结8598.4万件,与2013年相比上升58.6%和55.6%。我国法官人数曾于2002年达到24.8万人的历史峰值,随后稳定在20万人左右。员额制改革在提升法官职业能力的同时,也使法官人数骤减至12万名。以2019年上半年数据为准,全国每10万人配置的员额法官人数8.9人。上述状况也直接影响《民事诉讼法》的修改和调整。这较为集中地体现在2021年《民事诉讼法(修正草案)》的指导思想上:

> 近年来,随着经济社会形势发展变化和信息化时代全面到来,人民群众司法需要求日益多元,矛盾纠纷数量持续高速增长,民事审判工作形势发生深刻变化,民事诉讼法的有些规定已经不能完全适应

人民群众对公正、高效、便捷解纷的司法需求……有必要进一步予以完善……一是完善小额诉讼程序适用范围和方式……二是明确不得适用小额诉讼程序的案件……三是简化小额诉讼案件审理方式……(三)完善简易程序调整简易程序适用条件……(四)扩大独任制适用范围……

其实,随着经济社会快速发展而出现的“案多”应该被辩证地看待。根据国家统计局数据显示,改革开放40多年来我国GDP增长33.5倍,年均增长9.5%。相比改革开放之初,我国2020年受理民事一审案件增长了33.8倍。以德国数据为例,2019年法院共审理197.2257万件民事一审案件,每万人产生的民事一审案件数为237.62件;我国每万人的民事一审案件数为94.37件。我国每百万人配置的员额法官人数89人,而这一数值在德国为245人。也就是在相同的法官处理案件的能力的前提下,我们的每十万人的法官人数是德国的1/3。无独有偶,我国每万人产生的民事一审案件数量也接近德国的1/3。这样看来,法官案多人少主要原因是案多还是人少?还是人少。

这表明,随着我国经济社会的进一步发展和《民法典》时代的到来,民事案件数量还有相当的提升空间。为了确保《民法典》的正确实施,为了发挥民事司法的保驾护航作用,法官数量理应有相当幅度的增加。如果法官人数依旧维持不变,起诉难问题可能会再度凸显,诉权保障将面临结构性挑战。

经过上述讨论,我们再到《民法典》第687条第2款和《担保解释》第26条第1款的关系也就有了更多共情。《担保解释》第26条第1款认为,债权人不得直接起诉保证人。为什么不行?起草者认为,司法实践中鲜有不运用先诉抗辩权的一般保证人。这也就意味着,债权人起诉保证人若被接受,一般保证人大都会拒绝承担责任。法院据此驳回诉讼请求之后,债权人只得再起诉债务人。法院受理后诉之后作出生效判决还要加以强制执行。经过强制执行而不能满足债权的情况下,债权人又要回过头来起诉保证人,法院还要审理并作出判决,判决之后还存在执行问题。债权人要先后经过三次诉讼和两次执行,这岂不是加剧了“诉讼爆炸”和“案多人少”。

我相信,大家顺着这条思路分析下去,也会认为《民法典》第687条第2款的“有权拒绝”是值得商榷的,《担保解释》第26条第1款是唯一可行方案。我认为,“诉讼爆炸”、“案多人少”和法官长时期超负荷工作,成为落实《民法典》权利中心和权利本位之立法宗旨的最大挑战。如果法官人数没有显著提升,法官工作负荷没有合理回落，针对《民法典》第 687 条第 2 款的争论同样会蔓延到其他具体规范中去，因为其底层逻辑是相同甚至完全一致的。

▶ 民事诉讼法典与民法典协同实施的总体框架

我们接下来简要地谈一谈民事诉讼法典与民法典协同实施的总体框架，我将其归结为“一二三四”，即“一个中心、两个面向、三类诉讼和四大板块”。

一个中心是什么？我认为是实体/程序交叉研究要认真对待民事权利，以民事权利保护作为民事诉讼制度目的调整和诉讼模式转型的中心。《民法典》第 687 条第 2 款明确规定了先诉抗辩权，民事诉讼制度配套应严格落实其权利安排，而不是以某种理由或原因有意或无意抵牾《民法典》的权利安排。《民法典》确立的权利中心和权利本位将成为民事诉讼法走出“明希豪森三重困境”的有力抓手。

两个面向，即在以实体权利统摄民事程序的同时，要关注《民法典》中的程序要素和诉讼场景问题，无论是《民法典》第 687 条还是第 1010 条的正确理解和适用，均不例外。为了《民法典》第 229 条的正确适用，诉讼面向同样不能缺位。《民法典》第 229 条规定：“因人民法院、仲裁机构的法律文书或者人民政府的征收决定等，导致物权设立、变更、转让或者消灭的，自法律文书或者征收决定等生效时发生效力。”如若仅从实体法角度观察，上述条文表述存在“同语反复”之缺陷，其完全可改写为“人民法院、仲裁机构的法律文书或者人民政府的征收决定生效时导致物权设立、变更、转让或者消灭”。然而，当我们从其诉讼面向加以观察则别有洞天，因为三大诉讼类型中仅有形成判决可能变动实体法律关系，这毋宁是对形成判决的立法明示。

这就将我们引向了包含“形成诉权→形成诉讼→形成判决→形成力→权利义务关系变动”之逻辑关系的三类诉讼。而四个板块则分别是包含三大诉讼类型的审判程序、《民法典》第 687 条第 2 款讨论过的执行程序、因《民法典》第 997 条而成为当前研究热点的诉讼保全程序，而作为第四个板块破产程序则依旧是民事诉讼理论研究中相对薄弱的环节。更深度的研究，期待下次讨论。

商标法与反不正当竞争法的关系

冯术杰

冯术杰

清华大学法学院长聘副教授，博士生导师。山东大学法学学士（1999年），中国人民大学法学硕士（2003年），巴黎第一大学法学博士（2007年），巴黎萨克雷大学高级访问学者（2020年），马克思普朗克程序法中心高级访问学者（2018年），图卢兹大学高级访问学者（2016年）。目前兼任清华大学法学院科技文化与竞争法中心主任、北京知识产权司法保护研究会副会长、北京市人民检察院行政诉讼监督研究基地研究员、中华商标协会理事、中华商标协会海外维权委员会专家委员、青岛仲裁委员会仲裁员、中国国际经济贸易委员会域名争议解决中心专家。主要研究领域为商标法、反不正当竞争法、著作权法、网络知识产权法、国际知识产权法。

2007年开始在清华大学法学院任教，从事知识产权法教学16年，主讲商标法及反不正当竞争法、Chinese intellectual Property Law，International Intellectual Property Treaties等课程。

本文以“商标法与反不正当竞争法的关系”为主题和大家分享一下知识产权法学习和研究的一些特点和方法。

题目的背景

就商业标志的保护而言，我国有两部法律，《商标法》和《反不正当竞争法》。《商标法》保护注册商标，不保护未注册商标（在全国知名的未注册驰名商标是个例外）。《反不正当竞争法》通过禁止混淆的条款来保护未注册的商业标志（《反不正当竞争法》第6条）。世界贸易组织的《与贸易有关的知识产权协定》要求遵守《保护工业产权巴黎公约》（以下简称《巴黎公约》）。《巴黎公约》中就有一条规定，各国要禁止各种混淆行为（第10条之二）。世界贸易组织的成员方，还有世界知识产权组织的成员方，在全世界的覆盖范围很广。所以，在各国的法制以及学理上，混淆都是一种公认的、应当加以制止的行为。

为什么要禁止混淆？第一个原因就是侵犯了消费者的利益，假冒的牌子或者是模仿他人的包装会误导消费者作出错误选择。第二个原因是它损害经营者的利益，本来消费者要买甲公司的商品，因为混淆买了乙公司的，甲公司的销售量就减少了；而且仿冒的商品可能品质很差，也会损害正品公司的商誉。所以，禁止混淆就是保护经营者利益、消费者的利益以及宏观上的经营秩序。从这个角度来说，《商标法》和《反不正当竞争法》在原则、规则、标准和救济方面都应该有共通性。两部法律应当有机合作，共同实现制度目的。

但是如何让两部法律实现有机分工，就是我们的立法、司法以及研究工作中的任务。我们来看一下目前这两部法律的关系是否符合这个要求。

我们首先来看立法。《商标法》第57条规定了一些构成侵犯注册商标专用权的行为；第58条规定，将注册商标或者未注册的驰名商标用作企业名称中的字号使用，误导公众，构成不正当竞争的，适用《反不正当竞争法》。如果原告有注册商标，被告使用了原告的商标作为企业字号，《商标法》把这种情形下的注册商标保护问题转致给《反不正当竞争法》去规制。1993年《反不正当竞争法》明确规定，禁止假冒注册商标（第5条第1项）。如果在1993年《反不正当竞争法》背景下，就把这个转致条款给接过来了，那么《反不正当竞争法》

要适用一个什么样的标准来保护注册商标?要与《商标法》一致,还是不一致?如果跟《商标法》一致,《商标法》是否有转致的必要?如果跟《商标法》不一致,为什么不一致?2017年《反不正当竞争法》作了修订,删除"假冒他人的注册商标"这个条款。也就是说立法者认为,《反不正当竞争法》的禁止混淆条款不再负责对注册商标的保护。

现在,这两部法律怎么衔接就成为一个问题。

我们再看一下实践是怎么样的。在绝大多数商标侵权相关的案件中,案由都会写着"甲诉乙商标侵权及不正当纠纷案件"。为什么是这样?因为发现注册商标为他人所用,这个时候如果只起诉对方商标侵权,但法院最后可能没有认定商标侵权而认为这是不正当竞争。所以为了保险,很多情况下原告都会把两个法律一起援引。而这背后的原因就是两部法律分工不明,法律适用具有不确定性。

此外,某些类型的商业标志在两部法中受到歧视性待遇。如果我们说制止混淆是两法共同的目的,那么凡是会导致混淆的这种行为应适用《商标法》;而不涉及注册商标,则应适用《反不正当竞争法》。那么,什么样的标志可以注册为商标,什么样的标志可以得到反不正当竞争法的保护,这也需要两法的协调。因为理论上,任何起到识别作用、为他人所使用会导致混淆的标志,都应该保护起来。那么,哪些放在《商标法》里,哪些放《反不正当竞争法》里?这也需要厘清。

接下来的一个问题:混淆的认定标准和适用方法在《商标法》上和《反不正当竞争法》上是否相同?发生商标侵权的时候,《商标法》第57条规定,未经商标权人的许可,在相同或类似商品上使用相同或近似的商标,容易导致混淆的,构成商标侵权。被告用的标志和原告的商标是不是相同或近似,被告所使用商标的商品与原告所注册的商品是不是相同或相类似。在这个基础上,需要结合商标的知名度等因素来判断有没有混淆可能性。这是《商标法》规定的混淆认定标准。《反不正当竞争法》是怎么规定的?《反不正当竞争法》第6条规定,擅自使用他人有一定影响的(有知名度的)商品名称、包装、装潢,以及企业名称、域名、网站名称等,如果有可能导致混淆,应当制止。《反不正当竞争法》的规则设置与《商标法》存在很大不同。

两法关于混淆标准的定义方式是不一样的,那么适用的时候是不是也存在差异?判断的时候要不要这两部法律来进行协调?在制止混淆这方面,哪个法更先进？《商标法》规定了几个要件，按照这几个要件分别来。好处在于，这提供了一个很清晰的指引，法官必须审查各个要素，然后再评估混淆可能性。这提供了一种可操作性，有规则、有适用条件，让人觉得适用起来更有保障。《反不正当竞争法》不是这样，擅自使用他人的有一定影响的包装装潢，容易导致混淆的，就得禁止，但没有具体的判断标准。但这个时候法官也得判断被告的包装装潢和原告包装装潢是不是近似，也得判断被告经营的商品或服务和原告经营的商品或服务之间是不是类似？一个是卖桌椅的，一个是卖服装的，法官在适用《反不正当竞争法》的时候可能也不会认为有混淆的可能性。

我们可能会觉得《商标法》上的适用方法更好。我们看一下它是不是真的带来了适用效果上和方法上的稳定性和可预见性？什么叫商品之间相同类似？食品和药品是不是相同类似？保健品和食品，茶和咖啡，方便面和薯条、薯片，它们之间是否相同类似？苹果醋饮料和家里做菜用的醋，如果用了同一个商标，是不是类似？看了这些不同的例子之后，你会感觉这真不太好判断。不好判断怎么办？商标局有个分类表。在先有一个在婴儿服装上注册的商标，然后又来了一个在男士西装上申请注册的商标。商标局审查商标注册的时候，审查员用分类表来对照，如果两种商品不是一个群组，就认定商品不类似。按分类表来，极大地增加了确定性，但也会导致僵化性。市场在不断变化，分类表提高了效率，但是会损害公平，不符合真实的市场情况。《反不正当竞争法》是从市场中来到市场中去，所有相关的实践以及事实的认定和法律的适用都要考虑到市场现实的情况。

还有相同近似的标志，ABC 和 ADC 是不是近似？很多的商标之间，我要问是不是近似的时候，大家可能会有不同的看法。这意味着什么呢？即便《商标法》提供了一个有适用条件的认定标准，但是在具体适用的时候，法官也好，审查员也好，也会有很大的不确定性。从适用的角度来说，《商标法》是不是真的就比《反不正当竞争法》提供了更好的可操作性和可确定性？《反不正当竞争法》什么都没说，所以法官就综合案件各方面的事实因素来判断。《反不正当竞争法》给法官更多的裁量权，审理案件可能效率不是很高，但可以更符合市场实际。

那么《反不正当竞争法》的适用之中存在什么问题呢？《反不正当竞争法》第 2 条第 2 款定义了不正当竞争行为，规定其是指经营者在生产经营活动中，违反《反不正当竞争法》规定，扰乱市场竞争秩序，损害其他经营者或者消费者的合法权益的行为。有了这个名称的定义以后,又具体列举了一些类型的不正当竞争行为,其中第一类就是混淆行为,还有虚假宣传、侵犯商业秘密、商业诋毁等其他行为。所以,混淆行为也是一种不正当竞争行为。

大家注意语言和概念带来的影响。认定混淆的时候,是否一定要认定被告主观上有恶意、有不正当的目的、有极大的可谴责性,才构成混淆,进而认定其为不正当竞争行为?混淆这种行为,有的人恶意非常大,去模仿人家包装但模仿得不像,消费者看了之后客观上也不会混淆。这种只有主观恶意,客观上没有造成混淆的,认定不了混淆。如果主观上没有这些恶意,但是客观上它所采用的标志和名称造成了混淆,这个时候认不认定构成混淆?混淆的认定中,主观的要素要不要考虑进去?如果我们看法院的判决书,很多的案例,在认定混淆的时候会出现"主观恶性极大"等类似的话。这就引导法院把被告主观的意图、主观的过错程度纳入混淆的认定之中。

商标侵权是怎么样的?未经商标权人同意,在相同或类似商品上使用相同或近似商标,容易导致混淆的,构成侵权。主观意图在所不问,只要有未经许可使用商标的情形,那么就应当制止。为什么这样?侵权责任法上要有过错,有过错才能构成侵权。在《商标法》里也是要有过错,而且是推定有过错。

为什么可以推定这个过错?这就要回到注册制度。商标一旦注册,商标局会发布关于该商标的公告,一公告就推定全国的经营者都知道这个商标。企业在把商标投入使用之前,需要去查阅该商标是否被他人注册,如果已被注销的话,则无法使用该商标。专利也是这样:在制造或进口产品到国内前,需查阅该产品是否有专利,如果有专利保护,未经同意则不能制造或进口。所以专利也好,外观设计也好,商标也好,有了注册,有了公告的制度,就能够提升市场的效率,让善意的经营者可以采取措施避免侵犯他人的权利,从事合法经营,避免麻烦。混淆行为客观上对市场造成了损害,侵害了消费者的利益。可以看到,混淆标准的适用在方法上是有差别的。这个时候大家怎么评价两部法律的差异与优劣?

理论上认为,《商标法》这种做法,是走上了一种形式化道路。《商标法》与《反不正当竞争法》相比的话,《反不正当竞争法》是对行为的评价,《商标法》说注册商标权是权利,是财产权,这属于法律技术。在法律技术层面上,《商标法》似乎更先进,但它有没有通过法律规范、通过产权范围的界定给我们带来更好的法律的确定性?就实施的效果而言,可能不像理论上想象得那么好。

接着去看《商标法》适用的实践，就会发现其适用标准，有它的僵化性，也有它的不确定性。法院怎么做？在前文提到商标局是把分类表拿过来对照着用；法院本来是可以自由判断的，但法院现在认为分类表是一个参考。参考意味着什么？商标局做的分类表在法院的实践之中也有很大影响。

▶ 题目的问题点

总结一下，以上的问题都是哪些。第一点，对于注册商标的侵害行为，为什么《商标法》不能全部规制？《商标法》是以注册商标为客体，那么是否将这种法律关系全部涵盖？如果未全部涵盖，需要《反不正当竞争法》来规制的注册商标侵害行为是哪些？这个需要我们从立法上、从法律实践中来总结。在司法实践中哪些行为是《反不正当竞争法》规制的？刚才提到，注册商标用作企业名称中的字号，这种行为由《反不正当竞争法》规制。那么这种行为在《商标法》上没有可以解释适用的规则吗？

《商标法》第 57 条第 1 项、第 3 项规定了两类侵犯商标专用权的行为，第一类是未经商标注册人的许可，在相同商品上使用与他人注册商标相同的商标；第二类是未经商标注册人的许可，在相同的商品上使用与他人注册商标近似的商标，或者在类似商品上使用与他人注册商标相同或者近似的商标，容易导致混淆的。这个规定似乎已经足够广泛，难道不能够把字号这种情形给涵盖进去吗？但是我们实践中和立法上认为不能涵盖。

如果我们把《商标法》上的商标侵权条款（第 57 条）解释适用于刚才说的这些情形的话，会与《反不正当竞争法》的规则、适用方法和适用结果不一样吗？会有冲突吗？这种冲突正常吗？同一个侵害注册商标的行为可以同时构成商标侵权与不正当竞争吗？如果同一个行为，同时适用两部法律，我们说这是竞合，那是不是择一来适用？如果是这样，我们还需要看，一个案件之中，如果同时援引《商标法》和《反不正当竞争法》，针对的是同一个事实，还是说有不同的事实？如果行为人既使用了他人注册商标，也模仿他人包装装潢，这当中其实有两类行为；但如果只用了他人的注册商标，这时究竟是商标侵权还是不正当竞争行为，这才会有法律竞合的问题。

第二点，《反不正当竞争法》的适用范围是怎么样的？它适用于什么？注册商标之外的事，涉及混淆行为的是否都由《反不正当竞争法》规制？还是说所有商业标志,包括注册商标、未注册商标、商标以外的其他商业标志以及未列举的商业标志,都由《反不正当竞争法》负责? 1993 年《反不正当竞争法》,除了注册商标之外(第 5 条第 1 项),只列了 5 种商业标志(第 5 条第 2 项、第 3 项)。2017 年修订以后,商业标志种类有所增加(第 6 条第 1 项、第 2 项、第 3 项),而且变成了一个开放性的规定,增加了“其他足以引人误认为是他人商品或者与他人存在特定联系的混淆行为”(第 6 条第 4 项)。那么这个开放性规定,要不要也保护注册商标? 尤其是未注册商标要不要也保护? 这是从反不正当竞争法的角度看两法的关系。

第三点,如果注册商标与《反不正当竞争法》所保护的标志发生冲突了怎么办?《反不正当竞争法》保护商品名称,《商标法》保护注册商标,如果这两个标志发生冲突怎么办? 假设原告注册“iPad”商标在平板电脑上,被告有一个“iPad”商品名称,是知名商品特有的名称。原告有被告《商标法》上的权利,没错,但是被告也有《反不正当竞争法》上的权益,《反不正当竞争法》上赋予行为人禁止他人混淆性使用商品名称的权利。《反不正当竞争法》上的权益和注册商标权利哪个大? 哪个要优先? 有人说注册商标要优先,因为商标权是经过公示的权利,但是公示就要优先? 这时在《商标法》和《反不正当竞争法》里,后面我们会看到,会涉及一个是公平,一个是效率,这两个制度目标。《商标法》上的注册制度是为了提高效率,《反不正当竞争法》上保护所有正当的利益,禁止不正当竞争,是为了公平。

当公平与效率发生冲突的时候,我们怎么选择? 这是一个艰难的选择,可能也不太好衡量。整体而言,我们现在主流做法和观点还是认为要有效率。但是主流观点认为要有效率,并不表示我们在任何情况下都要追求效率。在两种价值冲突的情况下,法院可能会同时承认有两个权益的存在。

2013 年《商标法》修正的时候,新增了一个条款——第 59 条,该条第 3 款规定:商标注册以后,在商标注册之前他人如果已经有在先使用并有一定影响的商标,那么这个商标注册了后,也不能够制止他人使用在先商标,但可以要求其附加适当区别标识。在先的善意的使用人,可以在原有的范围内继续使用。在这个条款出来之前,我们注重效率,别人在先用的商标被注册了就可以被制止。例如,2010 年注册商标,注册之后发现有该商标人 2008 年就开始用该商标。商标注册人去起诉该行为人,法院让两个商标同时存在是少数,大多数情况下是只保留注册商标。但在《专利法》上,如果在专利的申请日之前,他人已经制造相同产品、使用相同方法或者已经做好制造、使用的必要准备，那么专利申请人专利授予以后，他人仍然可以在原有范围内进行使用。当时的《商标法》没有这个规定，商标一旦注册了，前面这些未注册商标都得禁止使用。大家想想为什么会有这种差别？

因为这两个法律的功能不一样。专利是干什么的？行为人发明一个技术后，行使专利权相当于只有申请专利的行为人能生产并销售这个专利产品，专利所覆盖的商品市场由专利人占有，其他人未经许可不得销售。但是在专利申请日前已经制造、使用的在先使用者，肯定是以商业秘密的形式在使用，也不是从专利申请人得到的技术，没有禁止他使用的正当性。这时候法律规定，整个市场划出一小块来给这个在先使用的人，他在原有范围之内制造、使用，不能扩大，也不能再许可别人。一个大蛋糕切出一小块给在先使用者，以维护其正当利益，所以蛋糕可以切。

《商标法》上这块蛋糕能不能切？商标是干什么的？商标是制止混淆的。标志在市场上，如果出现了另一个标志，消费者就会发生混淆，那这个时候能不能切蛋糕？专利产品，比如全国市场上每年需要 100 万件产品，其中 30 万件可以是在先使用者的，这 70 万件是专利申请人的。但商标所涉及的市场怎么划分？商标不好划分，只要两个商标发生冲突，消费者的利益会受到损害，商标权人的利益也会受到损害。当然消费者利益受损是主要因素。所以有人认为，注册商标和在先未注册商标不能共存，得禁止在先商标的使用。只有个别法院会认为，《反不正当竞争法》上的权益和注册商标权各自可以规范使用、和平共处。

2013 年修正的《商标法》第 59 条第 3 款规定是有利于在先使用人的。商标注册前，他人已经在同一种商品或者类似商品上先于商标注册人使用与注册商标相同或近似并有一定影响的商标的，他人仍然可以在原有范围内继续使用，相当于是给注册商标权设置了一个例外，但《商标法》并没有规定在先使用人有他自己的权益。在先使用人，他可以认为其有《反不正当竞争法》上的权益。现在《商标法》允许在先使用人继续使用，《反不正当竞争法》规定还有权利禁止别人使用，那可能会出现这样的情况，例如：在先使用人原来是在广东销售，《商标法》说继续使用该商标不对注册商标专用权人构成侵权，在先使用人可能会援引《反不正当竞争法》，说广东这块市场就是他的，谁在广东销售其依《反不正当竞争法》制止谁。其实在先使用人可以这么做。但是，我们的法律并没有朝着这个方向来解释。解释适用的主要方案还是说,这只是一个侵权的例外,《商标法》当然不能赋予在先使用人关于未注册商标的权益,而且《反不正当竞争法》上的权益在先使用人也不能援引。

为什么不能援引《反不正当竞争法》?法律并没有规定,那是谁决定的?是我们学说、我们的理论,为我们的学界、法官、法律人群体所共同接受的这种观念。这种观念认为,不能承认在先使用人有权益,因为注册商标制度我们得去坚持,这是《商标法》的基本制度。这是为了效率,尽管可能会损害公平。这个时候在广东这个地界之内,如果是有第三人来广东销售,贴着这个商标,此时他到底跟谁造成混淆?他是跟广东的在先使用人混淆,还是跟在后的商标注册人发生混淆?在广东在先使用人那家企业在2008年就开始销售,商标申请人2010年才注册了这个商标,很可能在广东还没开展业务。但是商标一旦注册,法律就推定它在全国范围之内有独占权,这是一种推定的权利,要给商标申请人效率上的优势。现在整体上是按照这种理解来处理。

看了这些具体问题以后,那么总的或者更上位的问题是什么?更上面就是法律的体系化的问题。一部法律之内要体系化,法律之间也需要体系化,为什么需要体系化?消除法律之间的冲突,明确法律的分工,实现公平。体系化意味着没有冲突;公平意味着有相同的情况,要相同的处理,类似的情况有类似的处理。如果处理的不一样,那需要有理由,得证成。

《商标法》与《反不正当竞争法》之间的关系,需要我们做一个体系化的处理,把这个关系理顺。首先能够在立法上理顺,那么是不是可以把《商标法》第58条删掉?然后在法律实践上理顺,是不是在法律规定并不明确的时候,在相关的理论学说指导下,能够以一种体系化的方式、没有冲突的方式来进行解释适用。最后还要在理论上理顺,这种理论能够为立法者和司法者所接受,促使它要么是在立法的层面,要么是在适用的层面实现体系化。有的时候立法上体系化不够,在司法之中由法官实现体系化。但是有的国家更注重或者更需要立法上的体系化,英美法系国家和大陆法系国家之间也会看到这种差别。在美国知识产权法的领域有很多东西,在立法层面上体系化的程度还不够,但是法官、法院起的作用很大,很多东西是通过司法判例的方式增强它的体系化。大陆法系国家就更强调立法,会追求在立法上实现它的体系化。我们的商标法与反不正当竞争法领域也是希望把两法的关系,能够通过一些法律技术和原理进行体系化的提升。

中国对法律的体系化、立法的体系化的要求是很高的,要求法律之间明确、清楚、没有冲突。这不仅是在《民法典》这个框架之内,在其他法律的立法过程中,也是希望在立法上能够有很高的体系化程度。这也反映出我们现在的特点:希望很多工作能够通过立法来实现,不想把它留到司法这个层面上来解决,希望通过立法带来更多的确定性、可预见性。

在反不正当竞争法领域,法院在法律的发展和适用中所起的作用非常大。但是在其他的包括商标法这个领域,情况就有很大差别。在《商标法》的解释和适用之中,法院在很多时候很保守,不敢作扩张的解释。但是反不正当竞争法的领域,法院做得非常多,司法实践非常丰富,这个是与法律的特点密切相关的。我们看德国,是将反不正当竞争领域单独立法。我们再去看法国,没有反不正当竞争法的立法,就用民法典侵权责任的一个条款发展出了一些判例。“因为过错给他人造成损害,应当承担法律责任。”法院就用这一条,然后发展出混淆、商业诋毁等相关的案例,再加上一些学说。我国采用单独立法来增加确定性。但是适用的时候也是避免不了要依靠法院所发挥的积极作用。法律不可能对所有情况全部规定好,因为市场上的商业模式、商业行为的发展变化速度非常快,很多新的商业模式和行为需要法官与时俱进地来解释法律,才能够实现对不正当竞争行为的规制。

▶ 研究的组织和展开

我们面临这些具体的问题,在整体上体现为法律体系化的问题。下面我们这个研究怎么样组织和展开呢?相关的法律知识可以给我们提供一些基础的材料或者背景。

▷ 两法的基本关系

这两部法律的性质,《商标法》是一个财产法,但是它和民法上的财产权相比,两者的共性和个性在哪里?尤其是我刚才给大家提到的,它的权利边界或者侵权认定标准具有模糊性的情况下,其作为财产法,它所提供的这种法律技术上的进步性是不是要打折扣?《反不正当竞争法》我们说它是个行为法,用它来评价一个行为的正当性或者合法性。两者一相比,我们觉得还是财产法可能在法律技术上、结构和内容的安排上比行为法更丰富,尽管它的效果可能要打折扣。

在功能与目标上,《商标法》保护商标的识别功能,识别不同的商品服务提供者;保护商标的品质指示功能,每家商标对应商品的品质都是不同的;商誉承载功能,各家有各家的商誉。商誉是指商品的品质和口碑如何、提供的售后服务如何等。《商标法》通过保护商标的这几个功能来保护消费者的利益、经营者的利益和整个市场的竞争秩序。《反不正当竞争法》是禁止混淆行为,甚至在有些情形下禁止搭便车的行为,以保护经营者的利益、消费者的利益和正当的竞争秩序。所以《反不正当竞争法》,我们传统上认为它具有一定的公法特性,它评价竞争行为、保护竞争秩序,这是《反不正当竞争法》第1条规定的。

我们认为《商标法》是一个财产法,但是我们看《商标法》的立法,它首先强调的,是商标管理,行政色彩比较浓厚,现在《商标法》正在修改,也要像《专利法》《著作权法》一样,朝着权利法的这个方向发展。所以《商标法》与《反不正当竞争法》有很多的共性,都有公法的特点、私法的特点,有竞争秩序的保护等。

两法的基本关系,通说是认为反不正当竞争法对商标法起着补充作用。"补充"这两个字怎么理解?补充什么?为了什么目的来补充?补充意味着有主有辅,是否意味着商标法是主要的,反不正当竞争法是次要的?是干什么事的时候分主要次要?保护那些未注册的商业标志,那肯定反不正当竞争法是主要的;只有在注册商标的保护领域,商标法是主要的,反不正当竞争法是补充的。这意味着什么?

第一,在适用的优先性上,凡是能适用商标法要适用商标法,不要适用反不正当竞争法。比如商标侵权行为,我们把它归入一类反不正当竞争法上的混淆行为,其实也是没有问题的。但是商标法既然有规定了,那反不正当竞争法它就是特殊法,优先适用商标法。

第二,商标法没有规定,什么情况下需要由反不正当竞争法来保护?反不正当竞争法不仅要根据自己的法理、目标、标准来判断,而且要考虑到商标法的规定。如果从商标法的规定中可以得出来,这种行为就是反不正当竞争法不保护的。因为注册商标的保护,商标法是主导。

第三,如果是未注册的商标,反不正当竞争法保不保护?一方面,对于未注册的商标,《商标法》第32条禁止申请商标注册人抢注他人已经使用并有一定影响的未注册商标。但是如果在先未注册商标没有知名度,被别人抢注了,法律是不禁止的。另一方面,有一定知名度的未注册商标,没有达到驰名的程度,在商标法上没法禁止别人使用。这是否意味着反不正当竞争法也不要来保护?有人就认为,采取商标注册制度,这是我们制度的基础,所以商标法没有保护它,我们就不要保护它。我们想想这个说法是不是真的有道理?

实践之中法院怎么做?实践中绝大多数情况还是会用反不正当竞争法保护未注册商标的。因为一个有一定知名度的未注册商标,被人抢注,造成混淆,法院不能不管。个案中,混淆行为对公平的损害,这是一定要制止的。法院怎么管?《反不正当竞争法》上没有规定保护未注册商标,那法院怎么办?这个未注册商标,它如果是个文字,法院不把它叫作商标,法院会认为这是一个知名商品特有的名称。大家都知道的拉菲酒,其实"拉菲"就是一个商标,但法院说"拉菲"是一个酒的特有名称,所以以商品特有名称的方式来保护这种文字商标。它如果是标识(logo)、是一个图形,法院就说这是个装潢。法院把未注册商标定性为装潢或者定性为知名商品特有名称,以实现对未注册商标的保护。这是绝大多数情况下的做法。

还有一种更激进的做法,即直接认为《反不正当竞争法》第6条的规定就是来保护未注册商标的。大家看有没有什么问题?《反不正当竞争法》是没有规定商标的,规定的是商品名称、包装、装潢、企业名称等,《反不正当竞争法》如果想保护未注册商标的话,为什么没将其予以规定?但是我们也看到,法院可以把一个商标说成商品名称,如拉菲酒、平板电脑(iPad),说是商标也行,是商品名称也行。这涉及商标的定义,什么是商标?我们现在就回到这个定义,《商标法》中的商标,《反不正当竞争法》中的商品名称、包装、装潢、企业名称等,是不一样的。但是按照上面那种说法,会认为反不正当竞争法上这些标志也是商标。

在知识产权法领域,很多情况下权利客体在法律上是没有规定的。目前正在进行的《商标法》修改,有人提出需要规定商标定义。这个事得谨慎,虽然有学理上的定义,但真正要把它在法律定下来,一是不好定义,定义不能会影响适用的范围;二是一旦定义下来,其是否能够起到统率的作用?

尽管如此,理论上还是认为,商标是区分不同商品或服务提供者的标志,这是从功能的角度来定义商标。凡是有这个功能的,它就是商标;凡是来区分不同商品服务提供者的,就是商标。商品名称、企业名称中的字号、网站名称、域名,能否区分不同商品或服务提供者?共享单车出现的时候,小黄车、小红车、小蓝车,一看颜色就知道是不同家的,所以这些都是商标。这些标志自身可以有自己的功能,也可以同时有其他功能,但是只要有这一个区分不同商品或服务提供者的功能,就叫商标。从这个角度来说,把《反不正当竞争法》上这些商业标志也可以称为商标。但是这样的称谓有一定的混乱性:既然这些都是商标,还有什么必要把他们叫作商品名称、域名、字号?这些确实一边是扮演商标的角色,一边扮演他们自身的企业主体名称、网站名称这些角色。

在这种情况下,这种混乱性是可以解决的,可以考虑在相关条款的设置中解决这个问题。比如商标侵权条款规定的是,未经许可在相同类似商品上使用相同近似商标。如果被告用的这个东西是商标之外的其他商业标志,把别人商标用作商品名称、字号、包装、装潢,如把"LV"写一大堆在包上当作装潢,这种情况下怎么办?司法解释和《商标法实施条例》里面,单独规定,把别人商标用作这种、那种其他标志,也是侵权。

可以看到,商标法领域法院适用条款有一定的僵化性。如果从广义上定义商标,被告用的这些标志都可以叫商标,但是我们没有这么做,而是通过司法解释和条例的方式给它列出来,提高确定性。那么出现搜索关键词怎么办?把"阿迪达斯"用作搜索的关键词,这时候怎么办?这是不是商标?搜索关键词就出现了一个新的标准。用作手机应用程序(App)的名称怎么办?我们没有必要一个个都列起来。如果有一个统一的商标的定义,或者允许法院从识别功能的角度来解释商标,这些问题都可以解决。

所以,《商标法》和《反不正当竞争法》对这些不同的标志进行保护的话,存在对标志的定性进行协调的问题。理论上说,为了维护商标注册秩序、维护商标注册制带来宏观的效率上的优势,要牺牲一下未注册商标。可以有宏观上的追求,但是在微观的层面,在处理案件的时候,法官是否还能坚持宏观的这种价值目标?在具体个案中,往往看不到宏观上的追求,而且你也不认为保护未注册商标真的就破坏了商标注册制。

▷ 研究内容的组织

商标法是财产法,有客体、权利范围、侵权认定标准、救济措施。反不正当竞争法是行为法,评价行为的正当性。但是,行为的正当性是很难评价的。《反不正当竞争法》一般条款(第2条),我们不主张适用。但是在一些案件中,尤其涉及网络新型竞争行为,法院在这个领域多次适用该条款。你看那些法院的判决，不仅要穷尽各种手段评估正当性。还要有大幅的论证且论证得有道理。在很多案件之中，对行为的评价，最后是落实到对原告正当权益的评价，即要分析原告有没有正当权益、被告的行为是不是损害了原告的正当权益，最后认定是否为不正当竞争行为。所以，对行为的评价和对原告权益的评价，很多时候难以区分清楚。

财产法提供了一个更具有结构性的分析框架（客体、权利范围、侵权认定标准、救济措施）。所以在展开分析的时候，不妨采取如下方式：

1. 客体。《商标法》和《反不正当竞争法》上受保护标志的范围是怎么样的，什么东西可以申请注册为商标，什么标志可以受到《反不正当竞争法》的保护，这两者之间有什么差异？这里得注意，我们是采用了《商标法》作为财产法所具有的组织结构上的优势，但是这种结构并不完全符合《反不正当竞争法》。注意，《商标法》是以标志的保护为目的和范围，但是《反不正当竞争法》不是。《反不正当竞争法》是禁止各类的混淆行为，这是它的目的；即便是没有商业标志，如果造成混淆，《反不正当竞争法》仍然要适用。

这里以百度和某输入法的案子为例。在百度的搜索框里输入一个词，它会出现一个下拉菜单，下拉菜单内有一些提示词和短语，指引到这个词相应的搜索结果。这是百度提供的服务。百度把它要推广的搜索结果提示出来。但是，使用某输入法在百度的搜索框里输入的时候，输入法自己会出现一个下拉菜单，然后点击输入法下拉菜单里的词，就会转到该输入法安排的搜索结果中去。百度就起诉某输入法公司，用户还以为用的是百度搜索服务，其实用的是某输入法公司的搜索服务，造成了混淆。这里没有商业标志，是这种下拉菜单的模式造成了混淆。这是不涉及商业标志的混淆的一个例子。

2. 权利范围和侵权认定标准。《商标法》有规定，注册商标专用权人有权制止他人将注册商标作混淆性使用。然后又从反面规定，哪些行为不构成商标侵权。商标中的通用标志和描述性标志的正当使用（第 59 条第 1 款）、功能性标志的使用（第 59 条第 2 款）、在先未注册商标的继续使用（第 59 条第 3 款），这些不是侵权。正反面加起来构成了关于注册商标侵权范围的规定。《反不正当竞争法》的认定标准，跟《商标法》是不一样的。《商标法》要比较商品类似性，比较商标近似性，考虑混淆可能性等；《反不正当竞争法》没有规定那么多，法官自己把握。整体而言，《商标法》上僵化性更强。我们需要去除《商标法》上的这种僵化性，纳入更多的因素去考虑，更符合市场的实际。《反不正当竞争法》则要更多地实现一种方法上的指导,使法官的判断也有章可循。

3. 权利冲突的解决。在先商标与在后的其他未注册商业标志,在先未注册商业标志与在后的注册商标,发生冲突怎么解决?如果有在先的注册商标,别人有在后的其他商业标志一概禁止,这没有问题。别人有在先的未注册商标,你有在后的注册商标,《商标法》规定现在在先使用人可以继续使用。那么如果有在先的《反不正当竞争法》上的这些标志怎么办?

4. 救济措施。商标侵权的损害赔偿标准和《反不正当竞争法》上的赔偿、行政罚款要不要保持一致?《商标法》有惩罚性赔偿,《反不正当竞争法》要不要也有?其他的一些救济措施,停止使用、消除影响、公布判决等,要不要引入?

我们把大的题目分成这四个方面,对每个具体的方面展开研究,以探这两部法律的区别。

▷ 思考的维度

有了这些问题,对问题进行了组织,那么我们该如何思考这些问题?从哪些维度进行思考?

第一,我们要思考,对以上这些问题,是怎么造成的?有历史方面的原因,1993年的《反不正当竞争法》为什么那么规定?2017年、2019年为什么修改,修改之前法院是怎么做的,修改之后产生什么样的影响?还有借鉴外国法方面的问题、理论认识上的问题,对两法关系的一些认知。是什么妨碍了体系化,为什么一直没能理顺?最后是立法技术的问题,政策背景的问题等。

第二,外国法的情况是怎么样的?我们自己有这些问题,那么外国法上有这些问题吗?刚才提到,德国有专门的反不正当竞争法立法,法国是用民法典的一个法条予以规定。英国没有反不正当竞争法,但是有反假冒制度,类似于我们的混淆理论。其在英美法上叫反假冒(passing off),在大陆法系叫混淆(confusion),这两者都统一到《巴黎公约》禁止混淆的条款。美国也是判例法,有反不正当竞争的概念,但是在法律的体系上,与英国很相似,主要是反假冒的一些制度。还要去看国际条约,尤其是我们加入的国际条约,是怎么规定的。

第三,我国法制的特点是怎样的?司法实践是怎样的?这一定要去了解。

如果不了解司法实践纯粹看法条,是看不明白的。我们需要立法层面上的解决方案,还需要司法层面上的解决方案,两者都要做。

第四,目前的问题和解决方案对相关权益保护、制度目标、竞争秩序、市场效率的影响是怎样的?如果要保护未注册的商标,对商标注册秩序以及商标注册制度会有影响吗?不保护这些标志,就让它在市场上发生混淆,会给我们带来什么样的影响?

第五,相关知识产权法的领域有哪些值得借鉴或者需要协调的方面。比如关于商品形状,商品形状能不能注册为商标,商品形状能否得到《反不正当竞争法》的保护?《商标法》上现在规定,一个商品本身的形状,例如用香水瓶去申请商标,商标局会将此驳回。但如果能证明该瓶子在中国已经经过大量使用并且有了知名度,消费者看到它已经不把它当瓶子看了,会通过它来识别商品来源,这个时候商标局才给注册。《反不正当竞争法》上,列举了商品的包装、装潢,但是没有写商品形状,那有知名度的商品形状能不能受到保护?

《商标法》第 12 条规定:"以三维标志申请注册商标的,由商品本身的性质产生的形状,为获得技术效果而需有的商品形状或者使用商品具有实质性价值的形状,不得注册。"这个原则在著作权法上、外观设计法上,还有反不正当竞争法,都有体现。那其他这些法是保护什么呢?商标法、著作权法、专利法、反不正当竞争法,都是保护那些非技术性、非功能性的形状。如果这个东西就是由技术决定的,没得选择,这个时候这个技术由专利法来保护,保护一定的期限后,最后进入公共领域,之后别人就可以制造这个商品。如果商品的形状是技术决定的,它对竞争的影响是致命的,别人没法销售这个商品,所以交给专利权来保护,给一个有限的期限。不是由技术决定的、任意性的形状,在著作权法上,这是你个人的创意,你设计的这个屏幕就跟人不一样,非常好看,可以有著作权。

在《商标法》上,你也选择一个独特的形状,这个时候其实是可以保护的。消费者去买洗发水、买香水、买饮料,如果包装它们的瓶子是独特的形状,不是常规形状,消费者能否通过它来识别来源?但是法院说,商品包装的形状和商品自身的形状,消费者只会把它作为包装和商品形状来认识,不会把它认知为商标。什么是商标?能够识别商品或服务提供者的来源,就是商标。这是从功能角度定义的,即商标能够识别提供者来源。蘑菇形状的瓶子装的是儿童沐浴露,消费者通过识别蘑菇形状瓶子来识别沐浴露的生产厂家。这家的香水是这个瓶子,下次消费者还买这个瓶子。它们是不是也实现了识别来源的功能?

所以对商品形状进行保护的话,需要协调著作权法、专利法、商标法和反不正当竞争法上的不同保护。还要和专利法的发明和实用新型进行协调,它们保护一种技术性的形状,但是有期限。所以有人反对商标法保护商品形状,因为商标可以无限地保护下去,这个形状永远就属于商标权人了。对于技术性的形状当然不行,但是对那些非技术性的形状,比如设计出一个独特的瓶子来装香水,如果某人对这个瓶子一直有商标权,对其他的经营者产生了什么不利影响?从这个角度来看,感觉好像没什么影响,其他人可以设计其他形状的瓶子;但是还需要考虑制度利益。有一个独特的形状确实没事,如果有成千上万个瓶子形状,注册很多个瓶子,将使很多香水瓶一直处于私有权的独占范围之内。著作权保护50年,外观设计保护15年,都是有期限的,过了期限之后就进入公共领域,不影响别人的创作。但如果商标法一直保护下去,有那么多形状的瓶子在,其他人想设计一个不近似的、独特的形状,很困难。从制度利益这个角度来看,是会造成影响的。这也是一个要考虑的因素。

▷ 研究的落实

接着我们来落实这个题目。整个的大的题目和四个部分中的一些问题,都涉及:第一,问题的表现——立法上的体现、实践中的体现、理论上认识的体现;第二,问题得是有意义的,即为什么这个问题重要;第三,你准备怎么研究、准备研究哪些内容、分成四个方面之后按什么样的结构来研究。

接着就是对问题的分析,从制度发展史、国内外理论学说、立法实践各个角度切入,分析问题的根源、制度背后的原理、制度特点、解决方案的构建、可行性分析、效果预测、与相关制度的协调性等。考虑要全面而深入,当然不排除我们有时候只从一个角度来研究,如果从一个角度进行特别深入的研究也不失为一种好的选择。

最后,就这个题目我查阅了相关的资料,向大家推荐几本书。《现代知识产权法的演进:英国的历程(1760 - 1911)》([澳]布拉德·谢尔曼、[英]莱昂内尔·本特利著,金海军译,北京大学出版社2012年版)介绍了注册制在知识产权法上的引进,在历史上是怎么引进的,意义在哪。提姆·道尼斯(Tim W. Dornis)的《商标和不正当竞争的冲突》(*Trademark and unfair competition conflicts: historical-comparative, doctrinal, and economic perspectives*, Cambridge University Press, 2017)这本书把德国法和英美法关于商标法及反不正当竞争法发展的历史进行了一个比较和梳理。孔祥俊老师的《反不正当竞争法新原理》(法律出版社 2019 年版),书中对于反不正当竞争法适用之中司法实践如何积累有非常充分的描述。余俊老师的《商标法律进化论》(华中科技大学出版社 2011 年版)对商标法自身的发展演进进行了研究。《全球反不正当竞争法指引》([德]弗诺克·亨宁·博德维希主编,黄武双等译,法律出版社 2015 年版)对很多国家的反不正当竞争法进行梳理。通过这几本书可以就这个题目得到一些有关背景方面相对比较充实的文献。

▶ 知识产权法的特点与学习方法

从这个题目的讨论,我们可以感受到知识产权法学科的一些特点。我将体会到的一些特点和大家交流一下。

1. 国际化。知识产权法可能是我们法律体系中最国际化的一个法律分支。1883 年就有《巴黎公约》,1886 年有了《伯尔尼保护文学和艺术作品公约》。往后,1994 年世界贸易组织的《与贸易有关的知识产权协定》等。一系列条约协调了各国的立法。就我国而言,还有双边条约。

我国知识产权法就是在改革开放的背景下发展起来。我们需要改革,建立市场经济,需要发展科技,国外的技术与企业要进来,需要保护他们的专利、技术与商标,所以我们就引进知识产权法。改革开放最初就认为,知识产权法不能缺,外商投资法不能缺,没有这些法律国外企业就不能开展经营活动。建立起来了,但是保护水平和国外不一样,还要协调。20 世纪 90 年代与美国三次知识产权争端,经过激烈的谈判,签署三个协定,国内立法还有执法也进行了调整。为加入世界贸易组织,2000 年左右我们的法律修改了一轮。现在知识产权是国际关系中的重要的议题,每年中美和中欧都有知识产权和创新方面的双边会议。2019 年中美第一阶段协议里面,知识产权也是重要的内容,我们的法律也进行了相关修改。要学知识产权法,需要了解这些条约,需要了解我们国际关系。很多的国内法律规定都能在条约上找到来源。

2. 私权与公共利益并重。在知识产权领域,商标权、专利权、著作权都是私权,但是这些私权与房子、汽车相比,它们对公共利益的影响不一样。有体财产由权利人占有并使用,对其他人基本没什么影响。商标、发明和作品这些无形的客体,如果没有法律拟定的权利,任何人都可以用。权利人的技术一公开别人都可以用,作品一出来别人都可以用。但是一旦有法律的规定,其他人使用的权利就会受限。法律的出台是为了鼓励创新,鼓励企业建立自己商誉,对它进行保护,但是激励到什么程度?一方面要激励作品、技术的创造,另一方面还要促进它的传播,所以作品是有保护期的,技术也是有保护期的,而且对作品、专利、商标的使用也是很多例外的。要促进公共利益,包括药品专利与公共健康,这也是国际国内讨论的一个重要问题。我们总在说要提高知识产权保护水平,加大知识产权保护力度。这没错,但是我们不仅要考虑权利人的利益,也要考虑到竞争者的利益、第三方的利益、公共利益,要从一种中立的角度来思考这个事。

3. 体系化。考虑知识产权法之间的体系化,比如针对商品形状,几个法律都来保护,怎么协调?还要考虑知识产权法与其他法律之间的体系化,例如与反不正当竞争法的关系、与反垄断法的关系。还有行政法,专利授权、商标注册是行政许可法的关系吗?还有行政诉讼法,商标局认为商标没有显著性,是否需要承担举证责任?还有知识产权法与民法、与电子商务法等的体系化,这里面一个突出的例子就是网络服务提供者的责任。

4. 效率与公平的平衡。比如之前提到的,商标和专利领域在先使用者的权利要不要保护?还有,拟制的权利与现实中的利益如何平衡?

5. 客体特殊性对制度的影响。很多时候知识产权法的客体不好界定,商标法、专利法和著作权法,都从反面排除一些客体。还有客体类型的规定,物权法定的原则在知识产权法里面怎么体现?还有事实问题与法律问题的区分、混淆可能性的判断,商标显著性、专利的创造性和作品的独创性的判断,这里面有事实问题,有法律问题,怎样进行清楚地区分?

6. 新制度的试验田。例如前文提到的网络服务提供者责任,还有行为保全、反向行为保全,民事诉讼法上这些制度也是从知识产权法领域先得到试验。“陷阱取证”,也是从知识产权侵权的案件先开始。

7. 知识产权法提供了一种分析的方法。数据信息的保护,民法领域也在研究。知识产权法领域的研究,比如对商业秘密的保护,对著作权、专利权的权利范围的界定和类型的界定,都为数据权利的保护提供了一种与民法不同的视角。

8. 理论、逻辑分析与效果评估。比如法人作品，法人能不能创作作品，还是说只有自然人才能创作作品？作品是作者人格的表达，你如果认同了这个理论，法人就不能成为作者。但大家还在讨论这个问题，就表明也不是一个理论就能把这个事给确定下来。为了让法人能够成为作者，从而有利于作品的创作和开发使用，可能要对这个理论作出一定的协调，考虑现实的产业需要进行效果评估。

9. 丰富的法律实践。知识产权法领域的人，法官也好，研究者也好，要充满好奇心，保持开放心态。出现新的商业模式、技术类型、行为模式、商业关系，要去了解它是怎么回事，企业有什么样的考虑，利益点在哪儿。你如果看不到这其中的商业关系，就处理不好法律纠纷。

10. 软法的作用。电商平台创立的管理规则、平台自己的争议解决程序，是不是什么都可以规定？法律上规定的知识产权争议解决程序与它怎么协调？

11. 政策与法律的关系。加大知识产权保护力度，这个政策对法律会产生什么样的影响？知识产权侵权赔偿额不断提高，但是怎么计算？知识产权法领域的计算方法和民法领域的计算方法，你会发现有很大的差别。政策对知识产权法影响很大。

12. 法律与道德、社会环境的关系。同样都是商标注册制度，为什么我们的商标抢注这么多？制度创新，必须能够遏制住相关的不正当的抢注行为。反不正当竞争法中，对于网络上的各种新型的竞争行为，比如加框链接；又如通过在浏览器下载插件以不看视频广告，这些行为如何规范？

13. 常识、经验、法律原理与实践。比如商标近似性、混淆可能性的判断，法官和审查员都要进行查看，再利用相关法律规则进行分析和论证。所以，字面上的这套理论和大家根据生活经验感受到的东西有多大差别，需要去验证它。很多时候你要用逻辑、用自身的常识和经验来验证一下，这套话语解决了问题没有，与现实、常识是否相符。

14. 本土法制的发展。这几年，我们的知识产权法从内部、从我国自己的需要出发，进行了制度自主创新和改革。比如在规制商标抢注方面，我们建立了一些新的规则和做法。我们对自己的制度构建做了很多很好的尝试，但这同时也是很大的一个挑战。

19世纪的法律演化论

鲁 楠

鲁　楠

清华大学法学院长聘副教授，博士生导师。大连海事大学法学学士（2002年）；清华大学法理学专业法学硕士（2007年）；清华大学法理学专业法学博士（2012年）；中国人民大学法学院博士后（2012~2014年）；美国哈佛大学法学院富布莱特访问学者（2010~2011年）。目前兼任清华大学法律全球化研究中心主任。主要研究领域为比较法、法社会学、法律全球化等。

2014年开始在清华大学法学院任教，从事比较法教学近10年，主讲比较法导论、西方法律思想史、法文化专题研究、西方法律思想史专题研究等课程。

引言

本文想要向大家介绍一下比较法研究。在 1999 年清华大学法学院复建的时候,当时多家媒体曾经发布新闻,将清华大学法学院称为“第二个中国的比较法学院”。很多同学也知道,中华民国时期也有一所学校,被称为“中国的比较法学院”,那就是东吴大学法学院。东吴大学法学院当时以培养英美法方面的人才著称于世,在抗战结束后东京审判的过程当中,很多参与这场国际审判的法官、检察官都来自东吴大学法学院。而 1999 年清华大学法学院复建之后,被称为“第二个中国的比较法学院”,这是有原因的。因为清华大学法学院在建院之初就特别重视比较法的教学研究,希望培养的学生具有开阔的视野、能够了解世界上各个国家和地区法律发展的情况,并且学生能够走出国门,在世界舞台上发挥重要作用。因此我们说,作为一个比较法学院,清华大学法学院在中国的大学体制中,在法学院的序列中显得独树一帜。

经过 20 多年的发展,清华大学法学院已经成为主流法学院,对于比较法的学科和方法的重视一直持续到今天。无论大家在清华大学法学院学习什么专业、从事哪个领域的研究,都能够发现自己的导师在有意识地运用比较法的方法,来拓展自己学科的教育、深化自己的研究。可以说比较法的方法已经渗透进了法学院的血液。此后,清华大学法学院专门设立了一个学科,叫作“比较法与法文化学”,这个学科实际上由两个方向的老师组成:从事外国法律史研究的老师和从事中国法研究的老师。经过这些年的努力,该学科的知识领域由对于西方的,包括大家所熟悉的英美法系、大陆法系的那些国家和地区的研究,开始扩展到了其他地区。特别是最近七八年间,我们开始从事印度法系和伊斯兰法系的研究。大家知道印度法系不仅涵盖了今天处于南亚次大陆的那些国家,也包括了一些东南亚的国家和地区。因此,我们就逐步突破了过去以西方为中心的研究,开始进入广大的发展中国家,特别是非西方国家区域的法发展的研究。可以说,这样一种发展方向在全国的法学发展中都是独树一帜的。正因为这些年积累了很多非西方国家的法律发展资料,我们回过头来开始思考一个很重要的问题:人类历史发展的过程中,究竟有没有一般的规律?有没有一个可以归纳出来的共同线索?

这个问题可以凝结为一个概念：法律演化。今天本文所论述的主题就是法律演化。法律演化（Legal Evolution）是法理学与法史学研究中的经典命题，该命题假定法律作为一种社会现象，在历史发展与社会变迁过程中，经历了某种变化过程，而在这种过程背后，暗藏着某种特定的线索、法则或规律。本文将追溯法律演化论产生、发展和变化的历史过程，通过提炼其中的核心命题，阐发背后隐藏的关键争论，寻求将法律演化的研究奠基在一种非目的论的新演化观基础上。

19世纪的法律演化论

当我们谈到法律演化的时候，其实背后有一个更基础的概念叫作演化。演化（Evolution），又称进化，其拉丁文为“*evolutio*”，系“展开”（to unroll）之义，暗示在紧凑形态中展开潜藏的结构。这一意蕴最初在生物学中使用，用以描述胚胎的变化。其后空间意义上的结构展开转喻为时间上由简入繁的变化过程，到了19世纪由赫伯特·斯宾塞（Herbert Spencer）赋予由低到高的自然发展之义，并借达尔文《物种起源》巨著的放大，由此成为一个寓意广泛，影响深远的关键概念。[1]

演化概念对19世纪的法学亦影响甚巨，很多杰出的思想家如萨维尼、梅因、马克思和韦伯等都吸纳了演化观，将其整合进入各自的社会与法律变迁理论当中，试图形成法律与社会关系的新理解。他们或者偏重于法律演化，以此为视角，透视社会演化；或者偏重于社会演化，以此为背景，解说法律演化，可谓各有千秋，异彩纷呈。但总体上形成了以法律解社会和由社会观法律两种视角，也相应形成了两种不同的演化观。

法律演化中的社会

从法律视角观察社会演化，是法学领域中率先形成的一种演化观。它的形成与法学中固有的自然法传统不无关联。自然法思想将整个社会想象为某种形式的法秩序，从而将法的意象叠加到整体社会关系上。其中最典型的代表为18世纪的社会契约论，即以法律意义上的“契约”作为重构社会关系的蓝

〔1〕 See Peter J. Bowler, *The Idea of Evolution*, University of California Press, 2003, p. 8.

本,这一机械论式的推理尽管经过孟德斯鸠颇具有机主义色彩的修正,但并未改变借由法律观察社会的视角。到了 19 世纪,随着西方社会现代化的加速和急剧扩张,人类社会的复杂性和多样性开始冲击自然法思想,促使思想家借由社会与历史的广角,来涵盖纷繁复杂和高速变化着的法律现象。由此历史法学派作为自然法思想的反对者诞生,其中最具代表性的,分别是以萨维尼和梅因为代表的德国和英国历史法学派,其分别从观念论和经验论两种不同的立场出发,将历史带入了法学研究的核心,自然也将演化这一重要观念引入了法学的天地。

1. 观念论的法律演化观

萨维尼的法律思想在经验上衔接于罗马法,政治上接近英国思想家艾德蒙·伯克的政治保守主义,而哲学上则扎根于受到赫尔德影响的德国历史主义观念论传统。[1] 在 1814 年写就,作为德国历史法学派"纲领性著作"的《论立法与法学的当代使命》一书中,萨维尼反对以蒂堡为代表的那种源自法国理性主义传统的立法观,主张将"有机进展的法学"作为促成德国统一的适当手段。在这种法学的指引下,法律和"语言、习俗和政制"一样有机地成长,它并非通过立法者的专断意志设计而成,而是通过"内在的、默默起作用的力量"生成,这种力量来自"民族精神"。[2] 在这种叙事中,"进展"(Entwicklung)一词蕴含着"演化"之义,体现出萨维尼独具特色的法律演化观。[3] 这种演化观具有以下三个核心特征:

第一,法律演化是有机的而非机械的。爱德蒙·伯克在对英国宪法的研究中曾充分运用"有机生长"的隐喻,用以描述法律扎根于诸多因素交织的活生生的社会关系。而这种隐喻激发了萨维尼的想象,将社会视为一个有机体,法律像语言一样,从中孕育而生。这与法国 18 世纪的理性主义传统形成对比,后者坚持人类与生俱来的理性能够创制出一套包罗万象的法典,对社会进行全方位的设计和改造。如果说,理性主义所主张的法律观是颇具机械论色彩的法律创制论,那么,萨维尼的法律观则是以有机论为底色的法律生成论。

---

〔1〕 See Peter Stein, *Legal Evolution: The Story of an Idea*, Cambridge University Press, 1980, p. 56 – 59.

〔2〕 参见舒国滢:《德国 1814 年法典编纂论战与历史法学派的形成》,载《清华法学》2016 年第 1 期。

〔3〕 See E. Donald Elliot, *The Evolutionary Tradition in Jurisprudence*, Columbia Law Review, Vol. 85, No. 1 (Jan., 1985), p. 41.

当然,法律生成并非指法律的形成、发展和变迁过程中不假人力之作用,而是强调人为设计的有限性和局部性,要求对影响着社会生活的诸多因素保持敏感,进而形成谦逊而审慎的立法观。

第二,法律演化的动力源自民族精神。“民族精神”是萨维尼法律思想中最具代表性的一种表述。斯坦因(Peter Stein)认为,这种表述源自赫尔德的历史哲学。[1] 赫尔德认为,在社会发展中,发挥重大作用的因素与其说是一个民族的政治体制,不如说是其文化传统。对当时处于邦国林立状态的德意志而言,文化而非政治构成了德意志民族走向联合的关键纽带。而欲把握一个民族的文化传统,唯有深入该民族的生活史,萃取其精华,提炼其精神,方能赋予该民族新的活力。萨维尼从赫尔德的历史哲学中吸取了灵感,将其凝练为民族精神,并将其视为推动法律演化的动力源泉。无独有偶,法国著名思想家孟德斯鸠曾在《论法的精神》中谈到民族的“一般精神”,并主张它是一个民族的自然环境、政治制度、宗教、习俗等诸多因素的集合体,这些因素的交互作用转化生成该民族的法的精神。[2] 显然,萨维尼的观点与孟德斯鸠有相通之处。二者都关注到了法外的社会因素,特别是文化传统对法律演化的影响。但是,与孟德斯鸠不同,萨维尼深受赫尔德历史哲学的影响,[3]他主要并非从经验角度对这种文化传统进行考察,特别是并非注重该文化传统的多样性,而是从形而上学的立场出发,强调文化传统的内在一致性,认为“民族精神”是经过萃取、提炼和升华的文化结晶,而法律演化反映着该民族的精神成长史。

第三,立法在法律演化中发挥调节作用。在与蒂堡的争论中,萨维尼并不反对通过立法方式促成一国的法律发展,而是反对将立法视为创制一国民族精神的主导机制。作为一国族的生活方式的有机组成部分,法律可借自身的概念提炼与技术淳化,对国族生活方式加以精粹的表述,并促成民族精神的升华。因此,立法是借法律演化以调节社会生活的机制。它在实践中表现为一系列预备性的活动:其一,搜集并整理蕴藏于实际生活中的风俗习惯;其二,通过历史沉淀下来的法律文献,特别是罗马法,提炼出富有生命力的法律概念;其三,通过抽象化而富有包容力的法律语言和立法技术,对国族的社会生活作

[1] See Peter Stein, *Legal Evolution: The Story of an Idea*, Cambridge University Press, 1980, p. 58.

[2] 参见[法]孟德斯鸠:《论法的精神》(上册),张雁深译,商务印书馆1961年版,第305页。

[3] 参见谢鸿飞:《萨维尼的历史主义与反历史主义——从历史法学派形成机理角度的考察》,载《清华法学》2003年第2期。

新的表述。而这些活动都有赖于该国族的法律职业群体的观念转变和技艺成熟,而对这些条件的强调又使德国历史法学派为后来法教义学的长足发展奠定了基础。

由此我们看到,萨维尼的历史法学派使法律形成了与文化传统的同频共振,但这种文化传统却是经过观念论的历史哲学加工后,形而上学化了的民族精神。这种民族精神借助法律透镜得到呈现,可谓从法律视角观察社会演化的一个样例。

2. 经验论的法律演化观

萨维尼的历史法学思想在域外产生了持续而广泛的影响,同时给英国历史法学派的形成提供了智识的启发。但是与德国历史法学派不同,英国的历史法学派是在其固有的经验论传统中形成,其对“历史”的认识也不那么具有形而上学色彩。在 19 世纪英国著名的维多利亚时代,随着英帝国的扩张,世界各地复杂多样的社会纷纷纳入观察者的视野,同时产生了对各殖民地治理的需求,在这种独特氛围下,梅因形成了一种与萨维尼风格不同,但同样影响深远的法律演化观。梅因的法律演化观较集中地体现在他于 1861 年出版的名著《古代法》中,其内容包含三个方面:

第一,梅因将人类社会分为进步与停滞两种类型。与萨维尼相类,梅因最初从事罗马法研究,并从罗马法与英国法的相似性中,提炼出了法律演化的线索。其后,梅因被派驻印度长达 7 年,积累了关于印度法的丰富素材,进而将印度社会也纳入其历史比较的视野。在这种比较中,梅因发现,虽同属于雅利安人分支〔1〕,种种资料表明其文明早期的面貌具有高度相似性,罗马与英国社会总体上呈现出“从身份到契约”转化的现象,而印度社会则长期停滞,始终维持着身份社会的形态。基于这种经验观察,梅因将罗马与英国归为进步社会,将印度归为停滞社会。〔2〕显然,这种进步/停滞的划分,暗藏着一种社会演化论,与斯宾塞的观点不谋而合。以至于英国著名法学家波洛克说:“进化论学说无非是将历史研究的方法应用到自然界的事实上,历史研究的方法无非

〔1〕 对相关问题的讨论详见 Rudolph von. Jhering, *The Evolution of the Aryan*, trans. by A. Drucker, Henry Holt and Company, 1897。

〔2〕 See Henry Maine, *The Effects of Observation of India on Modern European Thought*, London: John Murray, 1875.

是将进化论学说应用到人类社会与制度上。"[1]但梅因与同时代功利主义者基于野蛮/文明划分的社会演化观不同,梅因并不认为印度社会的停滞是由于其人种蒙昧、道德低下乃至文化野蛮;而是由于某种社会安排,锁定了既有生活秩序,无法向新的方向发展。梅因分析到,"婆罗门教的印度还没有超过所有人类各民族历史都发生过的阶段,就是法律的统治尚未从宗教的统治中区分出来的那个阶段"[2]。在这种分析中,似乎法律能否从宗教中分出,是考量社会是否进步的一个重要因素。

第二,法律是促成或者阻碍社会进步的重要因素。梅因认为,在人类各文明中,"静止状态是常规,而进步恰恰是例外"[3],从经验上讲,进步并不具有理性主义和历史主义所期许的那种必然性。梅因关注到,"世界有物质文明,但不是文明发展法律,而是法律限制着文明"[4],换言之,法律作为文明的有机组成部分,绝不简单是一个因变量,而是具备某种能动性,是一种自变量。他进一步分析说,"社会的需要和社会的意见常常是或多或少走在'法律'的前面的。我们可能非常接近地达到它们之间缺口的接合处,但永远存在的趋向是要把这缺口重新打开来。因为法律是稳定的;而我们所谈到的社会是进步的,人民幸福的或大或小,完全决定于缺口缩小的快慢程度"[5]。这便形成了法律演化与社会演化之间的张力,它需要一种媒介协调两种演化之间的步调。

第三,法律手段是使法律和社会相协调的媒介。通过在罗马法与英国法之间的比较观察,梅因总结出,有三种手段发挥着使法律与社会相协调的作用,分别是"拟制"、"衡平"与"立法"。[6] 它们在罗马法中的对应物分别是罗马市民法、万民法与帝国时期的法典化;在英国法中的代表性渊源则分别为普通法、衡平法与制定法。拟制的要点在于从已有推出未知,乃基于类比推理;衡平的关键在于从至高涵摄诸相,乃基于归纳推理;立法的精髓则在于以法创制为驾驭社会,乃基于演绎推理。这三种法律手段交相为用,共同促成法律跟上社会演化的脚步。但从历史经验来看,拟制、衡平与立法之间又存在演化上

---

[1] [英]弗里德里克·波洛克:《历史与比较法学研究:英国的机遇与责任》,载高鸿钧等主编:《清华法治论衡》第25辑,清华大学出版社2018年版,第286页。

[2] [英]梅因:《古代法》,沈景一译,商务印书馆1959年版,第16页。

[3] [英]梅因:《古代法》,沈景一译,商务印书馆1959年版,第17页。

[4] [英]梅因:《古代法》,沈景一译,商务印书馆1959年版,第16页。

[5] [英]梅因:《古代法》,沈景一译,商务印书馆1959年版,第17页。

[6] 参见[英]梅因:《古代法》,沈景一译,商务印书馆1959年版,第17-29页。

的递进关系，背后不仅体现出人类在创制规则过程中主动性的增加和自由度的扩大，而且暗含着法律对社会固有“规范”——包括习俗与宗教圣律的依赖程度的降低。正是这种变化，法律才能够渐次驾驭更复杂的社会关系，覆盖更分殊的社会群体，包容更多社会变化的可能性。更值得重视的是，梅因十分强调法律手段作为“媒介”的作用，无形中赋予法律运作过程特殊的意义，即法律可以通过改变自身，进而改变社会。

通过以上三点内容，我们不难发现梅因的法律演化观具有四个特点。

第一，梅因的法律演化观是经验论，而非观念论的。梅因的法律演化观基于对历史现象的归纳，却并未像萨维尼那样，赋予其“民族精神”的意蕴。这使梅因的思想相当不同于 19 世纪盛行一时的历史哲学，这种历史哲学奉行观念先行，在方法上有鲜明的以论代史的倾向；梅因则反其道而行之，特别强调在历史经验的梳理与跨文明比较的横向考察中发现和总结规律。

第二，梅因的法律演化观以印—欧文明为主要线索。由于受 19 世纪以来的历史语言学和比较神话学影响，梅因十分注重印—欧语系中诸文明演化过程及后果的研究，它涵盖了希腊—罗马文明、日耳曼文明及印度文明，却排除了如中国、日本等其他文明体。因此，梅因的法律演化观并未覆盖人类文明的整体，具有局部性和不完整性。

第三，梅因的法律演化观强调法律与社会演化之间的不同步性。法律与社会之间存在“缺口”的隐喻表明，法律并非自然能够顺应社会演化的需求，有时甚至会拖累乃至阻碍社会发展的脚步，造成停滞。由此引申出的结论是，法律演化具有与社会演化密切相关，但又有所区别的独立性和自主性。

第四，梅因的法律演化观突出法律手段作为“媒介”的协调作用。这使法律不再机械性地回应社会演化的压力，而是透过法律之眼，借着其自身运作过程来发挥功能。这便使法律在社会演化的历史图景中有了自己的一方天地。正是透过法律的演化，我们得以透视乃至调节社会演化。

▷ 社会演化中的法律

在 19 世纪的法学界，演化论变成了两种不同的法律演化观，它们分别由萨维尼和梅因所代表，都试图透过对法律演化的研究管窥社会演化的总图，甚至把握社会变迁的规律。然而，这种研究路径稍显狭隘，精致有余而精深不足，凝练有余而宏阔不足。这是因为，法律毕竟属于整体社会关系的一部分，萨维尼和梅因则试图从局部去研究整体，恰如管中窥豹，只能看出社会演化万象中的一些线索，无法建立起关于社会关系的整体图景。这促使一部分思想家改变观察视角，转而从社会的大视野中反观法律，从社会演化中看法律演化，其中以马克思与韦伯两位出身于法学的社会理论家最具代表性。

1. 批判论的法律演化观

马克思对观念论法律演化观的批评，集中体现在1842年发表的《法的历史学派的哲学宣言》和1844年发表的《黑格尔法哲学批判导言》中。马克思评价德国历史法学派有着“反历史的幻觉、模糊的空想和故意的虚构”[1]，将其观念论基础追溯到胡果(Gustav Hugo)的自然法思想。时隔两年后，马克思进一步批评德国历史法学派“杜撰了德国的历史”[2]，并将其观念论的基础追溯到黑格尔的国家哲学和法哲学。在马克思看来，德国历史法学派的法律演化观具有强烈的保守性，是以学理方式和历史名义对旧制度的粉饰，其根源在于将演化建立在观念论而非社会实践的基础上。

与此相对，马克思也没有同意以梅因为代表的英国历史法学派。在其人生后期，他开始大量阅读当时的人类学资料，并形成了5本著名的古代社会史笔记，其中的一本笔记是对梅因的《早期制度史讲义》(*Lecture on the Early History of Institutions*)所作的摘要。[3]《早期制度史讲义》是1873年夏季梅因前往都柏林三一学院查阅凯尔特法律史材料之后，经过两年修订，于1875年出版。[4] 在这部讲义中，梅因通过新史料，进一步完善了自己在《古代法》中形成的法律演化观。马克思批评梅因演化观的焦点在于四个方面：(1)梅因强调宗教对法律演化产生的影响，而马克思认为在宗教背后发挥作用的是人类的生产实践。(2)梅因认为“财产权”“主权”等法律概念的创设和法技术的使用在法律演化中发挥能动作用，马克思则认为法律从属于社会关系，并不具有那

---

[1] [德]马克思：《法的历史学派的哲学宣言》，载《马克思恩格斯全集》第1卷，人民出版社1956年版，第105页。

[2] [德]马克思：《黑格尔法哲学批判导言》，载《马克思恩格斯全集》第1卷，人民出版社1956年版，第454页。

[3] 参见[德]马克思：《亨利·萨姆纳·梅恩〈古代制度史演讲录〉一书摘要》，载《马克思恩格斯全集》第45卷，人民出版社1985年版，第328－571页。马恩全集中将梅因翻译为“梅恩”，将《早期制度史讲义》翻译为《古代制度史演讲录》，现从法学界的通译修改。参见[英]亨利·萨姆纳·梅因：《早期制度史讲义》，冯克利、吴其亮译，商务印书馆2021年版。

[4] See Geroge Feaver, *From Status to Contract: A Biography of Sir Henry Maine* 1822－1888, Longmans, Green & Co Ltd., 1969, p. 143－144.

么大的作用。(3)梅因认为人类社会的早期形态是父权制家庭,氏族是根据家族的模型而组成的集团,即根据多种多样的拟制而扩大的家族。[1] 而马克思通过阅读摩尔根的《古代社会》,认为氏族先于家族产生,且呈现出母系特点[2]。(4)关于私有制的起源,梅因最初认为"法律初生时代的特点是,由于人格权和财产权的混杂不清以及公法义务和私法义务的混淆在一起而流行着共同所有制"[3],其后私有财产权则主要是"从一个共产体的混合权利中逐步分离出来的各别的个人权利所组成的"[4]。后来在《早期制度史讲义》中,梅因进一步提炼,指出"为雅利安种族的共同体所熟知的土地财产有着双重的起源,它部分起源于宗族或部落人的个人权利摆脱了家族或部落的集体权利,部分起源于部落首领统治权的增长和转变"[5]。而马克思则认为,私有制是伴随着家庭从氏族之中分化出来方才产生的,梅因所描述的那种父权制家族是家庭发展到相当后期的产物,它以一男数女的婚姻为基础,且并未普遍流行,所以对人类的影响不大。[6] 总之,在经验上,马克思批评梅因的研究建立在局部的人类学材料基础上,忽视了非雅利安人族群的早期社会实践;在理念上,马克思批评梅因过于重视法律演化的能动作用,忽视了对社会演化规律的准确把握。

因此,马克思翻转了萨维尼与梅因这两种历史法学派对法律演化问题的研究,转而从社会演化问题入手,反观法律演化。其核心观点可归纳为三个方面:

第一,社会关系随着生产方式的改变而发生变化,而生产方式改变的动力源于生产力与生产关系的矛盾运动,这便将研究焦点从法律关系转移到了生产关系上。在此,马克思告别了德国的观念论传统,重构了物质与意识之间的

---

〔1〕 参见[英]梅因:《古代法》,沈景一译,商务印书馆 1959 年版,第 171 页。

〔2〕 参见[德]马克思:《路易斯·亨·摩尔根〈古代社会〉一书摘要》,载《马克思恩格斯全集》第 45 卷,人民出版社 1985 年版,第 337－338 页。

〔3〕 [德]马克思:《路易斯·亨·摩尔根〈古代社会〉一书摘要》,载《马克思恩格斯全集》第 45 卷,人民出版社 1985 年版,第 172 页。

〔4〕 [德]马克思:《路易斯·亨·摩尔根〈古代社会〉一书摘要》,载《马克思恩格斯全集》第 45 卷,人民出版社 1985 年版,第 175 页。

〔5〕 [英] 亨利·萨姆纳·梅因:《早期制度史讲义》,冯克利、吴其亮译,复旦大学出版社 2012 年版,第 77 页。

〔6〕 参见[德]马克思:《亨利·萨姆纳·梅恩〈古代制度史演讲录〉一书摘要》,载《马克思恩格斯全集》第 45 卷,人民出版社 1985 年版,第 336－337 页。摩尔根把家庭形式分为血缘家庭、普纳路亚家庭、对偶制家庭、父权制家庭和专偶制家庭五种。

关系,并且引入了一种建筑学隐喻:经济基础与上层建筑,并将经济因素置于更加基础的地位,将政治与法律置于上层建筑的范畴。“法是社会生活关系的固定形式,所以由变化了的生产方式中所产生的新的法的制度同时也是社会共同生活的一种新的制度”[1]。那么,探寻法律演化规律的重点就不在于法律自身,而在法律之外,特别是在经济关系中。马克思在《政治经济学批判》手稿中,对资本主义社会以前的各种所有制形式做过一番考察。他认为,当人类最初从原始公社的共同所有制形式中脱离,分别在东方社会形成了亚细亚生产方式(Asiatic mode of production)和古希腊、古罗马的古代所有制形式,前者以村社为基本单元,形成了古代国家的最高所有权和村社的世袭占有权结合的所有制安排;而后者则以城市为基本单元,拥有土地私有权的城市公民结成的政治、军事联合体。其后,西方历史加入了日耳曼的所有制形式,它以村社为基本单元、以自由的土地所有者形成松散联合,封建制从中孕育而生。在这篇手稿中,马克思将古代社会的生产关系结合东西方社会的不同情况做了分别处理,特别是提出了“亚细亚生产方式”的概念。[2] 但一直到去世,马克思都未继续发展这一概念,而是将其转变成了关于原始社会、奴隶社会、封建社会与资本主义社会等社会形态相继嬗变的学说,但“亚细亚生产方式”对中国、印度等东方社会发展特殊性的解说如何融入后来的社会形态理论,在后世引起了旷日持久的争论。

第二,法律关系是对经济关系的反映。法律与经济之间存在紧密关系,这为多数法学家和社会学家所承认。特别是到了19世纪,随着资本主义社会的高速发展和全球扩张,经济越来越从其他社会关系中脱颖而出,被视为造成社会演化的一项主导因素。马克思深受当时社会思潮的影响,特别是在接触英国古典政治经济学之后,渐渐改变了青年黑格尔派的那种观念论色彩,转而对经济关系展开实证研究。总的来讲,马克思主张,在经济与法之间存在一种因果关系,经济是造成法律演化的根本原因,甚至是决定性因素。这里需要说明的是,马克思的意思并不是只有那些接近经济生活的法律部门,如民法和商法才反映经济关系,而是法律的整体内容,也包括宪法、刑法、诉讼法,甚至婚姻

---

[1] [德]亨利希·库诺:《马克思的历史、社会和国家学说:马克思的社会学的基本要点》,袁志英译,上海译文出版社2018年版,第546页。

[2] 参见[德]马克思:《政治经济学批判(1867—1858年草稿)》,载《马克思恩格斯全集》第46卷(下册),人民出版社1980年版,第470-497页。

家庭法,也折射出经济关系的面貌。而法律对经济关系的反映,也不同于后世的法经济学那种“成本—收益”分析,或降低交易费用之类的平面化叙述,而是着眼于人类生产活动所产生的结构性力量,包括由此导致的阶级分化和政治强制,这种内在规律在人类社会的演化过程中得到历史性呈现。因此,有学者认为,马克思的法律演化观具有较鲜明的经济决定论色彩。

第三,法律思想与学说属于意识形态。马克思认为,意识根植于人的实践,因此它绝非纯然主观事物,而是扎根于社会关系。[1] 因此,英国社会学家吉登斯认为,马克思从两个原理出发,处理意识形态问题。一是个人活动赖以发生的社会环境限制了他们对世界的看法;二是在阶级社会中,任何时代占支配地位的观念都是统治阶级的观念。由此引申,可得出“观念的扩散严重依赖于经济权力在社会中的分配”[2]这一结论。因此,在马克思的学说体系中,意识形态属于上层建筑的一部分,其中就包括关于法律思想和学说。这样便形成了联动机制,法律思想与学说的变化取决于法律制度和关系,而法律制度和关系又受制于特定社会中经济关系的变化。在马克思看来,以萨维尼为代表的德国历史法学派的主张是旧制度及其背后的经济关系在意识形态的表现,具有保守主义色彩,理应在批判中给予否定。

总之,与萨维尼和梅因颇具保守主义色彩的法律演化论不同,马克思发展出了一种激进主义色彩浓厚的法律演化观,在这种演化观中,经济因素发挥了突出的作用,而法律仅仅是庞大的唯物主义历史叙事中的一个附属角色,马克思的重大贡献在于,将经济社会史研究带入了法律史研究的核心地带。时隔半个世纪,另一位伟大的德国社会理论家迅速跟进,展开了对社会演化与法律演化关系的新研究。

2. 阐释论的法律演化观

马克斯·韦伯(Max Weber,1864 ~ 1920 年)比马克思晚半个世纪出生,在他出生前两年,德国著名政治家俾斯麦提出通过王朝战争实现德意志统一的政策,并通过三次王朝战争,于 1871 年实现了萨维尼等一代法学家的梦想。此后,德国经济社会迅速成长,及至德皇威廉二世执政时期,德国已经成为仅次

---

〔1〕 参见[英]安东尼·吉登斯:《资本主义与现代社会理论:对马克思、涂尔干和韦伯著作的分析》,郭忠华、潘华凌译,上海译文出版社 2018 年版,第 57 页。

〔2〕 [英]安东尼·吉登斯:《资本主义与现代社会理论:对马克思、涂尔干和韦伯著作的分析》,郭忠华、潘华凌译,上海译文出版社 2018 年版,第 59 页。

于美国的世界第二、欧洲第一经济强国。与活跃于1848年欧洲革命时代的马克思不同,韦伯更多看到了德国资本主义社会的迅速崛起,以及在世纪之交面临的重大转型。因此,韦伯形成了一种与马克思风格迥异,甚至在有的地方针锋相对的法律演化观,尽管他与马克思的相似之处在于,二者都试图跳出法学天地,从社会演化的外部视角来观察法律现象。韦伯的社会与法律演化观具有以下几个方面的内容:

第一,社会演化是诸多因素交互作用的结果。与马克思不同,韦伯并不认为,在人类历史发展的背后,存在像生产力决定生产关系、经济基础决定上层建筑的"铁律",人类的历史是包括经济在内多种因素交互作用的产物。[1] 观察者仅能说明特定因果关系所具有的"选择亲缘性",而不能将这种因果关系视为铁律。自然科学与人文社会科学的"规律"有所不同,前者不以人的意志为转移,具有高强度的客观性,但后者却与人的思想观念紧密交织在一起,关乎人类生存与发展的"意义",因此唯有透过移情潜入的理解社会学方法,才能作出合理的因果性解释。[2] 在这一方面,韦伯受到了德国新康德主义西南学派思想家李凯尔特与狄尔泰的影响,充分认识到了人文社会科学相对于自然科学的特殊性。[3]

第二,在法律演化中,可提炼出四种法的理想类型。借助著名的理想类型方法[4],韦伯将人类社会的法律分为四种,分别是形式非理性法、实质非理性法、实质合理性法与形式合理性法。这种划分是基于两种标准所形成的矩阵。"形式"指的是司法裁判采取法内标准,"实质"指的是使用道德、伦理、宗教或政治信条等法外标准。"理性"指的是裁判案件的依据明确可察、合理可喻,"非理性"则指诉诸灵魅、巫术、情感或未经反思的传统作为依据。形式与实质区分的关键在于,法律裁判是否依据法内标准,是否容许非法律的标准成为裁判的依据。而理性与非理性区分的关键在于,法律是否具有明确性、确定性,

[1] See I. M. Zeitlin, *Max Weber's Sociology of Law*, 35 University of Toronto Law Journal, 1985, p. 190 – 202.

[2] 参见鲁楠:《马克斯·韦伯的法社会学思想》,载高鸿钧、赵晓力主编:《新编西方法律思想史》(现代、当代部分),清华大学出版社2015年版,第51 – 52页。

[3] 参见顾忠华:《韦伯学说》,广西师范大学出版社2004年版,第144 – 150页。

[4] 参见[德]马克斯·韦伯:《社会科学方法论》,韩水法、莫茜译,中央编译出版社1999年版,第40页。

对于行动者而言是否具有合理的可预期性，在这里，韦伯赋予“理性”(rationality)的含义与一般哲学意义上的理性(reason)并不相同，它更多的是指那种能够在目的与手段之间建立起合乎逻辑、符合现实之关系的尺度，是指“技术性的方法与计算”[1]，即“可计算性”[2]。因此当法律明确、稳定，足以使理性的行动者能够据此安排实现特定目的之手段时，法律才是合理的。

第三，法的理想类型背后具有历史的经验基础。尽管韦伯将理性类型视为一种思想图像，而非经验实相。但无疑，他对理想类型的提炼源自丰富的历史经验。其中，形式非理性法源自早期初民社会的神明裁判[3]；实质非理性法则包括雅典直接民主制时期的人民审判(heliaia)[4]、英国的陪审员[5]和治安法官[6]，伊斯兰法中的“卡迪司法”(Kadijustiz)[7]，犹太历史传说中的“所罗门式审判”[8]。所谓实质合理性法的典型是欧洲现代早期绝对君主专制时

---

[1] [德]马克斯·韦伯：《学术与政治》，钱永祥等译，广西师范大学出版社 2010 年版，第 168 页。

[2] [德]马克斯·韦伯：《新教伦理与资本主义精神》，康乐、简惠美译，广西师范大学出版社 2010 年版，第 11 页。

[3] [德]马克斯·韦伯：《法律社会学》，康乐、简惠美译，广西师范大学出版社 2005 年版，第 28 页。

[4] 是指古希腊伯里克利时代及其稍后一段时期，雅典采取直接民主制，组织人民法庭，每年以抽签选出 6000 名陪审员，再由其中抽签决定应出席某案件的陪审员。出席陪审员的数目视案件的重要性而定，私法案件通常为 400～500 人，政治案件则有时超过 1000 人。在人民法庭中，“判决表面上是以‘实质的’公道为依据——实际上则是基于情绪、阿谀奉承以及煽动性的嬉笑怒骂等”。参见[德]马克斯·韦伯：《法律社会学》，康乐、简惠美译，广西师范大学出版社 2005 年版，第 200 页。

[5] 关于对英国陪审制的评价，参见[德]马克斯·韦伯：《法律社会学》，康乐、简惠美译，广西师范大学出版社 2005 年版，第 336－337 页。

[6] 关于治安法官裁判的实质非理性，参见[德]马克斯·韦伯：《法律社会学》，康乐、简惠美译，广西师范大学出版社 2005 年版，第 225 页；[德]马克斯·韦伯：《支配社会学》，康乐、简惠美译，广西师范大学出版社 2004 年版，第 176－185、335 页。

[7] 卡迪是指古代伊斯兰教国家沙利亚法院的正式法官，依据《古兰经》与圣训断案。具体参见高鸿钧：《无话可说与有话可说之间——评张伟仁先生的〈中国传统的司法和法学〉》，载《政法论坛》2006 年第 5 期。

[8] 关于所罗门式审判，参见《旧约圣经·列王纪上》(3:16－28)，内容是关于两个妇人相争一个男孩的故事。在两造各执一词的情况下，所罗门王吩咐人拿刀将男孩劈成两半，一人得一半。真正的母亲为自己的孩子心理急痛，就说，“求我主将活孩子给那妇人罢，万不可杀他”，另一人则说，“这孩子也不归我，也不归你，把他劈了罢”，所罗门王据此判决孩子应给不忍孩子被劈的妇人。参见[德]马克斯·韦伯：《法律社会学》，康乐、简惠美译，广西师范大学出版社 2005 年版，第 269 页，注释 21。

代的《普鲁士普通邦法》[1],而形式合理性法的经典实例便是《德国民法典》。

第四,法的四种类型之间存在演化关系。韦伯认为,西方法律发展的历史,大体经历了由形式非理性法,经由实质非理性法和实质合理性法,迈向形式合理性法的演进过程。在《法律社会学》中,韦伯谈到,"法律与诉讼的一般发展,按照理论上的'发展阶段'整理的话,是从'法先知'的卡理斯玛法启示,发展到法律名家的经验性法创造与法发现(预防法学与判例的法创造阶段),进而发展到世俗的公权力与神权政治的权力下达法指令的阶段,最后则为接受法教育者(专门法律家)体系性的法制定、与奠基于文献和形式逻辑训练的专门的'司法审判'阶段"[2]。而法律形式的发展阶段,"则是从原始的诉讼里源于巫术的形式主义和源于启示的非理性的结合形态,时而途经源于神权政治或家产制的实质而非形式的目的理性的转折阶段,发展到愈来愈专门化的法学的、也就是逻辑的合理性与体系性,并且因而达到——首先由外在看来——法之逻辑的纯化与演绎的严格化,以及诉讼技术之越来越合理化的阶段"[3]。其中前一段话指的是司法的一般发展过程,后一段话指的是立法的一般发展过程。尽管韦伯并不认为,这种"经由理论建构起来的合理性的阶段",能够在历史现实中找到整齐划一的发展次序,[4]但借助这种理论,仍然能够为理解西方法律发展过程提供重要的线索。

在这里,韦伯尤其注重的并非法律的外部形态变化,而是思想特质的变化过程。这一思想特质的变化大体表现为以下四个方面:其一,人类在法律领域逐步超越巫术灵魅、个人魅力、宗教信仰和君主专断意志的影响,寻求前后一致、合理可喻的法律形式。其二,基于特权身份制的法律逐步瓦解,被基于契约身份制的法律所取代。其三,法律与宗教、经济、政治等功能领域逐步分化开来,开始具有某种自主性,法律内部也逐步分化,开始具有某种体系性。其

[1] 韦伯指出,"在近代'福利国家'的古典纪念碑——普鲁士的《普通邦法》里,家父长制更加肆无忌惮地运作……而其最显著的特色则是体系性的理性主义——不是形式的,而是,在这类情况下更是,实质的理性主义"。参见[德]马克斯·韦伯:《法律社会学》,康乐、简惠美译,广西师范大学出版社2005年版,第290页。

[2] [德]马克斯·韦伯:《法律社会学》,康乐、简惠美译,广西师范大学出版社2005年版,第319页。

[3] [德]马克斯·韦伯:《法律社会学》,康乐、简惠美译,广西师范大学出版社2005年版,第319-320页。

[4] 参见[德]马克斯·韦伯:《法律社会学》,康乐、简惠美译,广西师范大学出版社2005年版,第320页。

四，目的合理性取向的行动类型逐步“脱颖而出”，处于支配地位。

第五，韦伯指出，在不同地域，不同社会、文化条件下，法律发展过程差异极大，不能一概而论，但背后发挥作用的一般因素可作一定的归纳，包括：其一，经济因素；其二，政治权力关系的不同；其三，神权政治的权力相对于世俗权力的关系；其四，对于法律的形成具有决定性力量的法律名家之结构的不同，此种结构上的不同亦强烈取决于政治的状况。[1] 在这里，政治、宗教与身份团体等因素都得到了韦伯的强调，而它们都不能简单化约为经济因素的附庸。

反思法律演化论

仍需指出，19 世纪的法律演化论存在四个缺陷，并在 21 世纪的今天仍然影响甚至主导着我们的头脑。

第一，目的论。目的论指的是，我们在考察社会的演化和法律演化的过程中，会假定人类历史是有目标的。也许在未来的某一天——尽管它很遥远——人类会达到某种特定的、终局的状态。这种状态可能很美好，也可能是很不美好，也许是一种前所未有的自由和解放，也许相反。但是无论如何，它都是一种历史目的论的体现。我们在梅因的思想、萨维尼的民族精神、马克思的社会进化论以及韦伯的思想中，都能够看到一种可强可弱的历史目的论思维。但是在 21 世纪的今天看来，在历史的发展过程中是否真的有目的？这值得我们思考。

第二，决定论。法律进化论假定在社会的发展变化过程中，在法律自身的发展变化中永远存在某种固定的因素，它影响了甚至决定着社会与法律的发展变化。问题的关键在于，我们要把它找出来。似乎一旦我们把它找出来，就能破解历史谜题，由此可以掌握历史发展变化的规律，站在历史的潮头。而实际上历史是复杂的，社会也是复杂的。也许在社会的发展变化过程中，根本就不存在某一个因素发挥着排他性的、至关重要的、决定性的作用。实际上，可以说人类的历史发展和社会变化是诸多因素交互作用的结果，而且，这种交互

---

[1] 参见[德]马克斯·韦伯：《法律社会学》，康乐、简惠美译，广西师范大学出版社 2005 年版，第 320 页。

作用无法还原。例如人们对生命起源的研究，促使人们在哲学方面产生反思：演化的过程是否可还原？人们开始意识到，演化过程一旦开启，就不能以还原论的思维回到最初条件，就不能使生命产生的过程被简化为最初的几个相应的因素，从而帮助我们去寻找到影响历史发展的决定性的东西。所以，新的研究要求我们告别决定论的思维，让思想变得复杂起来。

第三，线性观念。以上我所谈到的四位思想家都不约而同主张一种线性的、进化的观念，认为人类社会经历了由低级到高级、野蛮到文明的发展过程，这可能是进步主义的观念。但问题关键在于，随着我们对于人类社会复杂性的认识越来越深入，所了解的人类学材料越来越丰富，我们了解到的人类文明发展过程的差异性越来越大。我们发现，人类的发展过程不是线性的，而是分叉的。也就是说，也许在某些特定历史时刻，几个特定社会和文明是相伴而生、相携而行的，但因为一些微不足道的因素而发生变化。这些微不足道的变量造成了改变，文明就会开始发生分叉，向着不同的方向发展，以至于过了一段时间以后，它们变得完全不同。今天世界上的几个主要的文明，包括伊斯兰文明、印度文明、中华文明和西方文明等，在起初的时候相似性非常多，但仅仅是一些微不足道的因素，例如既有家庭结构在轴心突破时期所形成的一些最初的理念差异，经历数千年的发展变化，最后演变成的文明形态呈现出巨大差异。这些差异并不意味着哪些文明更高级、更文明，而仅仅是因为历史机缘，演化出现了分叉。因此，我们要接受一种非线性的演化观念，告别线性的进化论。

第四，因果论。因果论指的是一个特定行动或者某个特定因素会产生某种特定结果，即有此因必有此果。在刑法、民法学习过程中，因果关系是一个相当重要的组成部分；而在对于演化关系进行研究的过程中，我们发现，因果关系其实是虚构，或者说人类社会发展过程根本就不存在单一因果关系。只是我们思维要对此加以简化，以便我们对于事物的认识可以把握，于是将高度复杂的因缘关系简化成了因果关系，但其实任何一种现象的产生的背后，都是无数因素交互作用的结果。我把它称为“因缘之网”。如果我们仅仅能够把握诸多复杂的因缘关系当中的某一个，或者某些链条，那么我们其实仅仅能够认识社会演化当中的一部分而无法认识其整体。而如果我们基于因缘的关系来认识社会演化和法律演化，法律人就会形成一种谦虚态度。那就是：即使我们很努力，我们能够达到的效果可能也是非常有限，甚至，结果可能与我们的期待南辕北辙。

▶ 结语

我将 19 世纪的两种不同方向的法律进化论给大家做了一个介绍，并对它们提出了反思。我想要说的是，这个世界充满了偶然性，用一个非常时髦的词来表述——这个世界充满着“偶联性”，“既非必然又非不可能”。它有两层意思：“既非必然”指的是，这个世界上没有什么东西是注定的，没有什么东西是必须如此的；“也非不可能”则是说，正因为这个世界充满偶然性，所以应对未来充满希望。当面对未来的时候，偶联性表现为完全的不确定，而一旦成为过去，就表现为铁一般的必然性。必然性永远存在于历史的深处，偶然性则开启着新的未来。

我希望大家能够尊重历史沉淀下来的必然性，同时能够拥抱关于未来高度的不确定性，因为希望就藏于不确定之中。最后，我想引用清华大学的一位著名的诗人穆旦所写的一首诗，来作为本文的结语。这首诗中的一句话，我特别喜欢，“那可能的与不可能的，使我们沉迷”！

商事仲裁前沿问题观察

陈福勇

陈福勇

北京仲裁委员会（北京国际仲裁中心）副秘书长。中国政法大学法学学士（1997年）、北京大学法学硕士（2005年）、清华大学法学博士（2009年），加州大学伯克利分校法学院担任访问学者（2007～2008年)。曾获第十届“全国杰出青年法学家”提名奖、北京市2010年优秀博士学位论文、2011年全国优秀博士学位论文提名论文。目前兼任亚太区域仲裁组织副主席，中国法学会习近平法治思想研究中心涉外法治专家，中国法学会民事诉讼法学研究会常务理事，南部非洲仲裁基金会国际仲裁院委员，杜伦大学国际争议解决研究所国际咨询委员会成员。

为什么要关注商事仲裁

可以作为一种职业

在法学院学习的时候,大家都会有职业规划,比如去公、检、法或去当律师、当法务等。但很长时间内没有人给规划过一种选项是去做仲裁,估计现在也很少。其实,国内仲裁机构现在的发展整体还是不错的,属于朝阳行业,感兴趣的同学可以毕业后直接去仲裁机构工作,从而把仲裁作为一种职业。

可以作为一种副业

即便不直接去仲裁机构工作,只要你足够优秀,有一天可能会成为仲裁机构的仲裁员,或者在某个具体仲裁案件中成为专家证人。做仲裁员是什么意思呢?商事仲裁的特点是专家断案,比如工程纠纷由工程专家处理,贸易纠纷由贸易专家处理,金融纠纷由金融专家处理。只要你在所工作的领域足够优秀,有朝一日就可能成为仲裁员。成为仲裁员,特别是被同行选为仲裁员,是对一个人在其专业领域的一种认可,属于专家中的专家。仲裁员一般是兼职的,但在一些仲裁特别发达的地方,往往存在一些独立仲裁员,相当于全职在做仲裁。这个时候,仲裁就成为一种职业而不是副业了。

如果能在一个领域研究得很通透,还可能成为这个领域技术性特别强的案件中的专家证人。大陆法系传统上对专门性问题会找鉴定机构,但是在国际仲裁中,很多专门性问题会直接找专家证人。这个专家证人未必属于某一机构,双方当事人都可以请自己的专家,让专家在专门性问题上进行争辩,将共识性的问题呈现给仲裁庭,对非共识的问题充分表达意见,然后接受交叉盘问,仲裁庭在这样的基础上判断采纳哪一种专家意见更为合理。

可以作为一种通识

无论从事何种职业,生活中可能都要买房、买车、买保险、买理财等,只要涉及上述内容就一定会签合同。遗憾的是,很多人,即便是法学硕士或博士毕业,可能对争议解决条款也不一定有过慎重、全面、妥当的考虑。每个合同一般都会有争议解决条款,由当事人对这一合同发生纠纷后如何处理作出事先安排。没有争议解决条款就适用《民事诉讼法》按照法定管辖来处理。商事仲裁的管辖权来自协议管辖，必须经双方当事人认可和明确选择，之后双方发生纠纷才可能进入商事仲裁的渠道中来。但是诉讼不一样，诉讼不需要当事人特别约定，法院一般可以按照级别管辖和地域管辖来确定。这就是诉讼和仲裁最大的不同。而不同的争议解决方式，争议解决成本以及具体程序要求都明显不同。生活中，很多人签合同时可能没有细看就"被动"选择了争议解决方式，比如曾有媒体报道某共享单车押金协议当中就约定了仲裁条款。所以，了解仲裁方面的知识，对生活中自己签订合同时选择争议解决方式可能会提高警觉，并有所帮助。

当然，回到工作的维度，即使你不去仲裁机构工作，作为一名律师或者公司法务，只要在工作中遇到合同审查，就要涉及争议解决条款，是否选择仲裁就是必须考虑的内容。如果有机会去参与合同谈判，特别是涉外谈判，那争议解决条款的谈判可能是你要面对的一个重要谈判点。在国际商业往来中，很多人没注意争议解决条款的安排，以至于我国有很多跨境合同"被"选择在境外仲裁。如果真正发生纠纷，不仅需要到境外去仲裁，而且在很长时间内败诉的比例还比较高，所以不少人一直在呼吁去扭转这样一个不利的被动局面。在某种意义上可以说，商事仲裁应该成为法律人通识教育的内容之一。

▶ 仲裁的功能定位

仲裁的功能定位，就是仲裁到底在多大范围内发挥作用为宜。这在实践中是不太清楚的。

从学术训练来说，一个基本的能力就是下定义。假如要让大家对仲裁下一个定义，不知大家会怎么下？最宽泛的仲裁的定义就是双方当事人把纠纷提交给非法院的第三方作出一个有拘束力的决定。在该定义中，需注意两点：首先，必须是非法院的第三方，否则就是诉讼；其次，是由第三方作出有拘束力的决定，否则可能是调解。如果把仲裁界定成这么一个宽泛的形式的话，仲裁可以应用到非常多的领域，比如劳动仲裁、农村土地承包经营合同仲裁、体育仲裁，甚至国与国之间的仲裁，只不过适用到不同领域时，具体规则设置多少会有所不同。还有一类叫作国际投资仲裁，有些人误以为这是指中国企业去某个国家投资后跟当地的企业发生纠纷时的仲裁，其实不是，这样的纠纷还是常规的商事仲裁。国际投资仲裁类似于跨国的行政诉讼,是指投资者到境外投资,碰到东道国政府违反双边或多边投资保护协定,给投资者造成了损害,投资者此时提起的针对东道国的仲裁。这是一个非常前沿的领域,一般个案争议金额极大,比如曾经的尤科斯案,状告俄罗斯政府,最终判赔500多亿美元。

凡是前面提到的仲裁适用到不同的领域时,表述里都会加一个前置的词语。如果没有前置,就称为"仲裁"的时候,其实就是指商事仲裁。本来今天的题目就叫作《仲裁前沿问题观察》就够了,但是为了避免理解分歧,特意加两个字,主要是想把此次交流的范围限制得更加清楚一些。

目前观察仲裁主要有两个视角,一是放在整个多元纠纷解决机制里,二是放在涉外法治战略布局里。从第一个视角来看,传统的认识会觉得诉讼是最重要的,仲裁和调解只是替代性的。在过去很长时间内法院受理的案件量不断在上升,不少人据此认为法律发挥了越来越重要的作用,老百姓的法治意识提高了,能更好地利用法律武器来维护自己的权益了。后来实践部门的认识有了转变,越来越多人发现法院的案件量每年都上涨不见得是一个特别好的事情,逐渐强调要通过其他争议解决渠道去分流。到2019年,中央明确提出要"把非诉讼纠纷解决机制挺在前面"。也就是说,法院应该是最后一道防线,其真正价值并不在于事事都冲在第一线。

有意思的是,诉讼的功能回归到比较理性的界定,不再被认为是万能的,但仲裁似乎仍被一些人无意中当成万能的,希望仲裁能够在尽可能多的领域发挥作用。这从学术上就有一个非常值得研究的基础问题,就是放在整个多元纠纷解决体系里面,仲裁到底应该如何进行功能定位。前不久《法学研究》有一个征稿启事,主题就是"多元纠纷解决机制的体系协调与功效衔接",进行体系协调和功效衔接的前提就是对每种纠纷解决方式的功能定位要有清晰的认识。大家都能观察到的一个基本的现象是:几乎所有的国家和地区都是诉讼、仲裁和调解并存,而不是诉讼特别发达,把仲裁挤得没有立足之地;或者仲裁特别发达,把商事审判挤得没有立足之地。这说明不同的争议解决方式构成一个生态系统,每一种纠纷解决方式只有在特定的领域才具有其他纠纷解决方式所无可比拟的优越性,如果超出那个范围就没有优势。所以从研究的角度,应该观察整个争议解决体系中各项子制度之间到底应该怎么来定位和衔接,才能从整体上取得最佳的效果。

仲裁领域现在面临的一个问题是如何妥当处理涉及消费者的纠纷。提供格式合同的商家基于自己的偏好和考虑设定了仲裁条款，有些消费者可能从来没有听说过仲裁，也没有认真看具体条款就同商家签订了合同。发生纠纷后如何认定仲裁条款的效力，表面上看是合同解释及法律解释的问题，实际上选择解释路径背后涉及利益衡量的问题，需要对整个争议解决体系和制度功效衔接有整体把握。

学过仲裁的同学都知道，根据现行仲裁法，双方当事人可以自由处分的财产性权利都可以提交仲裁。所以，理解仲裁有一个维度是把它当作当事人意思自治的向外延伸。涉及消费者的合同总体上也是意思自治的范围，但现代民法强调对消费者要特殊保护。涉及消费者的争议走仲裁渠道会碰到两个现实的问题：第一个是费用问题。仲裁是专家断案，由当事人自己支付仲裁员报酬；诉讼是全职的法官断案，法院的运行有国家财政的支持。同时，一个社会的专家资源往往是很宝贵的，真正足够复杂专业的案件由专家来处理有明显优势，如果让专家去处理特别常规的案件不一定是社会资源最佳的配置方式。第二个是一裁终局的问题。一般认为这是仲裁的优势，但如果再向前思考的话，会觉得一裁终局也是有风险的：万一裁决错误怎么办？这看上去是一个实践的问题，其实也是一个学术的问题。这时的假设是所有的法律问题都有唯一正确的答案。如果没有唯一正确的答案，就不太好简单评判裁决的对错。

法律人都能理解，法律事实跟客观事实之间难免会有出入。有些法理学著作甚至明确指出，许多案件，特别是疑难案件很难说有唯一正确的答案。但是这样的说法，很多老百姓是难以接受的。在此，有必要一起来认识一下裁判的形成过程：仲裁机构都会努力加强仲裁员队伍建设，并完善各项提高办案质量的机制。但无论仲裁员的水平有多高，中立裁判意味着裁决是在双方当事人提供的主张和证据基础上作出的，不是仲裁员凭自己的主观认识去自由发挥的。裁决的质量很大程度上取决于双方当事人程序参与的质量，而当事人的程序参与质量又受到证据、合同本身的约定等因素的制约。实践中，最怕当事人单纯讲述故事但根本没有任何证据可以支持他的主张。这时候，证据保存能力的重要性就凸显出来了。

合同本身的约定也很关键。一线的法务或律师在审查合同时，发现问题并补充漏洞时，会很有成就感。但等发生纠纷之后再回看合同，发现合同经常少一条，就是对争议解决的相关事项可能没有约定或者约定得不太清楚。背后的道理很简单,就是人类的理性是有限的。为什么仲裁的一裁终局存在风险,但一直以来能被商人所接受呢?主要是因为商人总体上有比较强的缔约能力和证据保存能力,发生纠纷之后一般来说会请律师并且对律师是否专业有一定的判断力。因此,争议解决过程是相对可控的。而且,对商人来说,不一定要不计成本去追求一个百分百的唯一正确答案,很多时候,只要八九不离十就可以接受了,他们可能更关心效率,希望能尽快解决争议,然后在新的基础上开始新的生意,毕竟时间就是金钱。普通消费者的缔约能力和履约过程中的证据保存能力一般就没那么强,发生纠纷之后可能不请律师或请律师时对律师的专业能力也不太有辨别力,因此,争议解决过程的风险会被放大;同时对老百姓来说,对效率的渴求不一定那么迫切,更加在乎的是结果的精准度。因此,如果要把商事仲裁用于解决涉及消费者的纠纷,应该有不同的制度规则的设计及相关的配套措施,不然实践运行容易背离制度设计的初衷。

就仲裁费用而言,只要商家正常运营,费用给消费者带来的压力就没有那么凸显。因为仲裁费只是预交,胜诉了可以由对方承担,而且仲裁中合理的律师费都可以向败诉方主张。但现实中,真正的难题是商家已经人去楼空,预交的仲裁费和支付的律师费即便胜诉可能都无法执行回来。这种情况下,更好的途径也许是直接去申请破产,统一做清算,这就存在仲裁跟破产等制度的功能衔接。如果商家只是经营困难,还能找到该商家,那可以考虑与调解相衔接,通过调解进行分流。

▶《仲裁法》的修改

▷ 立法体例

《仲裁法》于 1994 年颁布,于 1995 年正式实施。为什么 1994 年会颁布《仲裁法》?因为 1992 年确定要建设社会主义市场经济体制,需要建立符合市场经济需求的争议解决机制。中国《仲裁法》的特色在于不仅是程序法,还是组织法,是当时为了解决特定时代背景下的问题而形成的体例。

在《仲裁法》修改过程中,要不要采用《联合同国际商事仲裁示范法》(以下简称示范法)就成为一个热点。联合国国际贸易法委员会所制定的示范法被广为接受。1994 年《仲裁法》也参考了示范法,但没有完全采用,所以中国一直不被认为属于示范法的国家。目前大部分专家希望能在《仲裁法》修改中采用示范法,从而让仲裁制度最大限度与国际接轨。这样修改的意义十分重大:一方面有利于提升中国仲裁的国际认可度和竞争力;另一方面是让我国的企业在国内参与仲裁所积累的经验,在走出去的时候依然能够发挥作用,不会出现“内战内行、外战外行”的现象。此外,还能让我国法院关于仲裁司法审查的裁判说理对其他适用示范法的国家有参考价值,这无形中也促进了法治的国际传播。不过,采用示范法的国家中,有相当一部分不是一字不落地全盘接受,而是多多少少有所修改。那到底修改了多少仍然可以叫作示范法?这是我们需要考虑的一个问题,毕竟采纳示范法的同时肯定是有增有减的,这种增减应该控制在无损于被认定为示范法的范围。

▷ 适用范围

这涉及两个层面的问题:一是《仲裁法》除了规范商事仲裁,是否需要对国际投资争端仲裁等也有所规定。二是《仲裁法》对可以提交仲裁的商事纠纷范围是否需要调整或实践中一些有争议的问题是否需要予以明确。比如,涉嫌垄断的纠纷能否提交仲裁,最高人民法院在不同案件中有不同的认定。主张不能提交仲裁的重要理由之一是垄断的认定涉及公共利益,不适合交给仲裁庭来处理。这个理由不太有说服力,其实仲裁庭在认定合同效力时考虑是否违背社会公共利益是很常见的。同时,即便仲裁庭对涉及社会公共利益的问题没有处理好,也很容易得到救济,因为可以撤销或不予执行仲裁裁决的事由之一就是违反社会公共利益,而且是法院可以依职权主动审查的。

▷ 临时措施

仲裁中涉及财产保全、证据保全、行为保全时,有的国家认为必须由法院采取措施才行;但在普通法系国家,还有适用示范法的国家,都允许仲裁庭来作出保全相关的临时措施决定,如果一方当事人不遵守,另一方当事人还可以进一步申请法院执行。我国《仲裁法》的修改有个比较受关注的问题就是能否允许仲裁庭采取临时措施。反对者的主要理由之一是担心仲裁庭不够慎重,会损害另一方当事人的利益。

其实,在我国涉外仲裁实践中临时措施制度已经在先行先试。2015 年左右,国内大部分领先的仲裁机构修改了规则,在涉外仲裁中允许仲裁庭采取临时措施,甚至可以在没有组成仲裁庭之前,先专门指定一个仲裁员——紧急仲裁员，来决定是否采取临时措施。能这样操作，是因为有些法域（主要是普通法系的国家或地区）的法院对仲裁地在其他国家或地区的仲裁庭作出的保全措施是可以承认和执行的。北京仲裁委员会（以下简称北仲）就作出了中国内地第一个由紧急仲裁员决定的临时措施，得到了我国香港特区法院的执行。后来许多内地仲裁机构也都有类似实践。与法院依据单方申请来决定是否采取保全措施不同，无论是紧急仲裁员还是常规的仲裁庭，都需要保证双方当事人有合理陈述的机会。也就是说，仲裁庭的临时措施一般是在听取双方的意见之后才作出的。因此，决定的质量是有保证的，往往比传统的根据单方申请作出决定更能充分考虑到双方当事人在各方面的合理关切。

▷ 裁决的不予执行

裁决的不予执行也是《仲裁法》修改中的热点问题之一。仲裁一裁终局，当事人不满可以申请撤销，裁决撤销的理由基本上是程序性的，比如仲裁条款无效、仲裁庭的组成或者仲裁程序违反法定程序等。如果申请撤销仲裁裁决被驳回怎么办？按照现行《仲裁法》，还可以申请不予执行。不予执行的理由跟撤销的理由基本相同，这就有可能会被滥用。实践中，对仲裁裁决执行的担忧已经成为影响当事人选择仲裁的重要因素之一。《仲裁法》的修改稿中有一种方案是把国内仲裁和涉外仲裁裁决的不予执行都取消，这引起不少讨论。反对者的主要理由之一是示范法中也同时有申请撤销和不予执行两个制度。从示范法的制定背景来看，示范法是在《纽约公约》之后为推动国际商事仲裁领域的规则统一而制定的。对于国际条约的国内执行有两种方式：一种是直接适用，另一种要转化为国内法。示范法关于不予执行的规定是把《纽约公约》中不予执行外国仲裁裁决的规定直接规定在法律条文中，某种程度上照顾到了对国际条约必须转化成国内法才能执行的国家的现实需要。

所以讨论国内仲裁和涉外仲裁裁决的不予执行不要停留在和示范法简单比较的层面上。如果要比较，更值得考虑的是伦敦、巴黎、新加坡等国际仲裁中心，当地仲裁裁决的败诉方在当地法院申请撤销被驳回之后，是否仍然可以进一步申请不予执行；同时，即便制度上允许进一步申请不予执行，也应该考虑到这些地方不像中国那么幅员辽阔，各地域、各层级法院众多，不同法院对法律理解和实际操作容易存在出入。而上述国家或地区即使是采用两套救济制度也很可能是由比较有限的法院甚至是同一个法院来处理，在撤销和不予执行程序中理解不一致甚至被滥用的可能性就比较低。事实上,我们也很少见到这些地方有过当地仲裁裁决在申请撤销被驳回之后,还被当地法院不予执行的案例。

▶ 国际仲裁中心建设

《仲裁法》的修改很大程度上是服务于新时期建设国际仲裁中心、提升中国仲裁国际竞争力的需要。当前,建设国际仲裁中心在某种意义上已经成为国家意志,是国家涉外法治战略部署的重要内容。

仲裁的价值不仅是解决个案的纠纷,而且是在解释和界定行业的游戏规则。从涉外领域向下引申,仲裁还有利于争夺国际话语权。毕竟在联合国国际贸易法委员会等地方由各国参与制定的规则,在实践中经常是由仲裁庭解释和适用。除此之外,仲裁还属于高端法律服务业。如果一个地方的仲裁特别发达,会对当地的律师、咨询、公证、鉴定甚至餐饮旅游等形成一定的带动和辐射作用,从而给当地带来实实在在的经济价值。所以国内外知名城市都希望成为与其城市地位相匹配的国际仲裁中心。

怎么去建设国际仲裁中心无疑是个系统工程,境外的机构和专家也提出多维度的衡量标准,国内也有专家在研究评估体系,需要通过对标不断完善。实践中比较受关注的有两个方面。

第一是对外开放,引入境外仲裁机构。一般来说允许境外仲裁机构到某个国内城市设立业务机构,会给当地的机构多多少少带来一些压力,但对用户来说是好事,竞争能带来更好的服务。现实中的难题是政策出台之后,境外机构在来华设立业务机构之前还会考虑很多因素,比如税收、外汇、签证等。这些在学术视野里不太关注的问题,对境外机构来说却是非常重要的。

第二是对内改革,打造国际一流的本土仲裁机构。放眼全球现有的国际仲裁中心城市,除了引进外来的机构,都会有本土的知名仲裁机构。北仲在国内属于走在国际化前列的机构之一。2002 年北仲提出要国际化的时候,有些人觉得太超前,而且国际案件的数量不多、比例也不高,因此对国际化的观点有所保留。但北仲认为,吸引和处理好国际案件的意义从来不是简单通过跟国内案件的数量对比来体现,而且国际化的核心要义是专业水平和服务水平达到国际水准,即便是一个国际案件都没有,中国人也能享有世界一流的纠纷解决服务。后来随着“一带一路”倡议的提出，越来越多的兄弟机构都加挂了国际仲裁中心的牌子，不强调国际化反而有点儿不合时宜了。此时，很多国际化的措施和做法在北仲已经有了相当程度的实践，同时近几年北仲的国际案件数量也持续上升，涉及的国家和地区日益增加。当然，北仲及其他志在代表中国参与国际竞争的仲裁机构仍然需要进一步改革，具体如何改革才能实实在在地提升国际竞争力，需要各方面关注、研究并在实践中不断探索。有政治站位、时代担当、全球视野和务实举措的机构，将会在建设国际仲裁中心的新一轮发展中脱颖而出。

▶ 涉外法律人才培养

如果仲裁的体制机制改革完成之后，干事创业的空间都释放出来，人才的重要性就更加凸显。熟悉仲裁领域英文文献的朋友会发现，境外用户对中国仲裁的关切，除了独立性和公正性外，有一个维度是担心专业能力上不胜任，也就是说，即使独立性没问题，也没有腐败的问题，但仍然可能因为缺乏专业能力而无法处理好案件。反观境外，知名的国际仲裁中心城市都会有一大批训练有素的专业人才可供当事人自由选择。所以涉外法律人才培养是非常重要的，而且中国的涉外法律人才培养还有个特点是，作为一个大国对人才的需求量太大了，不仅需要大批优秀的仲裁员，还需要大批优秀的律师、优秀的法务、优秀的业务人员等。因此，人才培养要成规模、成体系、源源不断，才能最终成气候。

如果意识到各个跨境交易的环节都需要优秀涉外法律人才参与的话，对涉外法律人才培养的需求和实现路径就会有相应的思考。从实践中观察，涉外法律人才培养的一个有效路径是通过学习核心课程建立核心思维。核心课程主要包括国际商事仲裁、证据法和英国合约法：国际商事仲裁培养的是在对抗制场景下通过特定程序进行沟通协调和解决问题的能力。证据法强调的是在双方互有攻防的情形下根据特定的规则获得认定事实所需要的证据。强调学习英国合约法是因为其在长期的演进过程中已经形成一套完整的、符合商业需要的、可预期性强的规则，大部分跨境合同都是在普通法下衍生出来的。北仲与杨良宜老师合作，组织实务专家已经在北京、上海、广州、深圳等地的十来所高校就这三门课的开设进行了一些探索，有些课还开放给校外的学生和实务界人士旁听或者把讲课视频放到网上共享，感兴趣的同学可以关注。

当然，学习完核心课程之后，还要进一步根据工作的需要学习相关的内容。比如，在仲裁领域，从北仲的实践来看，处理用英语作为仲裁语言的案件，已经有了相当丰厚的经验积累；但以小语种作为仲裁语言或案件材料大量涉及小语种的案件，就感到很有挑战。从适用法律来看，适用英国法、纽约州法、新加坡法，以及我国香港特区法律的案件，都比较容易找到合适的仲裁员，但涉及“一带一路”倡议沿线国家的一些法律，比如缅甸法等，找到合适的仲裁员就没那么容易。

另外，实践中在双向交流时，彼此了解越多，越容易有共识，所以让全世界的人更了解中国的法律、思维和习惯，当中国企业去跟域外企业打交道时，沟通成本会降低很多。北仲每年用中英文出版《中国商事争议解决年度观察》，就是想向境外提供一个了解中国商事法律最新发展变化的窗口。

▶ 商事仲裁研究

仲裁机构本质上是以研究为基础的办案和推广平台，努力为有兴趣参与仲裁研究的人士提供各种便利条件，欢迎大家结合自己的专业，选择仲裁相关的问题开展研究：

第一是有很多征文比赛，比如“北仲杯”高校仲裁有奖征文大赛等，每篇仲裁文章都不会被浪费，只要足够好，都有可能获奖。

第二是有很多仲裁期刊，比如《北京仲裁》（季刊）等，评审很规范，给的稿费也比较可观，充分尊重作者的专业付出。

第三是提供科研资助，比如北仲科研基金，要真正做有价值的研究时，可以申请资助，都是匿名评审。

此外，北仲还有“争议解决新探索文库”和“争议解决新视野译丛”等项目，也欢迎大家申请。

法律资源与法律检索

于丽英

于丽英

清华大学法律图书馆常务副馆长，副研究馆员。中国人民大学法学学士（1986年）；中国人民大学法制史专业法学硕士（1989年）；香港大学法学院访问学者（1999年）；纽约大学法学院图书馆访问学者（2001年）。目前兼任北京市法学会法律图书馆与法律信息研究会会长。主要研究领域为法律图书馆、法律检索等。

1997年开始任职于清华大学法学院图书馆，2003～2008年讲授法律文献学课程，2008年至今主讲法律文献检索与利用课程。

本文主要是对清华大学的法学专业资源和法律检索做一个概览，主要包括以下内容：有什么、在哪里、怎么找以及怎么用。

有什么

清华大学的学术资源非常丰富，包括古今中外的资料、印刷版和电子版资源，图1的数字直观地展示了清华大学图书馆的藏书数量及各类资源总量。除了已经购买的资源，同学们也可以利用正在开通试用的数据库。目前，电子资源和数据库已成为大家学习的首选资源，因此，本文的介绍以电子资源为主。

清华大学有独立的法律图书馆，法律图书馆的规模和条件非常好。图书馆法律资源除实体馆藏外，还有近20个专业数据库，具体包括：(1)北大法宝核心库+子库+英文版；(2)北大法意；(3)威科先行法律核心库+子库；(4)律商网(lexischina)核心库+实务专题；(5)月旦知识库；(6)Westlaw；(7)Lexis；(8)HeinOnline法律数据库+子库；(9)威科国际商事仲裁在线数据库(Kluwer Arbitration)；(10)威科法律期刊数据库(Kluwer Law Online Journals)；(11)威科国际法律百科全书(International Encyclopaedia of Laws)；(12)Aspen法学电子书；(13)国际公法在线百科全书(Max Planck Encyclopedia of Public International Law, MPEPIL)；(14)海牙国际法学院演讲集(The Hague Academy Collected Courses Online)；(15)国际贸易法(World Trade Law)；(16)世界贸易 + 中国贸易(World Trade Online & China Trade Extra)；(17)Beck-online(德文)；(18)Staudinger Kommentar(Staudinger德国民法典评注)，等等。

法律图书馆设有教学参考书专架，每个学期都会根据法学院的课程设置把老师指定的教材、教学参考书集中收集到图书馆的专架上。同时，也有一部分书数字化后放在教参系统里，让大家能更方便地看到这些教学参考资源。

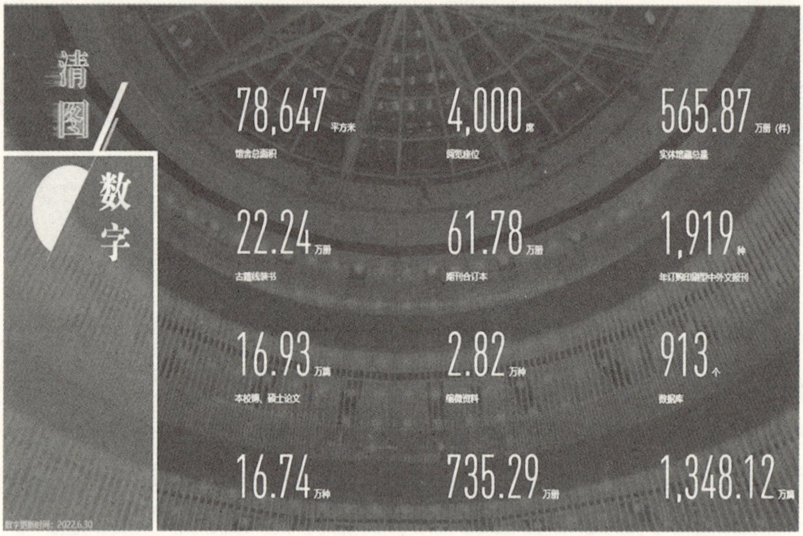

图1　清华大学学术资源情况

由此可见,我们的专业资源其实是非常多的,怎样才能全面、不遗漏地了解、利用这些资源?从哪里入手呢?我们接着讲述。

资源分类

资源这么多,我们如何全面掌握、如何去选择呢?这个是有很多种方法的,可以对资源进行不同的分类。如可以按照内容类分——法学专业数据库、综合性及相关数据库;还可以按照语言类分——中文、外文;可以按照文献类分——图书、期刊、学位论文、古籍以及民国文献等;还有其他类分方式。分类是非常重要的,也是简便可行的方法。比如,在法律数据库中,中文常用的数据库有北大法宝、威科先行、北大法意、律商网、月旦知识库等。英文的数据库最常用的就是 Westlaw、Lexis Advance 以及 HeinOnline。专门的国际法的数据库有 HeinOnline 国际法子库、国际公法在线百科全书以及海牙国际法学院演讲集。还有专门研究世界贸易组织、仲裁的数据库,希望大家都可以去了解、去使用。此外,还有两个德文数据库:(1) Beck – online,主要收录 C. H. Beck 出版社出版的期刊、注释书、法典、法律书状范本等实体出版物的电子版本;(2) Staudingers 德国民法典评注,这套丛书由德国著名的出版社——德古意特

(Sellier De Gruyter)出版社出版,是目前对德国民法典最全面和最权威的注释和评论。另外,《施陶丁格(Staudingers)德国民法典评注》丛书由德国著名的出版社——塞利尔/德古意特(Sellier De Gruyte)出版社出版,是目前对德国民法典最全面和最权威的注释和评论。

在我们常用的分类中,一般会按照文献的类型去查找资料,如有哪些图书、期刊文章等。下面这些数据库是一些常用或者有代表性的学术资源:

中文的期刊数据库有:中国学术期刊全文数据库(CNKI)、北大法宝期刊库、我国台湾地区期刊(月旦知识库)、中国人民大学《复印报刊资料》、万方学术期刊(万方数据资源系统)、中文科技期刊数据库(维普)、大成老旧刊全文数据库(清末至1949年以前)。顺便说一句,对于一些史料性文献,数据库是可以起到很好的作用,因为我们如果翻阅图书去查找这些文献资料,会花费很多时间,但是如果用数据库的话,就可以很快找到资料。

英文的期刊数据库有:HeinOnline期刊全文库、威科法律期刊库、JSTOR电子期刊全文、SAGE期刊全文数据库、施普林格(SpringerLink)电子期刊及电子图书、泰勒-弗朗西斯(Taylor & Francis)电子期刊、Frontiers in China (Law)、Wiley Online Library电子期刊和在线图书、剑桥大学电子期刊(Cambridge Core)、牛津期刊数据库(Oxford Journals)等。

中文的图书数据库有:读秀学术搜索、超星电子图书、书生之家电子图书、中国年鉴全文数据库、《中国基本古籍库》全文网络版 、《十通》、《二十五史》、《四库全书》、《四部丛刊》(2009年版)、中华经典古籍库、中美百万册书数字图书馆(原古籍民国电子书)、《清代档案文献数据库》(大清五部会典、大清历朝实录)、《明代档案文献数据库》(大明实录、大明会典)等。

英文的图书数据库有:EBSCO电子图书、ProQuest Ebook Central、世界电子图书馆藏(World eBook Library)、Wiley Online Library电子图书、博睿电子书(Brill's ebook)与古代文明百科全书(Brill's new pauly online)、牛津学术专著在线(Oxford Scholarship Online)、不列颠百科全书(Britannica Academic)等。外文电子书资源非常好,学术质量高,检索、阅读使用便捷,电子书已成为图书馆订购外文图书的主要途径。

如果要关注一些热点或较前沿的问题,有时候也需要利用报纸数据库,这方面的资源包括:中国重要报纸全文数据库、全国报刊索引数据库(社科版)和人大复印报刊资料,国外报纸数据库如EBSCO的Newspaper Source子库,还有Westlaw数据库中法律新闻也很好。

此外，与我们法学专业相关的一类资源是案例资源，在数据库里面也有案例数据库或模块，比如北大法宝、威科先行、律商网、北大法意、中国裁判文书网、法信、无讼案例、聚法案例、把手案例、openlaw等。那么，案例资源属于什么类型呢？或者说，法律资源和其他学科的资源有什么不同呢？

一般而言，社会科学一些学科对文献的分类，有零次文献、一次文献、二次文献、三次文献的分类，这反映了一个由分散到集中、由无序到有序、由博而精地对知识信息进行不同层次的加工过程。那么，法律文献是如何分类的？法律文献法律与其他学科文献法律有区别吗？

对此，需要先明白法律文献的内涵。讲述过程中，我会提到法律资源、法律文献、法律信息等不同叫法，其实是指同一个意思，因为目前在中国法律界还没有普遍认同的法律资源的科学定义及其分类。法律资源到底是什么？在普通法系国家，其英文名称是统一的，是“sources of law”，与“法律渊源”是同一词。在普通法系国家，特别是美国法律学者按法律渊源或约束力将法律资源分成两大类，即“primary sources”（翻译为“原始资源”“一次资源”“首要资源”等不同名称）和“secondary sources”（翻译为“二次资源”“次要资源”等不同名称）两大部分。

第一类，原始资源，主要指国家立法机构和政府制定颁布的法律、行政法规、行政规章、法律解释等，在普通法系国家还包括司法判例和决定。这类资源具有法律效力，具有规范性，也称为“规范性法律资源”。

第二类，二次资源，指的是所有解释、研究、探讨和评论法律的文献和信息，或者说非原始资源的法律信息或文献就是属于二次资源，如法学评论文章，法学专著、教材，法律和判例解释或释义，等等。二次资源是没有法律效力的，故称为“非规范性法律资源”。

至此，大家知道法律资源的分类是它自己独有的特点。这样的分类有助于我们快速准确地去查询和获取我们所需要的法律资源。比如要查原始资源，根据上述分类，就可以检查自己的检索是否已经穷尽了。而二类资源也是非常多的。对待不同的资源，那大家检索的方法也是不一样的。所以，对于法律资源分类的理解，有助于我们对资源的整体认识。简单地说，一次资源的来源形式主要是法律法规、司法解释和判例，当然，对于我国来说判例没有法律效力，只具有一定的参考性；而二次资源的来源就更加丰富了，许多数据库都包含有大量的书刊文献资源,例如北大法宝的期刊库、威科法律期刊数据库(Kluwer Law Online Journals,包含21种全文法律学术期刊的全文信息)、ASPEN Digital Library(该平台目前包含有国外法学院使用的教材在内的70余种图书全文)、国际法律百科全书(International Encyclopaedia of Laws,其包括25卷经典的参考著作)等。

现在,大家现在的学习阶段以学术资源为主,但是有一类资源也是不可忽视的,就是法律实务研究资源,包括实务指南和专业文章,前面讲到的律商网、北大法宝、威科先行都有这些资源。而实务界法律资源利用和学术研究会有不同,这类资料来源还包括:立法机关的权威资料(如立法释义书)、最高人民法院权威资料(包括《人民法院报》、《人民司法》、司法解释的理解与适用书,各业务庭的指导书等)、微信公众号原创的专业文章等。

我们在平时的学习过程中,也不能忽视一些工具书的使用,比如《中国大百科全书》《不列颠百科全书》《元照英美法词典》《民法小全书》《民诉小全书》《元照民商法手册》等。

▶ 法律检索

前面介绍了法律资源和资源分类,那么,如何在海量的资源中找到自己需要的东西呢?这就涉及法律检索。因此,我向大家提出问题:什么是法律检索?如何展开法律检索?

在日常生活和学习中,我们都离不开检索,可以说,每个人都会检索。大家在法律学习过程中,比如想看看《民法典》2022年有多少个司法解释,“九民纪要”属于什么性质的文件,教师是否可以享受带薪休年假,最高人民法院某个指导性案例被参照的情况如何,比如我戴的口罩是不是合格产品,又如某本书中的某一个脚注的具体信息如何去查找,这些都会涉及法律检索。但是,检索并不仅仅是查资料这么简单。

检索,就是通过各种途径发现与查找所需内容(知识)的过程(包括使用工具和运用方法)。检索的本质是用户的需求和文献信息集合的比较与选择,即匹配(match)的过程,运用编制好的检索工具或检索系统,查找出满足用户要求的特定信息。

常用的检索途径有:搜索引擎、图书馆、数据库、政府网站、门户网站、网络导航、研究指南等。学校图书馆就是我们的资源与服务平台，前面介绍的所有电子资源和数据库都是通过图书馆网站进行检索和使用的。清华大学图书馆主页上的三大检索系统，即水木搜索、数据库导航及电子期刊导航，会成为大家学习中最主要的帮手。

▷ 检索过程

一般来说，检索可包括以下主要环节：分析检索课题、选择检索工具、制定检索策略、实施具体检索、处理检索结果，最后获取原始文献等。这些步骤的实施顺序不是固定的，也不是一次性的，有时不同环节需要多次反复或者修正，才能达到满意的效果。

对检索的课题或项目进行分析，即搞清检索需求，明确要解决的问题，达到目的。可见，提出问题和明确需求是检索的前提条件，即检索不是无目的的行为。检索分析是制定检索策略的出发点及检索成败的关键。具体包括：(1)研究课题的主题或内容，如课题所包含的概念、具体要求以及相互之间的关系。(2)课题所涉及的学科范围，如法学领域，还是交叉学科。(3)课题所需文献信息的内容及性质，如检索以规范性资源（包括法律法规、司法解释及法律沿革）为主，还是以案例分析或者已有研究成果为主。(4)课题所需信息的类型，包括文献类型、年代范围、语种等；课题对查新、查准、查全的指标要求等。(5)检索目标，最后以何种形式完成检索报告，是撰写学术论文、研究综述、专题报告、演示课件还是实务建议等。

对检索题目进行分析之后，就要根据待查项目的内容、性质来选择恰当的检索工具或检索系统。一般在选择时，要考虑一系列相关因素。从内容和时间上，考虑检索工具和数据库对课题的覆盖和一致性，即检索工具的收录范围、文献类型、课题文献的需要量。如研究内容是关于中国法还是国际法，限于中文文献资源还是包括外文资源，是古代法律制度研究还是当代立法趋势评估，是查询目录索引还是获取全文，等等。

在手段和技术上，要考虑检索工具的便利性和经济性，还要考虑文献可获性，即易于获取原文。许多情况下仍然需要利用印刷版资源进行手工检索。同时，首先选择本地资源，方便取得原文文献。根据不同的检索目的和要求，选择不同的检索工具，如前述的图书馆检索系统、各数据库等。基于法律学科的性质，法律文献信息的有效性与权威性是考虑的最重要因素。所以，在查询电子资源和数据库的过程中,对资源提供者的选择尤其重要,以判断信息来源及其可靠性。

▷ 检索策略

为实现检索目标而制订的全盘计划和方案,就是检索策略。它是对整个检索过程的谋划和指导,目的是优化检索过程,提高检索效率,全面、准确、快速、低成本地找到所需信息资源。这里需要介绍的是在检索实施过程中涉及的检索途径、检索词和检索式。

1. 检索途径

一般的检索工具都根据文献的内容特征和外部特征提供多种检索途径,也称为检索点。如描述内容特征的有分类和主题,描述外部特征的包括书名、著者、出版事项等。关于文献分类,最常用的就是图书馆分类法,同学们查找馆藏图书上面分类号就是这个意思。它是根据文献各级类目之间的逻辑关系编排成的一个逐级展开的排列表,并用标记符号(分类号)代表各级类目的前后次序,从而使文献的学科知识、内容特征和形式特征得到充分的揭示。

我国国内图书馆使用最广泛的分类法体系,即《中国图书馆图书分类法》,简称《中图法》,其分类体系包括五大基本部类:马列毛邓,哲学,社会科学,自然科学及综合性图书。其中,法律类文献的类号为 D9。其他分类法如美国《国会图书馆分类法》(*Library of Congress Classification*)、《杜威十进制分类法》(*Dewey Decimal Classification System*),等等。

数据库系统的检索入口或途径,一般包括题名、关键词、著者、分类等,也称检索字段。这些特定检索途径准确与否,决定着检索结果的数量多少和质量高低。例如,选择全文检索,检索结果数量多,相关性较差;选择题名检索,结果数量少,比较准确。数据库依文献类型不同,常用检索字段有多种,一般来说,数据库对不同类型资源的检索字段都会予以说明,在使用之前可自行了解。

由于法律资源内容性质不同,数据库使用的字段也不相同。如法律法规、案例检索,采用的字段都是特定含义。如中国裁判文书网的检索字段中,案件类型、案由、审判程序等;在英文案例数据库中,同样包括有意见(opinion)、法官(judges)、法庭(court)等专门字段。应充分利用多方位途径进行补充检索,使检索结果更加精准,避免单一种途径不足造成漏检。

可见,在检索之前要了解资源的内容属性,检索起来会更加高效。例如,找诉讼资源,可以去中国裁判文书网;挖掘一些企业更深层的信息,应该去全国企业信用信息公示系统;找某个商标的具体归属,应该去国家知识产权局官网;国际法与国际组织研究,离不开联合国与专业组织和机构网站。讲了这么多,简单总结一下:要找法律法规和案例,可以去北大法宝;要找法律实务性的资料,律商网、北大法宝和威科都可以;图书可以用水木搜索或联合目录去查找。平台很多,资源也很多,需要大家结合自己的需要去检索,不断练习,熟能生巧。

2. 检索词

检索词是与检索内容最相关的词语。反映待检索课题内容的词,包括主题词和关键词。其中,关键词是指出现在文献标题、文摘、正文中,对表征文献主题内容具有实质意义的语词,对揭示和描述文献主题内容是重要的、关键性的语词。

检索词有以下几点需要注意:

(1)使用专业术语。关键词是最常用的检索词,是绝大多数数据库默认的检索途径。检索词是否专业、专指、含义准确、恰当等都直接影响检索结果。在法律检索中,关键词可以是法律术语也可以是与事实相关的词语,尽可能使用标准法律术语。如使用"配偶"一词替代"妻子""丈夫""对象""爱人""老公""老婆"等俗称或口语称谓。特别是一些法律术语有特定的解释和含义,在使用时需要注意。

(2)区分各种同义词、多义词、近义词等。必要时,可查阅专业参考工具书,如法律词典、法律百科全书等,也可利用数据库所提供的主题词表或术语联想字典,可扩大检索词,防止漏检。例如,与"合同"的相关概念还包括"协议""契约""要约"等,法律救济的渠道不仅有诉讼,还包括协商、调解、仲裁、执行等。

(3)在选择检索词时,一般应遵循"先具体后大体或总体"的原则,即先选择与本课题所涉法律或事实最相关的关键词。如在检索相关资料不足或没有的情况下,再用概念较大或较广的关键词。进行外文文献检索时,要检查所有词的拼写准确无误,注意大小写等。

检索词如此"关键",所以,发现和选择关键词非常重要。一般情况下,包括以下几种途径和方法:(1)从阅读图书、文章相关内容中选取;(2)从相关法条的规定和释义中发现;(3)从相关案例的裁判文书表述中发现;(4)从特定领域和行业习惯用语中发现,等等。关键词的选取能力也体现了专业知识、阅读理解、检索经验等各方面能力。

3. 检索式

在实施检索过程中,要充分利用检索工具特别是数据库的各种检索功能,设计检索式。检索式即由检索词和布尔逻辑算符、位置算符以及系统规定的其他连接组配符号组成。要具体了解每个检索系统的使用说明或帮助,通过基本检索、高级检索、二次检索等多次检索过程,灵活设计及调整检索方案。只有学会了设计检索式,才能有效使用高级检索,希望大家以后在检索的过程中都学会高级检索。检索技能非常重要,需要大家不断去动手练习、实践。

基本检索,又称简单检索、快速检索,检索界面一般只有一个检索框,是初步检索,结果不一定准确。目前,许多数据库优化页面结构,推出了一框式检索,揭示出平台各类资源中相关信息出处,实现平台的易用性和实用性。

高级检索,也称复杂检索,检索界面一般比较复杂,提供多个检索入口,可以运用连接符构建比较细致的检索式,结果更为精确。

二次检索,是一种限定检索,是检索结果内进一步检索,同样使结果更加准确。通常来说,专业用户或专业检索要掌握高级检索技能,提高检索效果。

高级检索使用的连接符包括布尔逻辑运算符(如逻辑"或"、逻辑"与"、逻辑"非")、位置算符(表示两个检索词间的位置邻近关系)等。不同检索系统中,连接符表示方法有所不同,在检索时务必了解具体数据库运算符的使用方法,使检索结果准确而高效。

▷ 检索结果

应用检索工具实施检索后,获得的检索结果即为文献线索。对文献线索进行整理,分析其相关程度,利用文献线索中提供的文献出处,索取原文。获取原始资源的方式有多种,有的可从数据库中在线预览、直接下载、复制、打印、电子邮件等方式输出;有的可在本地图书馆借阅,或者通过荐购、馆际互借、文献传递等方式获取。对各种途径获取的资料,要进行质和量的分析、筛选、整理,以保留全面、完整、准确的信息资料。一般要从相关性、全面性、可获得性几方面进行评估。

对于法律文献来说,还有非常关键的步骤,即鉴别和确认资源的权威性和有效性。如果引证已失效的法律资源,则对课题研究可能产生不同的结果,造成无法弥补的影响和损失。如法律法规数据库的检索结果,要判定其是否有效、已失效或者尚未生效等状态。对美国判例法根据谢泼德引证(Shepard's Citations)或关键援引(keycite)确认该判例是否被推翻或者有异议等。

对于丰富的电子资源及众多检索结果,可使用专门的文献管理工具进行管理。如 NoteExpress、EndNote 等,可借助这些工具建立个人的文献数据库、收集整理文献资料、添加文中注释、按特定格式要求插入参考文献等。此外,用户可根据自己的需求,了解和使用数据统计分析工具与相关软件以及基于文献计量的科研分析评估平台,定制个人研究数据,开展相关研究,生成研究评估报告等。

▶ 使用数据库注意事项

同学们在使用清华大学数据库时,需注意以下事项,即登录、权限、技术及合理使用。各数据库说明页都是由专业馆员编辑制作的,具有参考性,比如校外访问方式的说明和入口,请大家认真浏览。数据库使用遇到问题时,可咨询责任馆员获得帮助。少量数据库需下载安装专用插件,个别数据库对浏览器版本和设置有特别要求,这些具体要求请看每个数据库的说明页。对于诸多的专业数据库,法律图书馆每学期安排了数据库培训,讲解数据库的特点和使用方法,帮助同学们快速了解和熟练运用,有助于开展教学和科研活动。利用资源时要尊重知识产权,合理使用。各图书馆在主页上都有关于保护电子资源知识产权的公告,如校内任何个人不得设置代理服务器阅读或下载电子资源;不得使用网络下载工具下载图书馆购买的电子资源;不得连续、系统、集中、批量地进行下载、浏览、检索数据库等操作;不得将所获得的文献提供给校外人员,不得将个人网络账号提供给校外人员使用本校电子资源,更不允许利用获得的文献资料进行非法牟利等。

综上所述,我们了解了图书馆资源入口、资源选择、资源检索、资源获取、资源利用及数据库培训等一系列相关内容。除了这些订购的商业性数据库外,还有许多免费资源如网络免费资源、官方网站资源、学术/研究机构资源、OA(Open Acess)资源(开放获取资源)等,同样值得关注和利用。

引用规范

在学习阶段,法律检索的最终目标是完成写作,如专业课作业、学术论文、毕业论文等。在利用文献写作过程中,要合理引用参考文献,采用通行的注释规范(包括标准与格式)。这方面有国家标准《信息与文献参考　文献著录规则》(GB/T 7714—2015),具体的引用格式在数据库中可直接获得。

对于英文文献的引用,HeinOnline 数据库中包括有八种格式,分别是:(1)《蓝皮书:统一注释体系》(Bluebook: An Uniform System of Citation);(2)《芝加哥手册写作、编辑和出版指南》(The Chicago Manual of Style: The Essential Guide for Writers, Editors & Publishers);(3)《美国现代语言学会论文写作手册》(MLA Handbook for Writers of Research Papers);(4)《美国心理学学会出版手册》(Publication Manual of the American Psychological Association);(5)《牛津法律权威引注标准》(The Oxford Standard for the Citation of Legal Authorities, COSCOLA);(6)《法律写作主任协会引注手册》(ALWD Guide to Legal Citation);(7)《加拿大统一法律引注指南》(McGill Guide to Uniform Legal Citation);(8)《澳大利亚法律引注指南》(Australian Guide to Legal Citation, AGLC)。同样,大家可在数据库中选择某种格式直接引用。

法律检索与专业课学习密不可分,树立检索意识,训练检索技能,有助于高效、深入地开展法律学习和研究。